Heinz Bohlen

Haftungsausschluß durch bewußte Selbstgefährdung

RECHTSWISSENSCHAFTLICHE FORSCHUNG UND ENTWICKLUNG

Herausgeber:
Prof. Dr. jur. Michael Lehmann, Dipl.-Kfm.
Universität München

Band 454

Die Deutsche Bibliothek - CIP-Einheitsaufnahme

Bohlen, Heinz :
Haftungsausschluss durch bewusste Selbstgefährdung / Heinz Bohlen. - München : VVF, 1995
(Rechtswissenschaftliche Forschung und Entwicklung ; Bd. 454)
Zugl.: München, Univ., Diss., 1994
ISBN 3-89481-110-2

NE: GT

Gesamtherstellung: Fotodruck Frank GmbH, 80333 München
Printed in Germany

Inhaltsverzeichnis

Zweiter Teil

Dogmatische Einordnung

Literaturverzeichnis

Arzt	Willensmängel bei der Einwilligung, Frankfurt 1970
v.Bar	Verkehrspflichten, Köln · Berlin · Bonn · München 1980
-	Entwicklungen und Entwicklungstendenzen im Recht der Verkehrs(sicherungs)pflichten, in JuS 1988, S.169 ff.
Bemmann	Das durchgehende Gespann - Zur Problematik des Schmerzensgeldanspruchs, in VersR 1958, S.583 ff.
Binding	Die Normen und ihre Übertretung, Bd. IV, Leipzig 1919
Blume	Vertragshaftung und Deliktshaftung, Tiergefahr und Vertragsgefahr, in Recht 1905, S.481 ff.
Böhmer, Emil	Zum Begriff des Handelns auf eigene Gefahr im Verkehrsrecht, in VersR 1957, S.205 f.
-	Mitfahren auf eigene Gefahr, in MDR 1958, S.77 f.
-	Anrechnung des Mitverschuldens als Ausfluß des Verbots widersprüchlichen Verhaltens, in VersR 1961, S.771 ff.
-	Bei Sichbegeben in eine erlaubte Gefahr ist § 254 BGB anzuwenden, in MDR 1961, S.661 f.

Börner — Sportstätten-Haftungsrecht, Berlin 1985

Bornhövd — Die Grenzen der Tierhalterhaftung, in JR 1978, S.50 ff.

\- — Zur Tierhalterhaftung, in VersR 1979, S.398 ff.

Brüggemeier — Deliktsrecht, 1.Auflage Baden-Baden 1986

Bühring — Die rechtliche Behandlung der Einwilligung des Verletzten bei der Körperverletzung nach geltendem deutschen Strafrecht, Diss. Göttingen 1920

Burgstaller — Das Fahrlässigkeitsdelikt im Strafrecht, Wien 1974

v.Caemmerer — Das Problem des Kausalzusammenhangs im Privatrecht, Freiburger Universitätsreden, Neue Folge, Heft 23, Freiburg 1956.

\- — Wandlungen des Deliktsrechts, in: Hundert Jahre Deutsches Rechtsleben, Festschrift zum hundertjährigen Bestehen des deutschen Juristentages, Bd. II, Karlsruhe 1960, S.49 ff.

Canaris — Schutzgesetze-Verkehrspflichten-Schutzpflichten, in Festschrift für Karl Larenz München 1983, S.27 ff.

Dach — Zur Einwilligung bei Fahrlässigkeitsdelikten, Diss. Mannheim 1979

Deutsch	Fahrlässigkeit und erforderliche Sorgfalt - Eine privatrechtliche Untersuchung, Köln · Berlin · Bonn · München 1963, (zitietrt: Fahrlässigkeit)
-	Buchbesprechung: Stoll, Das Handeln auf eigene Gefahr, in RabelsZ 1966, S.754 ff.
-	Finalität, Sozialadäquanz und Schuldtheorie als zivilrechtliche Strukturbegriffe, Welzels Fernwirkung auf die Zivilrechtsdogmatik, in Festschrift für Hans Welzel, Berlin · New York 1974, S.227 ff.
-	Die Mitspielerverletzung im Sport, in VersR 1974, S.1045 ff.
-	Haftungsrecht, Bd. I, Allgemeine Lehren, Köln · Berlin · Bonn · München 1976, (zitiert: Haftungsrecht I)
-	Der Reiter auf dem Pferd und der Fußgänger unter dem Pferd - Irrwege der Rechtsprechung zur Haftung für die Tiergefahr, in NJW 1978, S.1998 ff.
-	Die Haftung des Tierhalters, in JuS 1987, S.673 ff.
Dreher/Tröndle	Strafgesetzbuch, 45. Auflage München 1991
Dölling	Fahrlässige Tötung bei Selbstgefährdung des Opfers, in GA 1984, S.71 ff.

Dunz	Reiter wider Pferd oder Versuch einer Ehrenrettung des Handelns auf eigene Gefahr, in JZ 1987, S.63 ff.
-	Gefährdungshaftung und Adäquanz in der neueren Rechtsprechung des BGH, in VersR 1984, S.600 ff.
Ehrenzweig	System des österreichischen allgemeinen Privatrechts, Bd. II, 1.Hälfte, 2.Auflage Wien 1928
Enneccerus/Lehmann	Recht der Schuldverhältnisse, 15. Bearbeitung, Tübingen 1958
Enneccerus/Nipperdey	Allgemeiner Teil des Bürgerlichen Rechts, 15. Auflage, 1.Halbband Tübingen 1959, 2.Halbband Tübingen 1960
Engisch	Der Unrechtstatbestand im Strafrecht, in: Hundert Jahre Deutsches Strafrecht, Festschrift zum hundertjährigen Bestehen des deutschen Juristentages, Bd. I, Karlsruhe 1960, S.401 ff.
Ensthaler	Einwilligung und Rechtsgutpreisgabe beim fahrlässigen Delikt, Diss. Göttingen 1983
Eschweiler	Beteiligung an fremder Selbstgefährdung, Diss. Bonn 1990
Esser	Schuldrecht - Allgemeiner und Besonderer Teil, 2. Auflage Karlsruhe 1960
Esser/Schmidt	Schuldrecht, Bd. I, Allgemeiner Teil, 6. Auflage Heidelberg 1977
Esser/Weyers	Schuldrecht, Bd. II, Besonderer Teil, 7.Auflage Heidelberg 1991

Fikentscher — Schuldrecht, 6.Auflage Berlin · New York 1976

\- — Schuldrecht, 8.Auflage Berlin · New York 1992

Flad — Handeln auf eigene Gefahr, in Recht 1919, S.13 ff.

Flume — Anmerkung zum Urteil des BGH vom 14.03.1961, Az VI ZR 189/59, in JZ 1961, S.605 ff.

Friedrich — Die Haftung des Sportlers aus § 823 Abs. 1 BGB, in NJW 1966, S.755 ff.

Friese — Haftungsbegrenzung für Folgeschäden aus unerlaubter Handlung, insbesondere bei § 823 Abs. 1 BGB, Diss. Erlangen/Nürnberg 1968

Frisch — Das Fahrlässigkeitsdelikt und das Verhalten des Verletzten, Berlin 1973

Fritzweiler — Die Haftung des Sportlers bei Sportunfällen, Diss. Bonn 1976

Fuchs — Trunkenheit am Steuer und Einwilligung des Fahrgastes, in DAR 1956, S.149 ff.

Füllgraf — Haftungsbegrenzung bei Sportverletzungen, in VersR 1983, S.705 ff.

Gaisbauer — Verkehrssicherungspflicht bei Trimm-dich-Pfaden, in VersR 1979, S.9 ff.

\- — Verkehrssicherungspflicht bei Kinderspielplätzen, in VersR 1977, S.505 ff.

Geerds — Einwilligung und Einverständnis des Verletzten, Diss. Kiel 1953

Geigel — Anmerkung zur Entscheidung vom 17.05.1951, in JZ 1951, S.590

Geilen — Einwilligung und ärztliche Aufklärungspflicht, Bielefeld 1963

Gerhardt — Handeln auf eigene Gefahr, Diss. Göttingen 1962

Geppert — Rechtfertigende "Einwilligung" des verletzten Mitfahrers bei Fahrlässigkeitsstraftaten im Straßenverkehr?, in ZStW 83 (1971), S.945 ff.

Greger — Mitverschulden und Schadensminderungspflicht - Treu und Glauben im Haftungsrecht, in NJW 1985, S.1130 ff.

Grunsky — Haftungsrechtlich Probleme der Sportregeln, Heidelberg/Karlsruhe 1979

\- — Zur Haftung bei Sportunfällen, in JZ 1975, S.109 ff.

Hagenbucher — Die Verletzung von Verkehrssicherungspflicht als Ursache von Ski- und Bergunfällen, Diss. München 1984

Hansen — Die Einwilligung des Verletzten bei Fahrlässigkeitstaten, im besonderen das bewußte Eingehen eines Risikos durch den Geschädigten, Diss. Bonn 1963

Hartung — Schlägermensur und Strafrecht, in NJW 1954, S.1225 ff.

Heck — Grundriß des Schuldrechts, Tübingen 1929

Hellgardt — Die Haftung für Sportverletzungen, Diss. Köln 1973

Herrmann, Elke — Die Einschränkung der Tierhalterhaftung nach § 833 S.1 BGB in der modernen Judikatur und Literatur, in JR 1980, S.489 ff.

Herrmann, H.-G. — Zur Haftung bei Sportverletzungen, in Jura 1985, S.568 ff.

Heuer — Das richtige Bezugsobjekt des Adäquanzurteils. Eine Untersuchung zu den Bemühungen um eine Neuregelung des Rechts der Schadenszurechnung, Diss. Münster 1964

Hillenkamp — Verkehrsgefährdung durch Gefährdung des Tatbeteiligten - OLG Stuttgart NJW 1976,1904, in JuS 1977, S.166 ff.

Hirsch — Soziale Adäquanz und Unrechtslehre, in ZStW 74 (1962), S.78 ff.

Hitzfeld — Handeln auf eigene Gefahr, - Eine fragwürdige Konstruktion der Rechtsprechung, Diss. Freiburg 1961

Huber, Ulrich — Normzwecktheorie und Adäquanztheorie. Zugleich eine Besprechung des Urteils des BGH v. 07.06.1968, in JZ 1969, S.677 ff.

\- — Fahrlässigkeit und Voraussehbarkeit, in Festschrift für Hermann Heimpel, Bd. III, Göttingen 1972 S.440 ff.

\- — Verschulden, Gefährdung und Adäquanz, in Festschrift für Eduard Wahl, Heidelberg 1973, S.301 ff.

Jauernig	Bürgerliches Gesetzbuch, 6.Auflage München 1991
Jescheck	Lehrbuch des Strafrechts, Allgemeiner Teil, 4.Auflage Berlin 1988
Jakobs, Günther	Strafrecht, Allgemeiner Teil, Die Grundlagen und die Zurechnungslehre, Berlin · New York 1983
Keßler	Die Einwilligung des Verletzten in ihrer strafrechtlichen Bedeutung, Berlin 1984
Keuk	Vermögensschaden und Interesse, Bonn 1972
Kienapfel	Das erlaubte Risiko im Strafrecht, Frankfurt am Main 1966
Kettnacker	Der Schiunfall - Übersicht und Kritik der bisherigen Rechtsprechung -, in VersR 1964, S.212 ff.
Kindermann	Aufbau, Aufgaben und Verfahren der Sportgerichte und des Kontrollausschusses des Deutschen Fußball-Bundes, in Sport und Recht, hrsg. von Schroeder/Kauffmann Berlin 1972, S.21 ff. Berlin 1972
Klee	Selbstverletzung und Verletzung eines Einwilligenden, in GA 1949, S.248 ff.
Knütel	Anmerkung zum Urteil des OLG Zweibrücken v. 12.10.1970 - Az. 2 U 33/70 -, in NJW 1972, S.163 f.
-	Tierhalterhaftung gegenüber dem Vertragspartner, in NJW 1978, S.297 ff.

Kötz — Deliktsrecht, 5.Auflage Neuwied 1991

Kohlhaas — Strafrechtlich wirksame Einwilligung bei Fahrlässigkeitstaten?, in DAR 1960, S.348 ff.

Krähe — Die zivirechtlichen Schadensersatzansprüche von Amateur- und Berufssportlern beim Fußballspiel, Bern · Frankfurt/Main · Las Vegas 1981

Kramer — Schutzgesetze und adäquate Kausalität, in JZ 1976, S.338 ff.

Krückmann — Die Gefälligkeitsfahrt, in JW 1932, S.3688 ff.

Lang — Normzweck und Duty of Care, München 1983

Lange,Hermann — Adäquanztheorie, Rechtswidrigkeitszusammenhang, Schutzzwecklehre und selbständige Zurechnungsmomente, in JZ 1976, S.198 ff.

\- — Schadensersatz, 2. Auflage Tübingen 1990

Larenz — Rechtswidrigkeit und Handlungsbegriff im Zivilrecht, in Festschrift für Hans Dölle Tübingen 1963, Bd. I, S.169 ff

\- — Lehrbuch des Schuldrechts, Bd. I, Allgemeiner Teil, 4.Auflage München 1960; (zitiert: SR I[4])

\- — Lehrbuch des Schuldrechts, Bd. I, Allgemeiner Teil, 14.Auflage München 1987 (zitiert: SR I)

–	Lehrbuch des Schuldrechts, Bd. II, Besonderer Teil, 12.Auflage München 1981 (zitiert: SR II)
Lehmann	Begrenzung der Rechtswidrigkeit unter vergleichender Betrachtung des schweizerischen Rechts, in Festschrift für Justus Wilhelm Hedemann Berlin 1958 S. 177 ff.
Leipziger Kommentar	Leipziger Kommentar zum Strafgesetzbuch, Bd. II, §§ 32-60 10. Auflage Berlin · New York 1985 ff.; Bd. V §§ 185-262, 10.Auflage Berlin · New York 1989
Leonhard	Allgemeines Schuldrecht des BGB, München · Leipzig 1929
Litten	Zur Abänderung des § 833 BGB, in DJZ 1905, S.339 ff.
Lüer	Die Begrenzung der Haftung bei fahrlässig begangenen unerlaubten Handlungen, Karlsruhe 1969
Mädrich	Das allgemeine Lebensrisiko, Berlin 1980
Maiwald	Zur Leistungsfähigkeit des Begriffs "erlaubtes Risiko" für die Strafrechtsdogmatik, in Festschrift für Hans-Heinrich Jescheck 1985, S.405 ff.
Marburger	Die Verkehrssicherungspflicht gegenüber Unbefugten, in JurA 1971, S.481 ff.
Marx	Zur Definition des Begriffs "Rechtsgut", Köln 1972
Maurach	Deutsches Strafrecht, Allgemeiner Teil, 4.Auflage Karlsruhe 1971

Medicus	Bürgerliches Recht, 15. Auflage Köln · Berlin · Bonn · München 1991 (zitiert: BR)
-	Schuldrecht I, Allgemeiner Teil 6.Auflage Köln, Berlin, Bonn, München 1991 (zitiert: Lb)
Meiners	Die Haftung des organisierten Mannschaftssportlers, Diss. Göttingen 1977
Mertens	Der Begriff des Vermögensschadens im Bürgerlichen Recht, Stuttgart · Berlin · Köln · Mainz 1967
-	Verkehrspflichten und Deliktsrecht - Gedanken zu einer Dogmatik der Verkehrspflichtverletzung - , in VersR 1980, S.397 ff.
Mertens/Reeb	Grundfälle zum Recht der unerlaubten Handlungen JuS 1971, S.409 ff., 469 ff., 525 ff., 586 ff.
Mezger	Die subjektiven Unrechtselemente, in GS 89 (1924), S.207 ff.
Motive	Motive zum Entwurf eines Bürgerlichen Gesetzbuch für das Deutsche Reich, 1888
Müller-Erzbach	Gefährdungshaftung und Gefahrtragung, in AcP 106 (1910), S.309 ff.
Münchener Kommentar	Münchener Kommentar zum BGB, Bd. I, 2.Auflage München 1984; Bd. II, 2. Auflage München 1985; Bd. III 2.Halbband, 2.Auflage München 1986
Münzberg	Verhalten und Erfolg als Grundlagen der Rechtswidrigkeit und Haftung, Frankfurt/Main 1966

Nipperdey	Die Ersatzansprüche für die Schäden, die durch den von den Gewerkschaften gegen das geplante Betriebsverfassungsgesetz geführten Zeitungsstreik vom 27.-29.Mai 1952 entstanden sind, in Schriftenreihe der Bundesvereinigung der Deutschen Arbeitgeberverbände, Köln 1953
-	Rechtwidrigkeit, Sozialadäquanz, Fahrlässigkeit, Schuld im Zivilrecht, in NJW 1957, S.1777 ff.
Nirk	Die Haftung bei Skiunfällen, in NJW 1964, S.1829 ff.
Noll	Übergesetzliche Rechtfertigungsgründe, im besonderen die Einwilligung des Verletzten, Basel 1955
Oertmann	Zur Frage der Haftung für Tierschäden, in DJZ 1904, S.136 ff.
-	Bürgerliches Gesetzbuch, 2.Buch, Recht der Schuldverhältnisse 5.Auflage, 1.Abt.: §§ 241 - 432 Berlin 1928; 2.Abt.: §§ 433 - 853 5.Auflage Berlin 1929
Otto	Eigenverantwortliche Selbstschädigung und -gefährdung, in Festschrift für Herbert Tröndle, Berlin · New York 1989, S.157 ff.
Palandt	Bürgerliches Gesetzbuch, 20.Auflage Berlin · München 1961
-	Bürgerliches Gesetzbuch, 21.Auflage Berlin · München 1962
-	Bürgerliches Gesetzbuch, 51.Auflage München 1992

Peters — Sozialadäquanz und Legalitätsprinzip, in Festschrift für Hans Welzel, Berlin · New York 1974, S.414 ff.

Petev — Zum Problem der Rechtswidrigkeit in bezug auf die zivilrechtliche Haftung für Sportunfälle, in VersR 1976, S.320 ff.

Planck — Kommentar zum Bürgerlichen Gesetzbuch, Bd. II, 4.Auflage Berlin 1914

Protokolle — Protokolle der Kommission für die zweite Lesung des Entwurfs des Bürgerlichen gesetzbuchs, 1898

Quillmann — Die Bedeutung der Einwilligung in riskantes Handeln bei der Fahrlässigkeitstat, Diss. Tübingen 1978

Rabel — Das Recht des Warenkaufs. Eine rechtsvergleichende Darstellung, Bd. I; Unveränderter Neudruck der Ausgaben von 1936 und 1957, Berlin 1964

RGRK — Das Bürgerliche Gesetzbuch mit besonderer Berücksichtigung der Rechtsprechung des Reichsgerichts und des Bundesgerichtshofes. Kommentar herausgegeb. von Mitgliedern des Bundesgerichtshofes Bd. II 1.Teil, 12. Auflage Berlin · New York 1976; Bd. II 5.Teil, 12. Auflage Berlin · New York 1989

Reichert — Grundriß des Sportrechts und Sporthaftungsrechts, Darmstadt · Berlin 1968

Reinhardt	Die subjektiven Rechte in § 823 I BGB, in Karlsruher Forum 1961, S.6 ff.
Reschke	Handbuch des Sportrechts, Loseblattsammlung, o.O., Stand Dezember 1991
Riedmaier	Die neuere Rechtsprechung zur Verkehrssicherungspflicht, in VersR 1990, S.1315 ff.
Roeder	Die Einhaltung des sozialadäquaten Risikos, Berlin 1969
Rother	Haftungsbeschränkung im Schadensrecht, München, Berlin 1965
Roxin	Strafrecht, Allgemeiner Teil, Bd. I, 1.Auflage München 1992
-	Bemerkungen zur sozialen Adäquanz im Strafrecht, in Festschrift für Ulrich Klug, Bd. II, Köln 1983, S.303 ff.
Schaffstein	Handlungsunwert, Erfolgsunwert und Rechtfertigung bei Fahrlässigkeitsdelikten, in Festschrift für Hans Welzel, Berlin · New York 1974, S.557 ff.
-	Soziale Adäquanz und Tatbestandslehre, in ZStW 72 (1960), S.369 ff.
Schickedanz	Schutzzwecklehre und Adäquanztheorie, in NJW 1971, S.916 ff.
Schlund	Anmerkung zum Urteil des BGH vom 21.01.1982 - Az. VI ZR 188/80 - in JR 1982, S.332 f.
Schmid	Zur sachgerechten Eingrenzung der Tierhalterhaftung, in JR 1976, S.274

Schmidhäuser	Strafrecht, Allgemeiner Teil, Studienbuch, 2. Auflage 1984
Schmidt, Eberhard	Schlägermensur und Strafrecht, in JZ 1954, S.369 ff.
Schmidt, Reimer	Die Obliegenheiten. Studien auf dem Gebiet des Rechtszwangs im Zivilrecht unter besonderer Berücksichtigung des Privatversicherungsrechts, Karlsruhe 1953
Schönke/Schröder	Strafgesetzbuch, 24. Auflage München 1991
Schrader	Die Tierhalterhaftung (§ 833 BGB), in NJW 1975, S.677 ff.
Schröder, Jan	Verkehrssicherungspflicht gegenüber Unbefugten, in AcP 179 (1979), S.567 ff.
Schroeder, F.-C.	Sport und Strafrecht, in Sport und Recht, hrsg. von Schroeder/Kauffmann Berlin 1972, S.21 ff.
Schünemann	Moderne Tendenzen in der Dogmatik der Fahrlässigkeits- und Gefährdungsdelikte, in JA 1975, S.435 ff., 511 ff.; 575 ff., 647 ff., 715 ff. 787 ff.
Schwab, Dieter	Die deliktische Haftung bei widerrechtlichem Verweilen des Verletzten im Gefahrenbereich, in JZ 1967, S.13 ff.
Soergel/Siebert	Bürgerliches Gesetzbuch, Bd. II, 12. Auflage Stuttgart · Berlin · Köln · Mainz 1990; Bd. IV, 11.Auflage Stuttgart · Berlin · Köln · Mainz 1985

Siegfried — Tier und Tiergefahr als tatbestandliche Voraussetzungen der Gefährdungshaftung des Tierhalters des Tierhalters, Diss. Mainz 1986

Sourlas — Adäuqanz und Normzwecklehre bei der Begründung der Haftung nach § 823 Abs. 1 BGB, Berlin 1974

Staudinger — Kommentar zum Bürgerlichen Gesetzbuch, Buch 2 Einf. zu §§ 241 ff.; §§ 241, 242, 12.Auflage Berlin 1983; Buch 2 §§ 243-254 12.Auflage Berlin 1983; Buch 2 §§ 823-832 12.Auflage Berlin 1986

Stoll, Hans — Das Handeln auf eigene Gefahr, Berlin Tübingen 1961 (zitiert: Handeln auf eigene Gefahr)

\- — "The Wagon Mound" - eine neue Grundsatzentscheidung zum Kausalproblem im englischen Recht, in Festschrift für Hans Dölle, Bd I, Tübingen 1963 S.371 ff.

\- — Kausalzusammenhang und Normzweck im Deliktsrecht, Tübingen 1968 (zitiert: Kausalzusammenhang)

\- — Unrechtstypen bei Verletzung absoluter Rechte, in AcP 162 (1963), S.203 ff.

Systematischer Kommentar — Systematischer Kommentar zum Strafgesetzbuch, Bd. I, Allgemeiner Teil, 5.Auflage Frankfurt am Main ab 1987

Teichmann — § 823 BGB und Verletzungen eines anderen im Sport, JA 1979, S.293 ff.

v.Tuhr	Der Allgemeine Teil des Deutschen Bürgerlichen Rechts, Bd. III 2.Hälfte München · Leipzig 1918
Unger	Handeln auf eigene Gefahr, in JherJb. 30, S.393 ff.
Wangemann	Handeln auf eigene Gefahr, in NJW 1955, S.85 ff.
-	Handeln auf eigene Gefahr und Verschuldenshaftung - Eine kritische Betrachtung der jüngsten höchstrichterlichen Rechtsprechung, in MDR 1956, S.385 ff.
Weidner	Die Mitverursachung als Entlastung des Haftpflichtigen, 1970
Weimar	Sportunfälle und ihre Rechtsfolgen, in ZfV 1954, S.441 ff.
Weitnauer	Zur Lehre vom adäquaten Kausalzusammenhang. Versuch einer Ehrenrettung, in Festgabe für Karl Oftinger, Zürich 1979, S.321 ff.
Welzel	Das Deutsche Strafrecht, 11.Auflage Berlin 1969
Wieacker	Rechtswidrigkeit und Fahrlässigkeit im Bürgerlichen Recht, in JZ 1957, S.535 ff.
Wiethölter	Der Rechtfertigungsgrund des verkehrsrichtigen Verhaltens, Karlsruhe 1960
Wilburg	Zur Lehre von der Vorteilsausgleichung, in JherJb. 82 (1932), S.51 ff.
-	Die Elemente des Schadensrechts, Marburg 1941

Wolf, Joseph Georg	Der Normzweck im Deliktsrecht, Diss. Göttingen 1962
Zimmermann	Verletzungserfolg, Spielregel und allgemeines Sportrisiko, in VersR 1980, S.497 ff.
Zipf	Einwilligung und Risikoübernahme im Strafrecht, Darmstadt 1970
-	Rechtskonformes und sozialadäquates Verhalten im Strafrecht, in ZStW 82, S.633 ff.
Zitelmann	Ausschluß der Widerrechtlichkeit, in AcP 99(1906) S.1 ff.

Abkürzungsverzeichnis

a.A.	anderer Ansicht
a.a.O.	am angegebenen Ort
Abs.	Absatz
AcP	Archiv für civilisitische Praxis
AG	Amtsgericht
Anm.	Anmerkung
AT	Allgemeiner Teil
BAG	Bundesarbeitsgericht
BayObLG	Bayrisches Oberstes Landesgericht
BGB	Bürgerliches Gesetzbuch
BGBl	Bundesgesetzblatt
BGH	Bundesgerichtshof
BGHSt	Entscheidungen des Bundesgerichtshofs in Strafsachen
BGHZ	Entscheidungen des Bundesgerichtshofs in Zivilsachen
BT	Besonderer Teil
DAR	Deutsches Autorecht
ders.	derselbe
DFB	Deutscher Fußballbund
Diss.	Dissertation
DJ	Deutsche Justiz, Rechtspflege und Rechtspolitik
DJT	Deutscher Juristentag
DJZ	Deutsche Juristenzeitung
DR	Deutsches Recht

FS, FG	Festschrift, Festgabe
FIS	Federation Internationale de Ski (Internationaler Skiverband)
GA	Archiv für Strafrecht und Strafprozeß, begründet von Goltdammer
GS	Der Gerichtssaal
Gruchot	Beiträge zur Erläuterung des Deutschen Rechts, begründet von Gruchot
h.L.	herrschende Lehre
h.M.	herrschende Meinung
HansRGZ	Hanseatische Rechts- und Gerichtszeitschrift
i.d.F.	in der Fassung
i.d.R.	in der Regel
JA	Juristische Arbeitsblätter
JherJb.	Jherings Jahrbücher für die Dogmatik des bürgerlichen Rechts
JMBl NRW	Justizministerialblatt für Nordrhein-Westfalen
JR	Juristische Rundschau
JurA	Juristische Analysen
Jura	Juristische Ausbildung
JuS	Juristische Schulung
JW	Juristische Wochenschrift
JZ	Juristenzeitung
KG	Kammergericht
LM	Nachschlagewerk des Bundesgerichtshofs, herausgegeben von Lindemaier und Möhring
LuftVG	Luftverkehrsgesetz i.d.F. der Bekanntmachung vom 14.Januar 1981 (BGBl.I S.61)

MDR	Monatsschrift für Deutsches Recht
m.w.N.	mit weiteren Nachweisen
NdsRpfl	Niedersächsische Rechtspflege
NJW	Neue Juristische Wochenschrift
NJW-RR	NJW - Rechtsprechungsreport Zivilrecht
Nr.	Nummer
OLG	Oberlandesgericht
OLGZ	Entscheidungen der Oberlandesgerichte in Zivilsachen einschl. der freiwilligen Gerichtsbarkeit
o.O.	ohne Ort
RuS	Recht und Schaden
RabelsZ	Zeitschrift für ausländisches und internationales Privatrecht, begründet von Ernst Rabel
RG	Reichsgericht
RGSt	Entscheidungen des Reichsgerichts in Strafsachen
RGZ	Entscheidungen des Reichsgerichts in Zivilsachen
Rz.	Randziffer
S.	Seite
SeuffArch.	Seufferts Archiv für die Entscheidungen der obersten Gerichte in den deutschen Staaten
sog.	sogenannt(e)
StGB	Strafgesetzbuch
StVG	Straßenverkehrgesetz i.d.F. der Bekanntmachung v. 19.Dezember 1952 (BGBl.I S.837)
u.a.	unter anderem

v.	vom/von
Verk.Mitt.	Verkehrsrechtliche Mitteilungen
VersR	Versicherungsrecht, Juristische Rundschau für die Individualversicherung
vgl.	vergleiche
Warn.Rspr.	Rechtsprechung des Reichsgerichts, soweit sie nicht in der amtlichen Sammlung der Entscheidungen des Reichsgerichts abgedruckt sind, hrsg. v. Warnemeyer
WM	Wertpapiermitteilungen
z.B.	zum Beispiel
z.T.	zum Teil
ZfS	Zeitschrift für Schadensrecht
ZfV	Zeitschrift für Versicherungswesen
ZStW	Zeitschrift für die gesamte Strafrechtswissenschaft
z.T.	zum Teil
zust.	zustimmend

Einleitung

Haftungsausschluß durch bewußte Selbstgefährdung - dieser Titel scheint an der Rechtswirklichkeit vorbeizugehen, ja sogar die bestehende Rechtslage zu ignorieren. Die Ungereimtheiten, die seit Inkrafttreten des BGB in der Rechtsprechung und in der Lehre bei der Behandlung des Handelns auf eigene Gefahr - so wird die bewußte Selbstgefährdung i.d.R. begrifflich umrissen - gegenüber dem Schadensersatzanspruch des Geschädigten entstanden waren, gelten heute als nahezu ausgeräumt. Die für das derzeitige Verständnis entscheidende Wende in der wechselvollen Geschichte des Rechtsinstituts "Handeln auf eigene Gefahr" hat der Bundesgerichtshof mit dem Grundsatzurteil vom 14.03.1961[1] eingeleitet. Der Bundesgerichtshof hat in dieser Entscheidung die bis dahin favorisierten rechtsgeschäftlichen Konstruktionen des Handelns auf eigene Gefahr grundsätzlich aufgegeben und die Grundlage für die Bewertung der bewußten Selbstgefährdung des Geschädigten in § 254 BGB mit der Folge einer Haftungsverteilung gesehen. Diese Entscheidung ist in der Literatur nahezu[2] einhellig begrüßt worden[3]. Sie hat dazu geführt, daß sich das Handeln auf eigene Gefahr und damit die bewußte Selbstgefährdung im Rahmen des Mitverschuldens nach § 254 BGB etabliert hat. Heute erscheint zu Recht ein großer Teil der Fälle, in denen sich der Geschädigte bewußt selbst gefährdete, als Mitverschulden mit der Folge einer Schadensteilung. Diese auf sehr sicheren Füßen stehende Einordnung der bewußten Selbstgefährdung in den Mitverschuldensbereich wird auch der Grund dafür sein, daß der Gedanke der haftungsausschließenden Wirkung der bewußten Selbstgefährdung in den Hintergrund getreten ist. Die Literatur hat dem Gedanken eines Haftungsausschlusses durch bewußte Selbstgefährdung nach 1961 wenig Beachtung geschenkt. Auf die Möglichkeit einer haftungsausschließenden Wirkung der bewußten

---

[1] BGHZ 34,355.

[2] Kritisch vor allem FLUME in seiner Anmerkung zu dem Grundsatzurteil des BGH v. 14.03.1961 in JZ 1961,605 f.

[3] z.B. BÖHMER VersR 1961,771 f.; PALANDT/DANCKELMANN[21] § 254 Anm.6; GERHARDT S.89 ff.

Selbstgefährdung wird zwar hier und da hingewiesen[4], diesem Hinweis wird dann aber - eine Ausnahme bildet hier der Aufsatz von Dunz aus dem Jahre 1987[5] - nicht konsequent nachgegangen. Es fehlt insbesondere eine Analyse der Rechtsprechung nach dem Grundsatzurteil des Bundesgerichtshofs vom 14.03.1961 unter dem Gesichtspunkt des Haftungsausschlusses durch bewußte Selbstgefährdung.

Mit der vorliegenden Arbeit soll diese Lücke geschlossen werden. Die Arbeit macht sich zur Aufgabe, die haftungsausschließende Bedeutung der bewußten Selbstgefährdung in der Rechtsprechung nach 1961 zu untersuchen. Dabei soll neben den klassischen Fällen, die unter dem Stichwort des Handelns auf eigene Gefahr zusammengefaßt werden, nicht nach neuen Fallgruppen für den Gedanken der bewußten Selbstgefährdung gesucht werden, bei denen ein völliger Haftungsausschluß stattfindet. Vielmehr wird vor allem anhand der klassischen Fallgruppen gezeigt, daß die Rechtsprechung aus dem Tatbestand der bewußten Selbstgefährdung einen Haftungsausschluß herleitet. In einem nächsten Schritt wird für die Fälle, in denen die Rechtsprechung einen Haftungsausschluß aus dem Gesichtspunkt der bewußten Selbstgefährdung anerkennt, danach gefragt, wie dieser Haftungsausschluß dogmatisch in das Zivilrechtssystem einzugliedern ist, also welche dogmatische Konstruktion der bewußten Selbstgefährdung mit haftungsausschließender Wirkung am ehesten Rechnung trägt.

---

[4] Am deutlichsten in der Kommentarliteratur STAUDINGER/MEDICUS § 254 Rz.131 ff.; siehe auch LANGE § 10 XIV 1.

[5] DUNZ JZ 1987,61 ff.

Erster Teil

Rechtsprechung und Lehre zur bewußten Selbstgefährdung des Geschädigten

A. Die Rechtsprechung zur bewußten Selbstgefährdung bis 1961[6]

Mit dem Schlagwort "bewußte Selbstgefährdung" wird das Verhalten des Geschädigten beschrieben, der sich ohne triftigen Grund in eine Situation drohender Eigengefährdung begibt, obwohl er die besonderen Umstände, die für ihn eine konkrete Gefahrenlage begründen, kennt[7]. Die Auswirkungen dieses Verhaltens auf den Schadensersatzanspruch hat das BGB nicht geregelt. Es blieb somit der Rechtsprechung überlassen, Wege für die Berücksichtigung der bewußten Selbstgefährdung zu finden.

Die Rechtsprechung mußte sich schon bald nach Inkrafttreten des BGB mit dem Problem der bewußten Selbstgefährdung beschäftigen. Das BGB hatte z.B. die Tierhalterhaftung nach § 833 S. 1 BGB als strenge Gefährdungshaftung ausgestaltet, so daß sich die Rechtsprechung zwangsläufig vor die Frage gestellt sah, wie diese strenge Haftung eingeschränkt werden könnte. Eine Einschränkung der Tierhalterhaftung aus dem Gesichtspunkt der bewußten Selbstgefährdung lehnte das Reichs-

---

[6] Es wird hier, da STOLL und GERHARDT in ihren Arbeiten schon umfassend die Geschichte der Rechtsfigur des Handelns auf eigene Gefahr aufgezeigt haben, nur kurz auf die Historie eingegangen; zur näheren Darstellung wird auf STOLL, Handeln auf eigene Gefahr, S.14 ff. und GERHARDT S.5 ff. verwiesen.

[7] UNGER JherJb. 30, S.363 ff., hatte zuvor unter einem Handeln auf eigene Gefahr ein Verhalten des Schädigers verstanden, das diesen auch für den Fall schadensersatzpflichtig machte, daß ihn kein Verschulden traf. Dieser Begriff hat sich in der Folgezeit nicht durchsetzen können. Ausführlicher zum Begriff des Handelns auf eigene Gefahr: GERHARDT S.5 ff.

gericht aber zunächst in einem heftig kritisierten[8] Urteil vom 26.02.1903[9] ab.

Eine erstmalig positive Berücksichtigung erfuhr die bewußte Selbstgefährdung in einem Urteil des Reichsgerichts vom 11.04.1906[10]. Der Kläger hatte, obwohl eine Tafel mit der Aufschrift "Vorsicht bissiger Hund" Besucher warnte, einen Hof betreten und war durch den Hund zu Schaden gekommen. Das Reichsgericht ließ hier die Haftung des Tierhalters entfallen, da der Kläger auf eigene Gefahr und daher auf volle eigene Verantwortung gehandelt habe[11]. Interessant ist bei diesem Urteil, daß das Reichsgericht der bewußten Selbstgefährdung auf der Ebene des Mitverschuldens Rechnung trug. Daß es die Haftung des Schädigers gänzlich ausschloß, lag wohl an der besonderen Schwere des Mitverschuldens.

I. Die bewußte Selbstgefährdung bei der Teilnahme an Fahrten

Nachfolgend gewann die Beschränkung des Schadensersatzanspruches durch bewußte Selbstgefährdung bei der Tierhalterhaftung namentlich Bedeutung bei der Mitnahme eines Fahrgastes auf einem Fuhrwerk aus Gefälligkeit. Die bewußte Selbstgefährdung lag in diesen inzwischen über die Tierhalterhaftung hinaus zu den klassischen Sachverhalten der bewußten Selbstgefährdung zählenden Fällen darin, daß der Fahrgast an der Fahrt teilnahm, obwohl diese wegen eines nicht vekehrssicheren Fahrzeugs[12] oder wegen der Gefährlichkeit der Wegstrecke[13] mit einer besonderen Gefahr verbunden war, die der Fahrgast erkannt hatte.

---

[8] OERTMANN DJZ 1904,136 ff.; BLUME Recht 1905,481 ff.; LITTEN DJZ 1905,339 (340); weitere Nachweise bei STOLL, Handeln auf eigene Gefahr, S.17 Fußn.4.

[9] RGZ 54,73.

[10] RG JW 1906,349 Nr.7.

[11] RG JW 1906,349 Nr.7.

[12] RG JW 1906,710 Nr.4; JW 1907,308 Nr.9.

[13] RG JW 1914,589 Nr.5.

Hatte das Reichsgericht die Einschränkung der Gefährdungshaftung für diesen Fall im Jahre 1903 noch abgelehnt, so änderte es nunmehr durch die Urteile vom 18.03.1907[14] und 19.03.1908[15] seine Auffassung. Allerdings griff das Gericht zur Lösung dieser Fälle nicht auf das vorher besprochene Urteil vom 11.04.1906[16] zurück, sondern ging davon aus, es sei zwischen dem Fahrgast und dem Fuhrherrn zu einem vollständigen Vertragsverhältnis gekommen. Die Parteien seien stillschweigend übereingekommen, die gesetzliche Haftung aus § 833 BGB auszuschließen[17]. Aus dem selbstgefährdenden Verhalten des Geschädigten folgerte das Reichsgericht somit einen stillschweigenden Haftungsverzicht.

Die Annahme eines stillschweigenden Haftungsverzichts stellte das Reichsgericht aber bald wieder in Frage. In der Entscheidung vom 29.03.1909[18] bestand für das Gericht die Schwierigkeit, einen stillschweigenden Haftungsverzicht aus dem tatsächlichen Parteiverhalten nicht begründen zu können, da Anhaltspunkte weder für eine entsprechende Willenseinigung noch für eine richterliche Ergänzung des Willens über § 157 BGB vorhanden waren. Das Reichsgericht löste aus diesem Grund die Verbindung von bewußter Selbstgefährdung und stillschweigendem Haftungsverzicht wieder auf und begründete den Haftungsausschluß mit der Rechtsfigur des Handelns auf eigene Gefahr als selbständigen, vom stillschweigenden Haftungsverzicht unabhängigen Haftungsausschlußgrund für die Gefährdungshaftung. Wo die Handlungsweise dessen, der sich - außerhalb eines Vertragsverhältnisses - freiwillig der Gefahr eines Tierschadens ausgesetzt habe, an sich und objektiv so beschaffen sei, daß gesagt werden könne, er handele auf eigene Gefahr, bedürfe es nicht erst der Konstruktion eines vertragsmäßigen Übereinkommens oder Verzichts[19].

Das Reichsgericht betrachtete in dieser Entscheidung zum ersten Mal ausdrücklich das Handeln auf eigene Gefahr als einen tatsächlichen, von Willenserklärungen losgelösten

---

[14] RGZ 65,313.

[15] RGZ 67,431.

[16] RG JW 1906,349 Nr.7.

[17] RGZ 65,313 (315); 67,431 (434).

[18] RG Warn.Rspr. 1909 Nr.357 S.327.

[19] RG Warn.Rspr. 1909 Nr.357 S.327.

Vorgang. Die bewußte Selbstgefährdung mußte danach nicht mehr als Begründung für das Bestehen stillschweigender Erklärungen herhalten. Vielmehr sah das Reichsgericht in der bewußten Selbstgefährdung ein sich direkt auf den Schadensersatzanspruch auswirkendes rein tatsächliches Verhalten. Das Handeln auf eigene Gefahr bedeutete damit das Setzen einer Gefahrenursache mit der Folge, daß eine Gefährdungsaufrechnung stattfand[20]. Die tatsächliche Auswirkung auf den Schadensersatzanspruch vollzog sich also in der Art, daß dem Geschädigten sein eigenes tatsächliches Verhalten zugerechnet wurde[21].

Mit dieser Rechtsprechung hatte das Reichsgericht ein Rechtsinstitut geschaffen, das unabhängig von rechtsgeschäftlichen Konstruktionen eine als zu weitgehend empfundene Haftung durch ein objektives, an tatsächliches Verhalten anknüpfendes Korrektiv beschränkte. Das Reichsgericht sah in der Folgezeit den Platz des so verstandenen Handelns auf eigene Gefahr bei der Gefährdungshaftung[22]. Im Gegensatz zum stillschweigenden Haftungsverzicht, der auch nach wie vor als Folge einer bewußten Selbstgefährdung in der Rechtsprechung eine Rolle spielte[23], bedurfte es bei dem die Gefährdungshaftung ausschließenden Handeln auf eigene Gefahr keiner Willenserklärungen mehr. Die Gefahrenübernahme wurde als rein tatsächlicher Vorgang begriffen. Dem Geschädigten wurde sein eigenes tatsächliches Verhalten zugerechnet[24]. Für die rechtliche Einordnung des Handelns auf eigene Gefahr knüpfte diese Rechtsprechung auch nicht mehr, wie noch in dem Urteil vom 11.04.1906[25], an das Mitverschulden an. Vielmehr erörterte das Reichsgericht ein Mitverschulden erst, wenn es das Handeln auf eigene Gefahr ausgeschlossen hatte[26]. Das Reichsgericht sah somit in dem Handeln auf eigene Gefahr ein selbständiges Rechtsinstitut, das zum vollständigen Ausschluß der Gefährdungshaftung führte.

---

20 OERTMANN § 254 Anm.2; DERS. § 833 Anm.5 a,b; KRÜCKMANN JW 1932,3688 (3692).

21 RGZ 130,162 (169).

22 RGZ 130,162; RG JW 1911,28 Nr.5; Recht 1912 Nr.3080.

23 RGZ 128,229; RG JW 1911,714 Nr.14; JW 1914,589 Nr.5.

24 RGZ 130,162 (169).

25 RG JW 1906,349 Nr.7.

26 RG Recht 1912 Nr.3080; JW 1912,857 Nr.10; RGZ 128,229.

Eine weitere Wendung in der Geschichte des Handelns auf eigene Gefahr bedeutete das Urteil des Reichsgerichts vom 19.06.1933[27]. Grund für die neuerliche Wende in der Rechtsprechung zum Handeln auf eigene Gefahr war die Notwendigkeit, das Handeln auf eigene Gefahr auch gegenüber der Verschuldenshaftung zu berücksichtigen. Die zunehmende Motorisierung hatte eine entscheidende Änderung im Sachverhalt der Gefälligkeitsfahrt zur Folge gehabt. Die Gefälligkeitsfahrt wurde nicht mehr in von Pferden gezogenen Fuhrwerken, sondern in motorisierten Kraftfahrzeugen durchgeführt. Damit stand bei der Gefälligkeitsfahrt nicht mehr die Gefährdungshaftung des Tierhalters, sondern die Verschuldenshaftung des Kraftfahrzeugfahrers in Rede[28].

Durch diese Verlagerung der Fallgruppe der Gefälligkeitsfahrt auf die Verschuldenshaftung sah sich das Reichsgericht veranlaßt, die Anknüpfung des Handelns auf eigene Gefahr an die tatsächliche Gefahrenübernahme aufzugeben. Es konstruierte das Handeln auf eigene Gefahr nunmehr im Anschluß an Flad[29] als rechtfertigende Einwilligung: Wer sich als Teilnehmer einer Fahrt im Kraftfahrzeug der besonderen mit dieser Fahrt verbundenen Gefahr bewußt sei, willige damit in eine Körperverletzung ein, die möglicherweise auf dieser Fahrt eintrete[30]. Das Reichsgericht verstand somit das Handeln auf eigene Gefahr als eine vorbehaltlich der Grenzen des Erlaubten zulässige Einwilligung in eine möglicherweise auf der Fahrt eintretende Verletzung des Fahrtteilnehmers. Dies hatte zur Folge, daß mit der Einwilligung das Tatbestandserfordernis der Widerrechtlichkeit der Schadenszufügung und damit eine Haftung des Gegners entfiel, soweit die Einwilligung reichte[31].

---

[27] RGZ 141,262.

[28] Die nach dem Straßenverkehrsgesetz vom 19.12.1952 (BGBl I S.837) festgelegte Gefährdungshaftung des Kraftfahrzeughalters schied und scheidet auch heute noch gemäß § 8a StVG (eingefügt durch das Gesetz vom 16.07.1957 - BGBl I S.710) gegenüber Fahrgästen, die aus Gefälligkeit mitgenommen werden, aus.

[29] FLAD Recht 1919,13 ff.

[30] RGZ 141,262 (265).

[31] RGZ 141,262 (265).

II. Die bewußte Selbstgefährdung in anderen Lebensbereichen

Mit der Ausdehnung des Anwendungsbereichs des Handelns auf eigene Gefahr auf die Verschuldenshaftung war aber nicht nur eine dogmatische Ausweitung verbunden. Die Rechtsprechung erkannte, daß sich nicht nur derjenige bewußt selbst gefährdete, der sich als Fahrgast auf eine Fahrt mit einem Kraftfahrzeug einließ, die mit besonderen Gefahren verbunden war, sondern daß eine bewußte Selbstgefährdung auch in anderen Lebensbereichen vorkam.

So wurde die Haftung des Veranstalters "gefährlicher Veranstaltungen"[32] gegenüber Zuschauern und Teilnehmern teilweise über das Rechtsinstitut "Handeln auf eigene Gefahr" ausgeschlossen. Auch die Haftung von Sportlern untereinander stellte sich ebenso wie die Haftung des Grundstückseigentümers gegenüber dem unbefugten Verkehr zwar zaghaft, aber doch sichtbar als Anwendungsgebiet für das Handeln auf eigene Gefahr dar[33].

Allerdings war sich die Rechtsprechung in den Konstruktionen, die sie bei diesen Sachverhalten für den Haftungsausschluß im Wege des Handelns auf eigene Gefahr fand, nicht sicher:

---

[32] Der Begriff der gefährlichen Veranstaltungen ist hier denkbar weit aufzufassen: Es handelt sich bei diesen Veranstaltungen meistens um Sportwettkämpfe oder Volksfeste. Aber auch der Betrieb einer Skipiste, einer Rodelbahn oder eines Schwimmbades sollen mit diesem Begriff erfaßt werden. Näher zu diesem ganzen Komplex: STOLL, Handeln auf eigene Gefahr, S.57 ff.

[33] Siehe dazu im einzelnen STOLL, Handeln auf eigene Gefahr, S.81 ff.; weitere Nachweise bei MARBURGER JurA 1971,481 (482 Fußn.10).

1. Die bewußte Selbstgefährdung bei der Haftung des Veranstalters gefährlicher Veranstaltungen

Bei den sog. "gefährlichen Veranstaltungen" gründen sich Ersatzansprüche der Geschädigten gegen den Veranstalter i.d.R. darauf, daß der Veranstalter seine Verkehrssicherungspflicht gegenüber den Zuschauern oder Teilnehmern an der gefährlichen Veranstaltung verletzt hat. Diese Verkehrssicherungspflicht des Veranstalters, der mit der Durchführung einer gefährlichen Veranstaltung eine Gefahrenquelle bzw. eine besondere Gefahrenlage geschaffen hat, besteht darin, diejenigen ihm möglichen und zumutbaren Maßnahmen und Vorkehrungen zu treffen, die zur Abwendung drohender Gefahren für Rechtsgüter Dritter notwendig sind[34]. Verletzt der Veranstalter diese Pflicht schuldhaft, haftet er für alle Schäden, die hieraus, entstehen nach den §§ 823 ff. BGB. Dies ist seit den Urteilen des Reichsgerichts vom 30.10.1902[35] und 23.02. 1903[36] ständige Rechtsprechung[37].

Im Gegenschluß müßte man aus dieser Rechtsprechung folgern, die Gerichte stützten dann, wenn sie zu dem Ergebnis kommen, der Veranstalter hafte nicht, diese Entscheidung darauf, daß eine Verkehrssicherungspflicht des Veranstalters mangels Zumutbarkeit der Vorsorge nicht bestehe. Die ältere Rechtsprechung zog allerdings zum Teil eine andere Begründung für ihre Entscheidung vor. Sie stellte den Gesichtspunkt der in der Teilnahme oder im Besuch einer gefährlichen Veranstaltung liegenden Gefährdung in den Vordergrund. Sie schloß die Haftung des Veranstalters deshalb aus, weil der Besucher oder Teilnehmer sich der mit der Veranstaltung verbundenen Gefahren freiwillig und bewußt ausgesetzt und daher auf ei-

---

[34] RGZ 121,404 (407); 165,155 (159); BGHZ 5,378 (380); 14, 83 (85); 60,54 (55); 65,221 (224); NJW 1966,1456 (1457); NJW 1968,443; VersR 1972,149 (150); BGH LM § 823 Nr.11b (Ef) und Nr.10 (Db).

[35] RGZ 52,373.

[36] RGZ 54,53.

[37] z.B. BGH NJW-RR 1986,1029 (Revisionsentscheidung zu OLG Karlsruhe VersR 1986,662); NJW 1984,801 = 1984,164; VersR 1982,346 = NJW 1982,762; VersR 1985,64 = NJW 1985, 620; 1980,863; 1980,67; VersR 1978,739 = NJW 1978,1626; NJW 1975,533; NJW 1973,1379; MDR 1975,219.

gene Gefahr gehandelt bzw. die normalen mit der Veranstaltung verbundenen Gefahren auf sich genommen habe[38].

Dabei konstruierte die Rechtsprechung den Haftungsausschluß teilweise als Einwilligung[39] oder als Haftungsverzicht[40]. Größtenteils verwies sie aber schlichtweg darauf, daß Zuschauer oder Teilnehmer die Gefahren der Veranstaltung in Kauf nehmen müßten[41], auf eigene Gefahr handelten[42] oder die mit der Veranstaltung verbundenen Gefahren übernähmen[43].

2. Die bewußte Selbstgefährdung bei unbefugtem Betreten fremder Grundstücke und Anlagen

Wie auch schon bei der Haftung des Veranstalters gegenüber Zuschauern und Teilnehmern geht es auch bei der Haftung des Grundstückeigentümers um die Haftung eines Schädigers aus dem Gesichtspunkt der schuldhaften Verletzung einer Verkehrssicherungspflicht. Der Grundstückseigentümer ist wie jeder, der eine Gefahrenquelle schafft, im Rahmen des Möglichen und Zumutbaren verpflichtet, Vorsorge zu treffen, damit Dritte nicht zu Schaden kommen. Bei schuldhaft unterlassenen Maßnahmen zur Gefahrenabwehr haftet dementsprechend der Grundstückseigentümer, wenn ein anderer an seinen nach § 823 Abs. 1 BGB geschützten Rechtsgütern beschädigt wird.

Angesichts dieser doch sehr weitgehenden Haftung für mangelnde Sorgfalt drängt sich die Frage der Begrenzung der Verantwortung des Verkehrssicherungspflichtigen auf. Eine

---

[38] Haftung der Veranstalters gegenüber Zuschauern: LG Hamburg HansRGZ 1939 B Nr.124,Sp.362; LG Köln VersR 1958, 332; Haftung des Veranstalters gegenüber Teilnehmern: RGZ 169,213; OLG Tübingen VersR 1952,436; LG Hannover VersR 1952,216; LG München MDR 1959,125; RG JW 1928,3185 Nr.17.

[39] LG Köln VersR 1958,332.

[40] OLG München VersR 1953,485; LG Stuttgart VersR 1953,374.

[41] LG Hamburg HansRGZ 1939 B Nr.124, Sp.362 (Sp.364); LG München MDR 1959,125 (126).

[42] LG Hannover VersR 1952,216.

[43] RGZ 169,213 (216).

solche Begrenzung erörterte die Rechtsprechung in früherer Zeit unter dem Gesichtspunkt, ob der Grundstückseigentümer auch solchen Personen gegenüber haften sollte, die sich unbefugt in den Gefahrenbereich begeben oder darin aufgehalten und dabei Schaden erlitten hatten. Die Tendenz der früheren Rechtsprechung ging dabei dahin, im Falle des unbefugten Betretens oder Verweilens im Gefahrenbereich eine Haftung des Verkehrssicherungspflichtigen grundsätzlich abzulehnen[44], allerdings ausnahmsweise auch Unbefugte in den Verkehrsschutz mit einzubeziehen[45]. Bei der Ablehnung der Haftung sah die Rechtsprechung das unbefugte Verhalten des Verletzten als selbständigen Enthaftungsgrund an. Zur dogmatischen Begründung der Ausgrenzung von Unbefugten aus den Schutzpflichten des Grundeigentümers griff sie teilweise auf die Rechtsfigur des Handelns auf eigene Gefahr, und damit auf die bewußte Selbstgefährdung des Geschädigten, zurück[46], ohne allerdings direkt das Handeln auf eigene Gefahr mit einer Einwilligung in Verbindung zu bringen. So entschied das OLG Celle in seinem Urteil vom 23.10.1957[47] einen Fall, bei dem ein Fuhrunternehmer in eine unbeleuchtete Fabrikhalle gegangen war, um dort Leute zum Abladen zu suchen. Er war in eine Grube gefallen und hatte sich verletzt. Das OLG wies die Klage des Fuhrunternehmers mit der Begründung ab, dieser habe sich sehr unvorsichtig verhalten und daher auf eigene Gefahr gehandelt.

3. Die bewußte Selbstgefährdung bei Sportverletzungen

Konsequenter argumentierte die Rechtsprechung bei Sportverletzungen. Die Problematik der Haftung bei Sportverletzungen besteht darin, daß der Sportler einerseits dem in allen Le-

---

[44] RGZ 87,128 (129); RG JW 1908,744 Nr.13; JW 1912,796 Nr.13; OLG Bremen VersR 1955,28; LG Darmstadt VersR 1960,71 (72).

[45] RGZ 103,263 (264); siehe zu den Ausnahmen im einzelnen STOLL, Handeln auf eigene Gefahr, S.89 ff.

[46] OLG Celle VersR 1958,129; LG Berlin VersR 1955,605; LG Essen VersR 1955,127 (128); AG München VersR 1955,128.

[47] OLG Celle VersR 1958,129.

bensbereichen geltende Grundsatz des "neminem laedere" verpflichtet ist. Auch Sportler müssen während der Sportausübung ihr Verhalten danach ausrichten, daß niemand zu Schaden kommt. Demnach ist auch der Sportler in dem Fall, daß durch sein Verhalten andere Personen zu Schaden kommen, gemäß § 823 Abs. 1 BGB verpflichtet, den entstandenen Schaden zu ersetzen, falls sein Verhalten rechtswidrig und schuldhaft war. Andererseits ist aber zu beachten, daß insbesondere bei Sportarten, bei denen der Kampf "Mann gegen Mann" im Vordergrund steht, sowohl "Täter" als auch "Opfer" den Sport trotz oder gerade wegen des damit verbundenen Risikos ausgeübt haben. Es kann nun nicht die Aufgabe der Rechtsprechung sein, die an sich erlaubte Teilnahme an solchen Sportwettkämpfen durch das Auferlegen von Schadensersatzansprüchen zu erschweren und damit die sportliche Betätigung, die allgemein als positiv bewertet wird, zu behindern[48]. Die letztere Erwägung darf aber nicht dazu führen, die sportliche Betätigung von den Sanktionen des staatlichen Rechts abzukoppeln. Der Rechtsprechung kann nicht verwehrt werden, die gesetzlich festgelegten Haftungsfolgen auch auf Sportler, die ihre Mitspieler verletzen, anzuwenden[49]. Jedoch kann es keinem Zweifel unterliegen, daß sich die in der sportlichen Betätigung liegende bewußte Selbstgefährdung haftungsrechtlich auswirken muß. Im Ergebnis kann es sich bei dieser Auswirkung nur darum handeln, bei der Beurteilung der haftungsrechtlichen Folgen sportlicher Betätigung eine Haftungserleichterung für den Schädiger eingreifen zu lassen.

Bei der Sportausübung haben sich die Sportler grundsätzlich an bestimmte Regeln, die von den Sportverbänden aufgestellt werden, zu halten. Die entscheidende Haftungsbegrenzung wird von Rechtsprechung und Schrifttum, unabhängig davon wie die Spielregeln rechtlich im einzelnen verstanden werden[50], seit jeher übereinstimmend darin gesehen, daß der Sportler grundsätzlich dann nicht für Verletzungen anderer Sportler zu haften braucht, wenn er sich regelgerecht verhalten hat[51].

---

[48] TEICHMANN JA 1979,293.

[49] Anders wohl KINDERMANN, S.195 (206).

[50] Siehe dazu im einzelnen KRÄHE, S.58 ff.

[51] BGH VersR 1957,290; BGHZ 63,140 = NJW 1975,109; BGH VersR 1975,155.

Die ältere Rechtsprechung[52] übertrug dabei konsequent die Rechtsprechung zum Handeln auf eigene Gefahr von der Mitfahrt in einem Kraftfahrzeug auf den Bereich des Sports. Sie ging davon aus, dem Verletzer könne der Vorwurf eines rechtswidrigen Verhaltens nicht gemacht werden. Ihm stehe in dem Fall, daß er die Regeln eingehalten habe, der Rechtfertigungsgrund der Einwilligung zur Seite[53]. Ausführlich beschäftigte sich das OLG Neustadt in seiner Entscheidung vom 03.05.1956, die in ihren Ausführungen zum Handeln auf eigene Gefahr durch den Bundesgerichtshof bestätigt wurde[54], mit dem Handeln auf eigene Gefahr bei Sportverletzungen, und zwar hier mit dem Handeln auf eigene Gefahr bei Verletzungen während eines Fußballspiels.

> OLG Neustadt vom 03.05.1956[55]: Der Kläger war bei einem Fußballspiel, an dem er sich als Torhüter einer Mannschaft beteiligte, erheblich verletzt worden. Hinsichtlich eines möglichen Haftungsausschlusses führt das Gericht aus, ein solcher komme aus dem Gesichtspunkt des Handelns auf eigene Gefahr in Betracht, indem der Kläger durch die Teilnahme an dem Spiel die Einwilligung in eine hierbei vielleicht eintretende fahrlässige Verletzung durch einen anderen Spieler zu verstehen gegeben habe.

Ging die ältere Rechtsprechung auch einheitlich davon aus, die Haftung des Sportlers könne unter dem Gesichtspunkt einer aus dem Handeln auf eigene Gefahr abgeleiteten Einwilli-

---

[52] RGZ 130,162 (Motorsport); BGH NJW 1951,916; OLG Neustadt MDR 1956,548 (bestätigt hinsichtlich der Ausführungen zum Handeln auf eigene Gefahr und damit zur Einwilligung durch BGH VersR 1957,290 (291)); OLG Neustadt MDR 1956, 550; OLG Schleswig DAR 1961,310; für das Strafrecht: BayObLG NJW 1961,2072; JR 1961,72; OLG Braunschweig NdsRpfl 1960,233.

[53] OLG Neustadt MDR 1956,548 (549); BayObLG NJW 1961,2072 (2073); JR 1961,72 (73); OLG Braunschweig NdsRpfl 1960, 233 (234).

[54] BGH VersR 1957,290 (291).

[55] OLG Neustadt MDR 1956,548 (549).

gung entfallen[56], so herrschte doch Unklarheit, unter welchen Voraussetzungen ein Handeln auf eigene Gefahr im Rahmen des Sports im konkreten Fall anzunehmen war. Einige Gerichte sprachen von einer Rechtfertigung kraft Einwilligung, wenn die Verletzung trotz regelgerechten Verhaltens des Verletzers aufgetreten war[57]. Demgegenüber schien das OLG Neustadt, und mit ihm auch durch seine Zustimmung der Bundesgerichtshof, die Frage der Einwilligung von der Schwere der Verletzung abhängig machen zu wollen. So führte das OLG Neustadt in seinem Urteil vom 03.05.1956[58] aus: "Es liegt kein Anhaltspunkt dafür vor, daß er (der Kläger Anm. des Verfassers) durch diese sportliche Betätigung den Willen hätte zum Ausdruck bringen wollen, einen ihn schuldhaft in erheblicher Weise schädigenden anderen Spieler nicht auf Ersatz des eingetretenen Schadens in Anspruch nehmen zu wollen. Für den Fall einer unbedeutenden Schädigung mag ein solcher Wille noch angenommen werden; ... Es kann aber nicht der Wille unterstellt werden, der geschädigte Spieler habe auch dann auf Schadensersatz verzichten wollen, wenn er durch die schuldhafte Handlung des Gegenspielers in einer Leben oder Gesundheit schwer bedrohenden Weise geschädigt würde". Das BayObLG ging in seinem Urteil vom 08.11.1960[59] sogar noch weiter: "Die freiwillige Teilnahme an einem sportlichen Wettkampf ... enthält rechtlich die Einwilligung in die Gefahren für den Körper, die ein solcher Wettkampf seinem Wesen nach mit sich bringt. Die Rechtswidrigkeit von fahrlässigen Körperverletzungen wird durch die Einwilligung sogar ausgeschlossen, wenn aus Übereifer, Erregung oder Unüberlegtheit gegen die Sportregeln verstoßen wird".

Wenn auch die Rechtsprechung nach 1933 nicht immer konsequent den Einwilligungsgedanken in den Vordergrund rückte, so läßt sich dieser Rechtsprechung doch entnehmen, daß nach dem Urteil des Reichsgerichts vom 19.06.1933[60] das Handeln

---

[56] RGZ 130,162 (Motorsport); OLG Neustadt MDR 1956,548; BGH VersR 1957,290 (291); OLG Neustadt MDR 1956,550; OLG Schleswig DAR 1961,310; weitere Nachweise: Friedrich NJW 1966,756 Fußn.4; für das Strafrecht: BayObLG NJW 1961, 2072; JR 1961,72; OLG Braunschweig NdsRpfl 1960,233.

[57] AG Köln DR 1939,770; BayObLG JR 1961,72 (73).

[58] OLG Neustadt MDR 1956,548 (549).

[59] BayObLG JR 1961,72 (73).

[60] RGZ 141,262.

auf eigene Gefahr und damit die bewußte Selbstgefährdung dogmatisch als Anwendungsfall der rechtfertigenden Einwilligung angesehen wurde. Diese Einschätzung stimmt auch mit der damals herrschenden Lehre überein. Die Mehrzahl der Stimmen in der Literatur sah im Handeln auf eigene Gefahr des Geschädigten dessen Einwilligung in die Rechtsgutverletzung und ließ dementsprechend bei Feststellung eines bewußt selbstgefährdenden Verhaltens des Geschädigten die Rechtswidrigkeit der schädigenden Handlung entfallen[61].

Allerdings wurde diese Rechtsprechung auch scharf kritisiert[62]. So nannte E. Böhmer die Auffassung der Rechtsprechung eine "doch künstliche Konstruktion"[63]. Außerdem verwiesen die Kritiker darauf, die Annahme einer Einwilligung sei rein fiktiv[64]. Dem Mitfahrenden werde ein Wille unterstellt, den er - man denke an sehr schwere Verletzungen - in aller Regel gar nicht habe[65]. H.Stoll verwies darauf, die "Einwilligungslehre" identifiziere die Einwilligung in ein Risiko fälschlich mit der Einwilligung in eine eventuelle Verletzung[66]. Auch einige Oberlandesgerichte äußerten Bedenken hinsichtlich der Qualifikation des Handelns auf eigene Gefahr als Einwilligung. Es sei nicht richtig, daß der auf eigene Gefahr Handelnde eine Verletzung billige und in sie einwillige[67].

Im Jahr 1961 gab der Bundesgerichtshof in seinem Urteil vom 14. März dieser Kritik des Schrifttums an der bis dahin vertretenen Auffassung des Handelns auf eigene Gefahr als Einwilligung nach und nahm von dieser Ansicht ausdrücklich Abstand[68].

---

61 ENNECCERUS/LEHMANN § 253 V; Esser § 201, 3 k; PALANDT/DANCKELMANN[20] § 254 Anm.6.

62 BÖHMER VersR 1957,205, DERS. MDR 1958,77 f.; WANGEMANN NJW 1955,85 (86 ff.); BEMMANN VersR 1958,583 (585).

63 BÖHMER MDR 1958,77 (78); DERS. VersR 1957,205.

64 LARENZ, SR I[4], 1960 S.145; BÖHMER MDR 1958,77 (78); DERS. VersR 1957,205; WANGEMANN NJW 1955,85.

65 BÖHMER MDR 1958,77 (78).

66 STOLL, Handeln auf eigene Gefahr, S.306.

67 OLG Oldenburg DAR 1956,296 (297); ähnlich OLG Karlsruhe NJW 1959,1589 (1590).

68 BGHZ 34,355 ff. = JZ 1961,602 mit anschließender Anmerkung von FLUME.

B. Die Rechtsprechung zur bewußten Selbstgefährdung nach 1961

I. Die bewußte Selbstgefährdung als Mitverschulden

1. Das Urteil des Bundesgerichtshofs vom 14.03.1961[69] und seine Auswirkungen

Der Bundesgerichtshof setzte mit der Entscheidung vom 14.03. 1961 den vorläufig letzten Eckpunkt in der Suche nach einem dogmatischen Standort für das Handeln auf eigene Gefahr. Diesem Urteil lag folgender Sachverhalt zugrunde: In der Mittagspause waren vier Berufsschüler zum Essen nach V. gefahren. Auf dieser Fahrt bat der Beklagte den Führer des Kraftfahrzeugs, ihn einmal fahren zu lassen. Dieser lehnte zunächst ab, da er - wie auch der Kläger - wußte, daß der Beklagte keinen Führerschein hatte. Auf der Rückfahrt gab der Fahrer des Kraftfahrzeugs dem Drängen des Beklagten jedoch nach und überließ ihm für eine kurze Strecke das Steuer. Es kam dann nach wenigen hundert Metern zu einem Unfall, bei dem alle Insassen verletzt wurden.

Der Bundesgerichtshof verwirft in diesem Urteil zunächst die seit dem Urteil des Reichsgerichts vom 19.06.1933[70] von der höchstrichterlichen Rechtsprechung vertretene Auffassung, wer sich als Teilnehmer einer Fahrt in einem Kraftfahrzeug der besonderen mit dieser Fahrt verbundenen Gefahren bewußt sei, willige damit in eine Körperverletzung ein, die auf dieser Fahrt eintrete[71]. Das Gericht beurteilt den Fall, daß sich der Verletzte der drohenden Gefahr bewußt ausgesetzt hat, als Unterfall des § 254 BGB[72]. In den Fällen, in denen sich der Geschädigte der drohenden Gefahr bewußt ausgesetzt habe, werde es als mehr oder minder anstößig empfunden, wenn der Schaden auf den anderen abgewälzt werde. Denn der Geschädigte setze sich mit seinem eigenen von ihm zu verant-

---

[69] BGHZ 34,355 ff.

[70] RGZ 141,262.

[71] BGHZ 34,355 (360 ff.).

[72] BGHZ 34,355 (363 f.).

wortenden früheren Verhalten in Widerspruch[73]. Dies zeige, daß der rechtliche Standort des Problems in der vom Gesetz in § 254 BGB getroffenen Wertung zu suchen sei. Diese Regelung trage dem vom Geschädigten zu vertretenden eigenen Verhalten und damit der leichtfertigen Selbstgefährdung Rechnung. Sie sehe sogar den Wegfall der Schadensersatzforderung als möglich vor und beruhe im wesentlichen auf dem in § 242 BGB verankerten Grundsatz über die Folgen widersprüchlichen Verhaltens. Für das Schadensersatzrecht werde dieser Grundsatz in § 254 BGB näher ausgeprägt[74].

Der Bundesgerichtshof gibt also 1961 erneut die rechtsgeschäftliche Konstruktion für das Handeln auf eigene Gefahr auf und rückt, wie in den Urteilen des RG von 1906[75] und 1909[76], das tatsächliche Verhalten des Geschädigten wieder in den Vordergrund. Indes übernimmt der Bundesgerichtshof nicht Rechtsfolge und Anwendungsbereich aus der früheren Rechtsprechung. Diese war - wie gezeigt[77] - von einem Haftungsausschluß und einer Beschränkung auf die Gefährdungshaftung beim Handeln auf eigene Gefahr ausgegangen. Dagegen wendet der Bundesgerichtshof das Handeln auf eigene Gefahr bei der Verschuldenshaftung an und ordnet es in den Bereich des Mitverschuldens ein mit der Folge, daß das Handeln auf eigene Gefahr nun nicht mehr zwangsläufig zu einer Haftungsfreistellung führt, sondern die Rechtsfolge in einer Haftungsminderung liegt, die bis zu einem Ausschluß der Haftung gehen kann[78]. Auch dogmatisch greift der Bundesgerichtshof nicht auf die ältere Rechtsprechung zurück. Diese hatte bei Übernahme der Verantwortlichkeit durch ein Handeln auf eigene Gefahr von einer allgemein im Rechtsleben herrschenden Anschauung gesprochen[79] und sich damit auf Billigkeitserwägungen gestützt. Eine Billigkeitserwägung stellt zwar auch der Bundesgerichtshof an. Er geht aber über die ältere Rechtsprechung insofern hinaus, als er diese Billigkeitser-

---

[73] BGHZ 34,355 (363).

[74] BGHZ 34,355 (363 f.).

[75] RG JW 1906,349 Nr.7.

[76] RG Warn.Rspr. 1909 Nr.357 S.327.

[77] Siehe S.4 ff.

[78] So z.B. OLG Köln VersR 1970,914.

[79] RG Warn.Rspr. 1909 Nr.357 S.327.

wägung mit dem Grundsatz des gegen Treu und Glauben verstoßenden "venire contra factum proprium" rechtfertigt. Dieser Grundsatz sei es, der es nicht zulasse, daß der Geschädigte den Schädiger in Anspruch nehme, ohne daß dabei berücksichtigt werde, daß er selbst die gefährliche Lage bewußt geschaffen oder mitgeschaffen habe, in der sich der vom Schädiger zu vertretende Beitrag zur Schadensentstehung habe auswirken können[80].

Das Grundsatzurteil des Bundesgerichtshofs ist in Rechtsprechung[81] und Schrifttum[82] auf breite Zustimmung gestoßen. Es hat dazu geführt, daß das Rechtsinstitut des Handelns auf eigene Gefahr und damit die bewußte Selbstgefährdung in der Regel mit § 254 BGB in Verbindung gebracht wird. So wird das Handeln auf eigene Gefahr in der gesamten Kommentarliteratur hauptsächlich bei § 254 BGB behandelt.

2. Die bewußte Selbstgefährdung als Mitverschulden in den typischen Fällen

Die Einordnung der bewußten Selbstgefährdung in den Mitverschuldensbereich ist sicher angemessen und soll hier nicht in Frage gestellt werden. Diese Arbeit will der Frage nachgehen, ob die bewußte Selbstgefährdung ausschließlich ihren Platz beim Mitverschulden hat. Schließlich besteht die Möglichkeit, daß die bewußte Selbstgefährdung, schon bevor sich die Frage eines Mitverschuldens stellt, berücksichtigt wird[83]. Die Rechtsprechung wird hierzu unter dem Aspekt untersucht, ob bei den Fällen, in denen typischerweise eine

---

80 BGHZ 34,355 (363).

81 z.B. aus dem Jahr 1961: BGH VersR 1961,1140; OLG Saarbrücken VersR 1961,928 ff.; vgl. weiter zur zustimmenden Judikatur die auf den S.22 ff. folgende Darstellung der Entwicklung der Rechtsprechung nach 1961.

82 BÖHMER VersR 1961,771 (772); DERS. MDR 1961,661; ROTHER S.111; MÜNCHENER KOMMENTAR/GRUNSKY § 254 Rz.34 ff.; STAUDINGER/MEDICUS § 254 Rz.138 ff.; SOERGEL/MERTENS § 254 Rz.51 ff.; a.A. aber vor allem FLUME JZ 1961,605 f.; MÜNZBERG S.307, Anm.604.

83 Darauf weist z.B. auch DUNZ in JZ 1987,63 (65) hin.

bewußte Selbstgefährdung vorliegt, diese ausschließlich beim Mitverschulden zum Tragen kommt.

Die folgende Darstellung orientiert sich an den von Stoll gebildeten drei Fallgruppen des Handelns auf eigene Gefahr bei der Teilnahme an Fahrten[84], des Handelns auf eigene Gefahr bei der Teilnahme an gefährlichen Veranstaltungen[85] und des Handelns auf eigene Gefahr beim Betreten fremder Grundstücke und Anlagen[86]. Mit dieser Einteilung werden auch heute noch die meisten Fälle der bewußten Selbstgefährdung erfaßt. Lediglich die Fälle der bewußten Selbstgefährdung bei der Tierhalterhaftung lassen sich nicht mehr unter die Stoll'schen Fallgruppen fassen. Stoll hatte in seiner Untersuchung des Handelns auf eigene Gefahr das Problem der bewußten Selbstgefährdung bei der Tierhalterhaftung noch innerhalb der von ihm gebildeten einzelnen Fallgruppen, insbesondere aber bei der Fallgruppe der Teilnahme an Gefälligkeitsfahrten, behandelt[87]. Grund dafür war, daß der Tierhalterhaftung in Verbindung mit einer bewußten Selbstgefährdung des Geschädigten bis zum Zeitpunkt der Untersuchung von Stoll in der Rechtsprechung keine derartige Bedeutung zukam, die es gerechtfertigt hätte, sich dieser Fallkonstellation gesondert zu widmen. Lediglich zu Beginn dieses Jahrhunderts, als noch die ursprüngliche Fassung des § 833 BGB galt, nach der alle durch Tiere hervorgerufenen Schäden einer Gefährdungshaftung unterlagen, sind mehrfach Entscheidungen zur Tierhalterhaftung ergangen. In dieser Zeit war das Pferd ein wichtiges Transportmittel. Die Entscheidungen befassen sich daher zum einen mit Schäden derjenigen, die mit Pferden beruflich zu tun hatten[88], zum anderen aber vor-

---

[84] STOLL, Handeln auf eigene Gefahr, S.14 ff.

[85] STOLL, Handeln auf eigene Gefahr, S.55 ff.; zum Begriff der gefährlichen Veranstaltungen siehe schon oben Fußn. 32.

[86] STOLL, Handeln auf eigene Gefahr, S.81 ff.

[87] STOLL, Handeln auf eigene Gefahr, S.14 ff.

[88] Kutscher: RGZ 50,244; RG JW 1905,392 Nr.10; JW 1905,528 Nr.7; JW 1907,710 Nr.17; OLG Naumburg SeuffArch. S.450 Nr.258; Recht 1908 Nr.2560; Reitknecht: RG Warn.Rspr. 1908 S.232 Nr.318; Hufschmied: RGZ 61,54; RG JW 1906,553 Nr.22; Trainer oder Zureiter von Reitpferden: RGZ 58, 410; RG JW 1905,143 Nr.22; Tierarzt: RG JW 1904,57 Nr. 10; JW 1912,797 Nr.14.

nehmlich mit Schäden derjenigen, die sich in einem Fuhrwerk aus Gefälligkeit mitnehmen ließen[89]. Gewicht hat dabei das Rechtsinstitut des Handelns auf eigene Gefahr nur in letzteren Fällen gehabt. Die Rechtsprechung suchte zwar auch in Fällen, in denen der Verletzte beruflich mit dem Tier zu tun hatte, nach Möglichkeiten zur Haftungseinschränkung. Diese Einschränkungen wurden aber zumeist nicht unter dem Aspekt der bewußten Selbstgefährdung diskutiert. Ansatzpunkt für die Beschränkung der Haftung des Tierhalters war in den einschlägigen Entscheidungen regelmäßig ein entweder ausdrücklich oder stillschweigend erklärte Haftungsverzicht des beruflich mit dem Tier Befaßten[90].

Durch die Gesetzesnovelle von 1908 wurde die Gefährdungshaftung des Tierhalters auf Luxus- und Nichthaustiere beschränkt. Die zunehmende Motorisierung entzog die Haftung desjenigen, der einen anderen aus Gefälligkeit in seinem Fahrzeug mitgenommen und diesen auf der Fahrt geschädigt hatte, dem Bereich der Haftung des Tierhalters und wurde auf die Verschuldenshaftung übertragen. Dadurch ging die Zahl der von der Rechtsprechung zu entscheidenden Fälle zur Tierhalterhaftung zurück. Lediglich einige Fälle zur Haftung gegenüber dem Reiter waren unter dem Aspekt des Handelns auf eigene Gefahr noch erwähnenswert[91].

Somit trat das Problem in den Hintergrund, wie eine bewußte Selbstgefährdung des Verletzten im Rahmen der Gefährdungshaftung des Tierhalters zu berücksichtigen war. Die Recht-

---

[89] RG JW 1906,710 Nr.6; JW 1908,108 Nr.6; JW 1911,28 Nr.5; RGZ 54,73; 65,17; 65,313; 67,431; RG Recht 1906,Nr.1929; RG Warn.Rspr. 1908, Nr.157, S.370; Warn.Rspr. 1909, Nr. 22, S.23; Nr.357, S.327; Gruchot 47 (1903), 648; Gruchot 53 (1909),688.

[90] Verkannt wird in diesem Zusammenhang nicht, daß ein stillschweigender Haftungsverzicht von der Rechtsprechung zum Teil aus dem Umstand des Handelns auf eigene Gefahr gefolgert wurde. Jedoch wird der Haftungsverzicht bei den mit Tieren beruflich befaßten Verletzten aus den jeweilig vorliegenden Dienst- oder Werkverträgen selbst hergeleitet. Der möglicherweise in Betracht zu ziehenden Eigengefährdung mißt die Rechtsprechung keine Bedeutung bei.

[91] BGH VersR 1955,116 (Jockey); OLG Stuttgart VersR 1953, 293 (Hund); LG München VersR 1953,168; AG Berlin-Lichterfelde JW 1937,3107 Nr.36 (Hundebad).

sprechung zum Handeln auf eigene Gefahr bei der Haftung des Tierhalters zur Zeit der Untersuchung Stolls hatte damit nur noch insofern Bedeutung, als diese - sieht man von den soeben erwähnten einzelnen[92] und den in den anderen Fallgruppen Stolls[93] berücksichtigten Fällen ab - die Vorstufe für die spätere Rechtsprechung zur Mitfahrt in einem Kraftfahrzeug bildete.

Mit Beginn der siebziger Jahre gewann die Tierhalterhaftung in der Rechtsprechung wieder eine zunehmend aktuelle - bis heute anhaltende - Bedeutung[94]. Im Zuge der wachsenden Beliebtheit des Reitsports haben diese Entscheidungen vornehmlich Schadensersatzansprüche verletzter Reitsportler gegen den Tierhalter des von ihnen gerittenen Pferdes zum Gegenstand. Zwangsläufig tauchte bei dieser Fallkonstellation die Frage nach einer Haftungserleichterung zugunsten des Tierhalters auf, da sich der Verletzte schließlich dem Tier freiwillig genähert hatte. Somit hat sich bei der Tierhalterhaftung ein eigenständiger Bereich für die bewußte Selbstgefährdung gebildet.

---

[92] Siehe vorherige Fußn.91.

[93] STOLL, Handeln auf eigene Gefahr, S.66, 74.

[94] Seit Beginn der siebziger Jahre sind mehr als 40 Entscheidungen veröffentlicht worden. Ohne Anspruch auf Vollständigkeit sind zu nennen: BGHZ 67,129; BGH NJW 1974,234 = VersR 1974,356 = MDR 1974,301; NJW 1977,2158 = VersR 1977,864 = MDR 1978,42 = JR 1978,63; NJW 1986, 2883 = VersR 1986,1206 = RuS 1986,14; VersR 1978,515 = NJW 1978,1920; VersR 1982,348; VersR 1982,366 = NJW 1982,763; VersR 1984,286; VersR 1988,609 = LM § 833 Nr.19 = MDR 1988, 571; VersR 1992,371; VersR 1992,1145; OLG Köln NJW 1974,2051; VersR 1989,62 = RuS 1988,105; 1977,938; 1976,197; OLG Düsseldorf NJW 1975,1892; VersR 1986,1244; VersR 1992,1148; OLG Frankfurt VersR 1976, 1138; VersR 1969,961; VersR 1985,670; OLG München VersR 1981,937; VersR 1978,334; OLG Karlsruhe VersR 1979,677; VersR 1989,860; OLG Hamm VersR 1975,865; OLG Koblenz MDR 1979,229; OLG Zweibrücken VersR 1971,724; MDR 1978,315; OLG Celle VersR 1979,161; VersR 1986,396; HansOLG Hamburg MDR 1986,499; KG NJW-RR 1986,326; LG Waldshut-Tiengen MDR 1987,323; LG Stade NdsRpfl 1983,156; LG Essen RuS 1980,255; LG Memmingen VersR 1979,874; LG Kassel VersR 1988, 1160; LG Landau VersR 1976,103; LG Wuppertal VersR 1975,435; NJW-RR 1990,415; LG Duisburg VersR 1972, 475.

a. Die bewußte Selbstgefährdung bei der Teilnahme an Fahrten

Die Rechtsprechung hat bis heute unter Zustimmung der Literatur[95] an der in dem Urteil vom 14.03.1961 zum Ausdruck gebrachten Auffassung, daß die bewußte Selbstgefährdung einen Unterfall des Mitverschuldens darstellt, für die Fallgruppe der Teilnahme an Fahrten festgehalten. Der Bundesgerichtshof und auch die Instanzgerichte gehen ausnahmslos davon aus, in diesem Bereich sei der Einfluß der bewußten Selbstgefährdung auf den Schadensersatzanspruch des Geschädigten nicht unter dem Gesichtspunkt eines die Rechtswidrigkeit ausschließenden Handelns auf eigene Gefahr, sondern nach § 254 BGB zu beurteilen[96].

Als bewußte Selbstgefährdung und demnach mitverschuldensbegründend wird von der Rechtsprechung angesehen, daß die Fahrt mit dem Kraftfahrzeug mit besonderen gefahrerhöhenden Umständen verbunden ist und der Fahrgast diese Umstände erkannt hat. So begründet die Mitfahrt bei einem angetrunkenen Fahrer regelmäßig über die bewußte Selbstgefährdung ein Mitverschulden des Fahrgastes, wenn dieser die Fahruntüchtigkeit des Fahrers erkannt hat[97]. Vor allem wenn Fahrer und Fahrgast gemeinsam gezecht hatten, wurde bislang ein solches

---

[95] BÖHMER VersR 1961,771 f.; DERS. MDR 1961,661 f.; ROTHER S.111; LANGE § 10 XIV 2; WEIDNER S.35 ff. LARENZ, SR I, § 31 I b); PALANDT/HEINRICHS § 254 Rz.76 ff.; MÜNCHENER KOMMENTAR/GRUNSKY § 254 Rz.34 ff.; STAUDINGER/MEDICUS § 254 Rz.138 ff.; SOERGEL/MERTENS § 254 Rz.51 ff.; kritisch hinsichtlich der Anwendung des § 254 BGB dagegen FLUME JZ 1961,605 f.; MÜNZBERG S.307 Anm.604.

[96] BGH VersR 1962,252 (253); VersR 1964,1047 (1048); VersR 1967,288 f.; VersR 1967,379 f.; VersR 1969,424 (425); NJW 1978,421 (422); OLG Koblenz VersR 1980,238 f.; OLG Zweibrücken VersR 1978,1030; OLG Köln VersR 1970,914 f.; OLG Hamburg VersR 1970,188 (189); OLG München VersR 1962,772.

[97] BGH VersR 1962,84 (85); VersR 1970,624 f.; VersR 1971, 473 (474); OLG Oldenburg DAR 1963,300; OLG Köln VersR 1966,95 (96); VersR 1970,914 f.; OLG Hamburg VersR 1966, 986; VersR 1971,258; OLG Nürnberg VersR 1969,836; OLG Koblenz VersR 1980,238 (239); OLG München VersR 1986, 925.

Mitverschulden angenommen[98]. Mitverschuldenssteigernd kann dabei wirken, daß der Geschädigte den Fahrer zu weiterem Alkoholgenuß veranlaßt[99] oder dessen Bedenken gegen die Ausführung der Fahrt zerstreut hat[100]. In diesem Fall kann das Mitverschulden des Geschädigten sogar so hoch zu bewerten sein, daß die Haftung des Schädigers ganz entfällt; so in der Entscheidung des OLG Köln vom 18.02.1970[101]: Der Beklagte hatte sich zunächst zweimal mit Rücksicht auf seinen Alkoholgenuß geweigert, sein Fahrzeug zu führen. Die Fahrten hatte daraufhin jeweils P. durchgeführt. Bei der abschließenden Heimfahrt steuerte der Beklagte seinen Wagen dagegen selbst. Es kam zu einem Unfall, bei dem P. tödlich verunglückte. Den Ersatzanspruch der Erben lehnte das OLG Köln mit der Begründung ab, die verschuldete Mitverursachung des Beklagten trete gegenüber derjenigen des P. so sehr zurück, daß eine Freistellung des Beklagten von einer Haftung gegenüber P. geboten erscheine. Denn P. habe durch das Befördern des Beklagten die gefahrträchtige Situation selbst geschaffen und habe daher versuchen müssen, den Beklagten an der selbstgesteuerten Rückfahrt zu hindern. Notfalls hätte er, wenn diese Versuche ergebnislos blieben, der drohenden Gefahr dadurch ausweichen müssen, daß er die Mitfahrt abgelehnt hätte. Somit habe der letztlich entscheidende und unfallauslösende Ursachenbeitrag zu der hier allein zu beurteilenden mittelbaren Selbstverletzung des P. bei diesem gelegen. P. habe den Beklagten einmal in die Unfallsituation gebracht, indem er ihn nach B. beförderte; den drohenden Schaden habe er dadurch nicht abgewendet, daß er die Rückfahrt des Beklagten nicht unterbunden oder wenigstens seine eigene Mitfahrt abgelehnt habe[102].

---

[98] BGH VersR 1962,84; VersR 1970,624; OLG Koblenz VersR 1980,238; OLG Köln VersR 1966,95; OLG Hamburg VersR 1966,986; VersR 1971,258; OLG Oldenburg DAR 1963,300.

[99] OLG Oldenburg DAR 1963,300.

[100] BGH VersR 1967,82 (83).

[101] OLG Köln VersR 1970,914; zum Haftungsausschluß siehe auch OLG Zweibrücken VersR 1978,1030.

[102] OLG Köln VersR 1970,914 (915).

Weitere gefahrerhöhende Umstände sieht die Rechtsprechung in der Übermüdung des Kraftfahrers[103], dem Fehlen einer Fahrerlaubnis[104] und in Mängeln am Kraftfahrzeug[105]. Auch die Neigung des Fahrers zu unvorsichtigem Fahren[106] kann einen gefahrerhöhenden Umstand darstellen, der dann, wenn der Geschädigte diesen Umstand kennt, ein Mitverschulden begründen kann. Dagegen sieht der Bundesgerichtshof in seinem Urteil vom 30.11.1964[107] in dem Umstand, daß der Fahrer körperlich behindert war, kein gefahrerhöhendes Moment. Auch wenn der Kläger gewußt habe, daß der Beklagte auf einem Auge blind sei, treffe ihn nicht der Vorwurf eines Mitverschuldens. Er habe sich auf die Beurteilung der Verwaltungsbehörde, die den Beklagten trotz Kenntnis des körperlichen Mangels zum Führen eines Kraftfahrzeugs ohne Gefährdung der öffentlichen Sicherheit und Ordnung für befähigt gehalten habe, verlassen können[108]. Des weiteren erhöhen das Fehlen von Fahrpraxis[109], die Beschaffenheit der Fahrstrecke[110], die Tatsache, daß das Unglücksfahrzeug gestohlen ist[111], oder die Teilnahme an einer Zuverlässigkeitsfahrt[112] für sich allein genommen nicht die Gefahren einer Kraftfahrzeugfahrt über das normale Maß hinaus.

Diese einheitliche Rechtsprechung zur Fallgruppe der Teilnahme an Fahrten darf nicht darüber hinwegtäuschen, daß die Bedeutung der bewußten Selbstgefährdung, wobei die Betonung auf "bewußt" liegt, stark zurückgegangen ist. Grund dafür ist, daß neben der bewußten Selbstgefährdung auch die fahr-

---

[103] OLG Celle 1962,1110; OLG Düsseldorf VersR 1968,852; VersR 1975,57; OLG Koblenz ZfS 1981,358.

[104] BGHZ 34,355; BGH NJW 1978,421; OLG Düsseldorf VersR 1975,645.

[105] OLG Hamm VersR 1983,90.

[106] BGH DAR 1960,204; OLG Hamburg VersR 1970,188; OLG München VersR 1962,556.

[107] BGH VersR 1965,138.

[108] BGH VersR 1965,138 (140).

[109] BGH NJW 1965,1075.

[110] OLG Hamburg VersR 1970,188.

[111] OLG Saarbrücken Verk.Mitt. 1973 S.20 Nr.26.

[112] BGHZ 39,156.

lässige Selbstgefährdung ein Mitverschulden begründet[113]. Zur Begründung eines Mitverschuldens aus Selbstgefährdungsgesichtspunkten, bedarf es somit nicht unbedingt der bewußten Selbstgefährdung. Ausreichend ist schon eine fahrlässige Gefährdung eigener Rechtsgüter. In einem Urteil vom 07.07.1964 drückt der Bundesgerichtshof dies so aus: "Daher ist gemäß § 254 BGB zu beurteilen, ob die bewußte oder fahrlässige Selbstgefährdung des Geschädigten zu einem Wegfall der an sich gegebenen Schadensersatzansprüche führt oder ob eine bloße Minderung angemessen ist"[114].

Genügt aber schon eine fahrlässige Selbstgefährdung zur Begründung eines Mitverschuldens, so ist der Verzicht der Rechtsprechung auf die mitunter recht schwierige Feststellung des Bewußtseins der Selbstgefährdung nicht verwunderlich. Sie stellt in vielen Urteilen lediglich darauf ab, daß der Fahrgast Kenntnis von den gefahrerhöhenden Umständen erlangen konnte. Verbunden ist damit gleichzeitig, daß die Rechtsprechung in diesen Urteilen auch auf die Verwendung der Begriffe "bewußte Selbstgefährdung" oder "Handeln auf eigene Gefahr" verzichtet[115] und einfach darauf verweist, der Geschädigte habe die gefahrerhöhenden Umstände der Fahrt wie die Übermüdung des Fahrers[116], das Fehlen der Fahrerlaubnis[117] oder die Fahruntüchtigkeit infolge Alkoholgenusses[118] erkennen können. So entschied das OLG Düsseldorf im Falle des Fehlens der Fahrerlaubnis, daß ein Mitverschulden des Fahrgastes vorliege, obwohl ihm der Umstand des Fehlens der Fahrerlaubnis nicht bewußt war. Der Fahrgast habe sich vor Antritt der Fahrt über die Fahrerlaubnis und damit über

---

[113] LANGE § 10 XIV 2.

[114] BGH VersR 1964,1047.

[115] Erwähnt werden Handeln auf eigene Gefahr und bewußte Selbstgefährdung explizit z.B. in folgenden Fällen: BGH VersR 1969,424 (425); VersR 1968,852 (853); VersR 1967, 286 (287); VersR 1967,379; VersR 1964,1047 f.; OLG Koblenz VersR 1980,238; OLG Zweibrücken VersR 1978,1030; OLG Köln VersR 1970,914.

[116] BGH VersR 1979,938 f.; OLG Düsseldorf VersR 1975,57 f.; 1968,852 (853); OLG Celle VersR 1962,1110 (1111).

[117] BGH NJW 1978,421 (422); OLG Düssseldorf VersR 1975,645.

[118] BGH VersR 1971,473 (474); VersR 1970,624 f.; OLG München VersR 1986,925; OLG Koblenz VersR 1980,238; OLG Köln VersR 1966,95; OLG Hamburg VersR 1971,258; VersR 1966,986; OLG Oldenburg DAR 1963,300.

die Fahrtüchtigkeit des Fahrers unterrichten müssen. Er habe gewußt, daß der Fahrer einige Zeit vor dem Unfall die Prüfung zur Erlangung der Fahrerlaubnis nicht bestanden habe. Auch habe er gewußt, daß der Fahrer Sonderschüler gewesen sei. Der Geschädigte habe daher in Erwägung ziehen müssen, daß der Fahrer zwischenzeitlich nur schwerlich eine erneute Prüfung zur Erlangung der Fahrerlaubnis hätte bestehen können[119].

Innerhalb dieser Rechtsprechung fallen die unterschiedlichen Maßstäbe bei den verschiedenen gefahrerhöhenden Umständen auf, bei denen ein Mitverschulden aus Selbstgefährdungsgesichtspunkten vorliegt. Bei "normalen" gefahrerhöhenden Umständen, wie z.B. der Übermüdung[120] oder des Fehlens der Fahrerlaubnis[121], genügt, daß der Geschädigte mit diesen Umständen rechnen mußte. Dagegen reicht es nach ständiger Rechtsprechung im Falle der Mitfahrt bei einem angetrunkenen Fahrer nicht aus, daß der Fahrgast von dem gefahrerhöhenden Umstand des Alkoholgenusses wußte[122]. Es ist vielmehr zusätzlich erforderlich, daß der Fahrgast die Fahruntüchtigkeit positiv kannte oder sich ihm begründete Zweifel an der Fahrtüchtigkeit des Fahrers aufdrängen mußten[123]. Bei Annahme dieser begründeten Zweifel an der Fahrtüchtigkeit ist die Rechtsprechung aber zurückhaltend. Sie bejaht dies praktisch nur dann, wenn der Fahrgast mit dem späteren Fahrer gemeinsam getrunken hatte[124]; dann konnte der Fahrgast beob-

---

119 OLG Düsseldorf VersR 1975,645.

120 BGH VersR 1979,938 f.; OLG Düsseldorf VersR 1975,57 f.; 1968,852 (853); OLG Celle VersR 1962,1110 (1111).

121 BGH NJW 1978,421 (422); OLG Düssseldorf VersR 1975,645.

122 BGH VersR 1960,1146; VersR 1964,1047; VersR 1966,565; VersR 1966,693; VersR 1967,82; VersR 1967,288; VersR 1967,974; VersR 1968,197; VersR 1969,380; VersR 1970, 624; VersR 1971,473; VersR 1979,1007 = NJW 1979,2109; NJW 1988,2365; OLG München VersR 1962,772; OLG Hamburg VersR 1966,986; VersR 1971,258; OLG Nürnberg VersR 1969,836; OLG Frankfurt VersR 1989,1097.

123 Zuletzt: BGH NJW 1988,2365 (2366) und OLG Frankfurt VersR 1989,1097.

124 BGH VersR 1962,84; VersR 1970,624; VersR 1971,473; OLG Oldenburg DAR 1963,300; OLG Köln VersR 1966,96; VersR 1970,914; OLG Hamburg VersR 1966,986; VersR 1971,258; OLG Nürnberg 1969,836; OLG Koblenz VersR 1980,238; OLG München VersR 1986,925.

achten, welche Menge Alkohol der spätere Unglücksfahrer getrunken hatte. Damit war die genaue Kenntnis des Fahrgastes von der vom Fahrer getrunkenen Menge Alkohol und damit letztlich auch von der Fahruntüchtigkeit erwiesen[125]. In den weitaus meisten vom Bundesgerichtshof entschiedenen Fällen wurde dagegen ein Gefährdungsbewußtsein des Mitfahrers abgelehnt[126]. Diese Verschärfung der Anforderungen bedeutet aber keine grundsätzliche Einordnung der Fälle mit Beteiligung alkoholisierter Fahrer in den Bereich der bewußten Selbstgefährdung. Auch hier bleibt es, da es lediglich auf die Erkennbarkeit der Fahruntüchtigkeit durch den Fahrgast ankommt, i.d.R. dabei, daß eine fahrlässige Selbstgefährdung festgestellt wird.

Abschließend ist festzustellen: Bei der Teilnahme an Fahrten wurde die dogmatische Zuordnung der bewußten Selbstgefährdung zum Mitverschulden nach 1961 zur ständigen Rechtsprechung. Zweifel an dieser Zuordnung werden weder in der Rechtsprechung noch in der Literatur[127] geäußert. Allerdings ist der Rückgang der Bedeutung der bewußten Selbstgefährdung in diesem klassischen Fall nicht zu übersehen. Nur in wenigen Fällen kommt noch zum Ausdruck, daß sich der Geschädigte der gefahrerhöhenden Umstände auch wirklich bewußt war. Es handelt sich bei diesen Entscheidungen um Sachverhalte, in denen der Geschädigte das Fehlen der Fahrerlaubnis[128] oder des Versicherungsschutzes[129] oder die Fahruntüchtigkeit in-

---

[125] BGH VersR 1970,624; OLG Oldenburg DAR 1963,300; OLG Köln VersR 1966,95; OLG Hamburg VersR 1966,986; OLG Koblenz VersR 1980,238.

[126] BGH VersR 1962,252; VersR 1963,165; VersR 1964,1047; VersR 1966,544; VersR 1966,565; VersR 1967,82; VersR 1967,379; VersR 1968,197; 1969,380; NJW 1979,2109; NJW 1988,2365; OLG München VersR 1962,772; OLG Düseldorf VersR 1975,75; OLG Celle VersR 1981,736; OLG Frankfurt VersR 1989,1097.

[127] LANGE § 10 XIV 2.; PALANDT/HEINRICHS § 254 Rz.76 ff.; MÜNCHENER KOMMENTAR/GRUNSKY § 254 Rz.34 ff.; STAUDINGER/MEDICUS § 254 Rz.138 ff.; SOERGEL/MERTENS § 254 Rz.51 ff; auch DUNZ JZ 1987,63 (65 f.), der ansonsten die Einordnung in § 254 BGB ablehnt, siedelt die Trunkenheitsfahrt ausdrücklich beim Mitverschulden an.

[128] BGH VersR 1985,965.

[129] BGH VersR 1969,424 (425).

folge Alkoholgenusses[130] positiv kannte. Die fehlende, weil nicht nötige Abgrenzung zur fahrlässigen Selbstgefährdung hat somit letztlich dazu geführt, daß die Rechtsinstitute "bewußte Selbstgefährdung" oder "Handeln auf eigene Gefahr" bei der Teilnahme an Fahrten keinen eigenen exklusiven Anwendungsbereich mehr haben. Dies zeigt die neuere Rechtsprechung ganz deutlich. Sie vermeidet es, die Begriffe "bewußte Selbstgefährdung" und "Handeln auf eigene Gefahr" zu verwenden[131]. Man sollte dementsprechend die Fälle der Teilnahme an Fahrten auch nicht mehr wie selbstverständlich mit der bewußten Selbstgefährdung oder dem Handeln auf eigene Gefahr verbinden[132]. Besser zusammengefaßt werden die einschlägigen Fälle mit dem Begriff der "schuldhaften Selbstgefährdung", weil damit alle einschlägigen Sachverhalte erfaßt sind[133]. Man mag diese Entwicklung bedauern, sie läßt sich aber insofern nicht aufhalten, als eben für die Teilnahme an Fahrten der bewußten Selbstgefährdung keine haftungsausschließende Bedeutung zugemessen und somit die Einordnung in § 254 BGB nicht in Frage gestellt werden kann.

b. Die bewußte Selbstgefährdung außerhalb der Fallgruppe der Teilnahme an Fahrten

Schon nach der Entscheidung des Reichsgerichts vom 19.06. 1933[134] wurde die Tendenz der Ausweitung des Handelns auf eigene Gefahr auf andere Lebensbereiche erkennbar[135]. Diese Tendenz verstärkte sich nach 1961. Die Rechtsprechung hatte zutreffend erkannt, daß das mit dem Schlagwort "bewußte Selbstgefährdung" umschriebene Verhalten - jemand begibt

---

[130] BGH VersR 1967,379; OLG Koblenz VersR 1980,238; OLG Zweibrücken VersR 1978,1030 und OLG Köln VersR 1970, 914, die letzteren beiden Gerichte kommen hier sogar zu einem Haftungsausschluß über § 254 BGB.

[131] BGH VersR 1985,965; OLG München VersR 1986,925; OLG Frankfurt VersR 1989,1096.

[132] So auch LANGE § 10 XIV 1.

[133] So z.B. LANGE § 10 XIV 2.

[134] RGZ 141,262.

[135] Siehe dazu schon oben S.8 ff.

sich ohne triftigen Grund in eine Situation drohender Eigengefährdung, obwohl er die besonderen Umstände kannte, die für ihn eine konkrete Gefahrenlage begründen - auch auf andere Sachverhalte als die Gefälligkeitsfahrt zutraf. So bedeutet allein schon der Besuch oder die aktive Teilnahme an gefährlichen Veranstaltungen wie Sportwettkämpfen (z.B. Fußball, Eishockey, Skilaufen oder Autorennen) und anderen Veranstaltungen (Sylvesterfeuerwerke etc.) gegenüber dem allgemeinen Lebensrisiko ohne Zweifel eine erhöhte Gefährdung. Der Teilnehmer oder der Besucher solcher Veranstaltungen handelt also durch den Besuch oder die Teilnahme bewußt selbstgefährdend. Darüber hinaus setzt sich derjenige, der widerrechtlich in einen fremden Bereich eindringt, ebenso einer gegenüber dem allgemeinen Lebensrisiko erhöhten Gefahr aus wie - dieser Fall hat in der neueren Rechtsprechung enorme Bedeutung erlangt - der Reiter auf fremdem Pferd. Inzwischen ist in all' den genannten Fällen eine umfassende Rechtsprechung entstanden, die sich namentlich mit dem Problem auseinanderzusetzten hatte, welche Bedeutung der bewußten Selbstgefährdung bei der Haftung des Schädigers zukommen soll. Dabei stellt sich die Frage, ob sich diese geschilderten Verhaltensweisen analog zur bewußten Selbstgefährdung bei der Teilnahme an einer Kraftfahrzeugfahrt nach dem Grundsatzurteil als Mitverschulden auf den Anspruch des Geschädigten auswirken[136].

Die Rechtsprechung hat sich in vielen Fällen, in denen es um die Haftung des Veranstalters ging, mit dem Mitverschulden des Geschädigten beschäftigt. Auffällig ist, daß die bewußte Selbstgefährdung für die Begründung eines Mitverschuldens eher selten zu finden ist. In den Fällen, in denen die Rechtsprechung ein Mitverschulden angenommen hat, hatte der Geschädigte sich zumeist nur fahrlässig selbst gefährdet[137].

---

[136] Auf diese Möglichkeit eines Mitverschuldens weist vor allem die Kommentarliteratur hin; im folgenden werden dann aber fast ausschließlich Fälle zitiert, in denen ein Mitverschulden von der Rechtsprechung verneint wird, siehe etwa MÜNCHENER KOMMENTAR/GRUNSKY § 254 Rz.37; PALANDT/HEINRICHS § 254 Rz.77.

[137] OLG München VersR 1982,1105 (1106); VersR 1979,1014 (1015); OLG Karlsruhe VersR 1975,381 (383); LG Suttgart VersR 1967,193 (194); LG Trier VersR 1964,879.

Das OLG Karlsruhe[138] hat ein Mitverschulden beispielsweise in dem Fall bejaht, daß der Kläger sich bei einem Sprung in eine Sprunggrube, die zu den Anlagen eines Trimm-Dich-Pfades gehörte, verletzt hatte, weil der Boden der Sprunggrube nicht mehr locker war. Für den Kläger sei es ohne Schwierigkeiten möglich gewesen, vor dem Sprung in die Grube den Grubenboden zu betrachten. Auch nur bei geringer Aufmerksamkeit hätte er dann feststellen können, daß der Sand nicht locker gewesen sei[139]. Ein Mitverschulden hat auch das LG Stuttgart in folgendem Fall angenommen: Die Klägerin war in einem Schwimmbad durch einen Sprung des E. vom einem 3-m-Sprungturm verletzt worden. Das LG hat das Mitverschulden der Klägerin darin gesehen, daß diese unbekümmert in den Gefahrenbereich in der Nähe des Sprungbrettes hineingeschwommen sei. Bei einmaligem Hinsehen hätte sie den sprungbereiten E. sehen können[140].

Weitere Fälle, in denen die Rechtsprechung ein Mitverschulden des Geschädigten bejaht, finden sich namentlich bei der Haftung des Veranstalters gegenüber Skiläufern oder der Haftung von Skiläufern untereinander[141]. Die Gerichte sehen in diesen Fällen regelmäßig in der Verletzung der "Eigenregeln des Skilaufs" oder in dem Verstoß gegen die "FIS-Regeln" ein Mitverschulden des geschädigten Skiläufers[142].

Die Rechtsprechung hat lediglich bei drei Badeunfällen, bei denen sich der Kläger durch einen Sprung ins Wasser, obwohl er die Gefährlichkeit des Sprungs kannte, verletzt hatte[143], und in zwei Fällen der Tierhalterhaftung[144] ein Mitverschulden aus dem Gesichtspunkt der bewußten Selbstgefährdung abgeleitet. Ansonsten wird sowohl die in der Teilnahme oder

---

138 OLG Karlsruhe VersR 1975,381.

139 OLG Karlsruhe VersR 1975,381 (383).

140 LG Suttgart VersR 1967,193 (194).

141 BGHZ 58,40 (46 f.); OLG München VersR 1979,1014 f.; VersR 1978,725 (726); VersR 1973,1170 (1172) = NJW 1974,189 (192); NJW 1966,2404 (2406); NJW 1966,2606 (2408).

142 OLG München VersR 1979,1014 f.; VersR 1973,1170 (1172) = NJW 1974,189 (192).

143 OLG Celle VersR 1969,1049 (1050 f.); LG München VersR 1983,91 (92); LG Ravensburg VersR 1964,878 f.

144 BGH VersR 1984,286 (287); OLG Koblenz MDR 1979,229.

dem Besuch einer gefährlichen Veranstaltungen als auch die in einem Ritt auf einem Pferd selbst liegende bewußte Selbstgefährdung nicht als Mitverschulden gewertet.

Im einzelnen ergibt die Rechtsprechung zum Mitverschulden wegen dieser selbstgefährdenden Verhaltensweisen folgendes Bild:

aa. Die bewußte Selbstgefährdung des Zuschauers bei gefährlichen Veranstaltungen

Soweit ersichtlich hat die Rechtsprechung nach dem Grundsatzurteil vom 14.03.1961 die bewußte Selbstgefährdung, die in dem bloßen Besuch einer gefährlichen Veranstaltung als Zuschauer liegt, nicht als Mitverschulden gegenüber dem Schadensersatzanspruch des verletzten Zuschauers angesehen[145]. In einigen Fällen, in denen den Veranstalter gegenüber dem Zuschauer eine Haftung für die beim Zuschauen erlittenen Verletzungen traf, hat die Rechtsprechung die Möglichkeit eines aus dem Besuch der Veranstaltung folgenden Mitverschuldens nicht einmal angesprochen[146]. In anderen Fällen haben die Gerichte ein solches Mitverschulden ausdrücklich abgelehnt[147]. So weist der Bundesgerichtshof in seiner Entscheidung vom 29.11.1983[148], bei der es um die Verletzung eines Zuschauers bei einem Eishockeyspiel durch einen aus dem Spielfeld geflogenen Puck ging, zwar darauf hin, der rechtliche Standort des Problems der bewußten Selbstgefährdung sei in der vom Gesetz in § 254 BGB getroffenen Wertung zu suchen. Er verneint aber in diesem Fall ein Mitverschulden, weil wegen der Schnelligkeit, mit der der Puck vom Spielfeld aus in die Zuschauermenge fliege, dem Zu-

---

[145] Das RG (RGZ 130,162 (168 f.)) hatte bei einem Zuschauer eines Automobilrennens ein Mitverschulden bejaht, da der Zuschauer die Gefährlichkeit des (polizeilich zugelassenen) Platzes hätte erkennen müssen.

[146] BGH MDR 1975,219; OLG München VersR 1968,1073.

[147] BGH NJW 1984,801 (802); BGH VersR 1975,329 (331); zust. Lange § 10 XIV 2.

[148] BGH NJW 1984,801.

schauer auch bei gebotener Aufmerksamkeit kaum Möglichkeiten blieben, dem Puck auszuweichen[149].

bb. Die bewußte Selbstgefährdung des Teilnehmers an gefährlichen Veranstaltungen

Bei der Berücksichtigung der bewußten Selbstgefährdung des Teilnehmers als Mitverschulden muß zwischen der Haftung des Veranstalters gefährlicher Veranstaltungen und der Haftung der Teilnehmer untereinander unterschieden werden.

Bei der Haftung des Veranstalters wird in der Rechtsprechung ein Mitverschulden, das sich allein aus der Tatsache der Beteiligung an der gefährlichen Veranstaltung ergibt, kaum angesprochen. Ein solcher Ansatz findet sich einmal in dem Urteil des OLG München vom 09.12.1976[150]: Der geschädigte Skiläufer hatte hier eine zum Nachtskilauf gewidmete Abfahrtspiste verlassen und war in der Dunkelheit über unbekanntes Gelände gefahren. Als Hilfsbegründung verweist das Gericht darauf, eine Haftung der verkehrssicherungspflichtigen Gemeinde käme auf jeden Fall wegen eines überwiegenden Mitverschuldens nicht in Betracht[151]. Zum anderen wird in einem Urteil des OLG Frankfurt vom 21.06.1991[152] die bewußte Selbstgefährdung des Geschädigten als Mitverschulden gewertet. Ein Erwachsener war erstmals in seinem Leben bäuchlings auf einem aufgeblasenen Autoreifen eine Skipiste heruntergerodelt und gegen einen Begrenzungspfahl geprallt. Das OLG sah hier eine Verkehrssicherungspflicht des Pistenbetreibers als verletzt an, kürzte aber den Anspruch des Geschädigten wegen eines Mitverschuldens um 75 %, ohne allerdings die bewußte Selbstgefährdung oder das Handeln auf eigene Gefahr als Terminus zu verwenden. Das Gericht stützte das Mitverschulden darauf, daß sich der Geschädigte objektiv einer erheblichen Gefahr ausgesetzt habe. Der Umstand, daß er diese

---

[149] BGH NJW 1984,801 (802).

[150] OLG München VersR 1978,725.

[151] OLG München VersR 1978,725.

[152] OLG Frankfurt NJW-RR 1991,1435 = VersR 1991,1240.

Gefahr (bewußt) fahrlässig eingegangen sei, begründe sein Mitverschulden[153].

Wenn die Mitverschuldensfrage in anderen Fällen angesprochen wird, wird ein Mitverschulden entweder abgelehnt[154] oder es ist nicht die bewußte Selbstgefährdung, die das Mitverschulden begründet. Das Mitverschulden ergibt sich in diesen Fällen i.d.R aus eigenen Pflichtverletzungen, wie z.B. aus dem Verstoß des Geschädigten gegen die Eigenregeln des Skilaufs[155], oder aus vorwerfbaren Unaufmerksamkeiten[156].

Demgegenüber wird in der Rechtsprechung zur Haftung der Teilnehmer untereinander, also im Bereich der Sportlerhaftung, im Anschluß an die Grundsatzentscheidung des Bundesgerichtshofs zum Handeln auf eigene Gefahr durchaus die Frage einer Haftungsminderung gemäß § 254 BGB zugunsten des haftenden Teilnehmers diskutiert. Die Oberlandesgerichte Karlsruhe und Bamberg[157] bejahten ein Mitverschulden eines Skiläufers bzw. eines Fußballspielers[158]. Hinsichtlich des Skiläufers meint das OLG Karlsruhe: Zwar scheide eine die Widerrechtlichkeit der Verletzungshandlung ausschließende und aus einem Handeln auf eigene Gefahr abgeleitete Einwilligung bei der Teilnahme am Skisport aus, jedoch könne in der Beteiligung des Klägers am Skibetrieb als solchem ein Mitverschulden gesehen werden. Der Kläger habe als alter Skiläufer die Gefahren des von ihm aus freien Stücken mitbenutzten Skihangs, der außerordentlich stark besucht werde, gekannt, so daß seine Teilnahme an dem Skibetrieb bereits als Verschulden gegen sich selbst zu werten sei, das billigerweise

---

153 OLG Frankfurt NJW-RR 1991,1435 (1437).

154 So z.B. OLG München NJW-RR 1991,420 (422) für die Mitfahrt in einem Freiballon.

155 OLG München VersR 1973,1170 (1172) = NJW 1974,189 (192).

156 z.B. OGH VersR 1991,207: Skifahrer hatte sein Können überschätzt; siehe auch OLG Frankfurt VersR 1975,381 (382).

157 Das OLG Karlsruhe sogar schon im Jahre 1959 im Vorgriff auf die später folgende dogmatische Einordnung des Handelns auf eigene Gefahr durch die Rechtsprechung.

158 OLG Karlsruhe NJW 1959,1589; OLG Bamberg NJW 1972,1820; zust. FRIEDRICH NJW 1966,756 (760); FRITZWEILER S.134.

zu einer Beschränkung der Schadensersatzpflicht des Beklagten führen müsse[159].

Diese Ansicht hat sich jedoch weder in der Rechtsprechung[160] noch im Schrifttum[161] durchsetzen können. Schon im Jahre 1963 wendete sich das OLG Stuttgart[162], indem es ein Mitverschulden der Verletzten unter dem Gesichtspunkt der bewußten Selbtsgefährdung verneinte, gegen die Ansicht des OLG Karlsruhe. Bei der Teilnahme am Skilauf lägen die vom Bundesgerichtshof in BGHZ 34,355 angenommenen Voraussetzungen für ein Handeln auf eigene Gefahr nicht vor. Ein Skiläufer begebe sich nicht ohne triftigen Grund in eine Situation drohender Eigengefährdung, obwohl ihm die Umstände bekannt sein mögen, die für ihn eine konkrete Gefahrenlage begründeten. Bei der Teilnahme an einer solch weit verbreiteten Sportart, wie sie das Skilaufen heute darstelle, handele es sich um einen alltäglichen Vorgang, ähnlich der Teilnahme am Straßenverkehr mit seinen vielfältigen Gefahrensituationen, so daß es eines triftigen Grundes zur Teilnahme an einer solchen Veranstaltung gar nicht bedürfe[163]. Nachfolgend haben die Gerichte ein Mitverschulden, welches allein in der Tatsache der Teilnahme am Sport nebeneinander liegen sollte, entweder gar nicht mehr angesprochen[164] oder ein Mitverschulden aus diesem Grund regelmäßig verneint[165]. Mit der Leitentscheidung zum Fußballsport vom 05.11.1974 hat der Bundesgerichtshof sich dann ausdrücklich gegen eine Anwen-

---

159 OLG Karlsruhe NJW 1959,1589 (1590); grundsätzlich zustimmend OLG Köln NJW 1962,1110 (1111), jedoch im konkreten Fall für die Teilnahme an einem Skikurs ablehnend.

160 BGHZ 63,140 (145); 58,40 (46 f.); OLG München NJW 1966, 2404 (2406); NJW 1966,2406 (2408); OLG Stuttgart NJW 1964,1859 (1860); OLG Köln VersR 1969,550 (551).

161 HELLGARDT S.52; LANGE § 10 XIV 2.; ROTHER S.120 f.; HAGENBUCHER S.163; KRÄHE S.133 ff.; FÜLLGRAF VersR 1983, 705 (709).

162 OLG Stuttgart NJW 1964,1859 (1860).

163 OLG Stuttgart NJW 1964,1859 (1860).

164 BGHZ 58,40 (46 f.); OLG München NJW 1966,2404 (2406); NJW 1966,2406 (2408).

165 OLG Köln VersR 1969,550 (551); OLG Düsseldorf MDR 1966, 504 (505).

dung des § 254 BGB im Sportbereich ausgesprochen[166]. Seitdem haben die Gerichte in der sportlichen Betätigung kein Mitverschulden des Geschädigten gesehen. Dies ist unabhängig davon, ob die Schädigung durch den Sportler bei regelgerechtem Verhalten eingetreten[167] oder sie Folge einer Verletzung der dem jeweiligen Sport eigenen Regel war[168].

Insgesamt läßt sich daher sagen, daß auch beim Teilnehmer an gefährlichen Veranstaltungen eine Haftungsminderung nach § 254 BGB wegen einer bewußten Selbstgefährdung keine Rolle spielt.

cc. Die bewußte Selbstgefährdung bei unbefugtem Betreten fremder Grundstücke und Anlagen

Namentlich die Literatur sieht in der bewußten Selbstgefährdung durch widerrechtliches Eindringen in einen fremden Bereich einen Anwendungsfall eines Mitverschuldens[169]. Demgegenüber hat die Rechtsprechung, die zwar z.T. ein Mitverschulden des Unbefugten angenommen hat[170], dieses Mitverschulden soweit ersichtlich bis jetzt nur in einem Fall u.a. aus dem Gesichtspunkt des unbefugten Betretens bejaht[171]:

---

166 BGHZ 63,140 (145).

167 BGH VersR 1975,155; OLG Hamm NJW-RR 1992,856; NJW-RR 1991,149; OLG Düsseldorf NJW-RR 1992,841; OLG Frankfurt NJW 1986,2648; LG Nürnberg-Fürth VersR 1990,97.

168 schwerwiegende Regelverletzung des Schädigers: OLG Hamm VersR 1985,1072; OLG München NJW-RR 1989,727; VersR 1977,844; geringfügige Regelverletzung des Schädigers: BGH NJW 1976,957; 1976,2161; OLG Saarbrücken VersR 1992,248; OLG Düsseldorf VersR 1992,247; OLG Koblenz VersR 1991,1067; LAG Köln NJW 1985,991; OLG Hamm VersR 1985,296; LG Stuttgart VersR 1988,600; friedlicher Sport: OLG Koblenz VersR 1989,1102; OLG Hamm NJW-RR 1990,925; VersR 1989,1206; OLG Braunschweig VersR 1991, 1066.

169 SCHRÖDER AcP 179 (1979),567 (594); STAUDINGER/MEDICUS § 254 Rz.146; SOERGEL/MERTENS § 254 Rz.56.

170 BGH VersR 1965,515 (516).

171 OLG Karlsruhe VersR 1992,1049 (1050); angedeutet wird ein Mitverschulden in den Entscheidungen des BGH VersR 1967,801 (802) und des OLG Köln VersR 1992,1241 (1242).

OLG Karlsruhe vom 07.11.1991[172]: Ein 14jähriger Junge hatte mit Schulkameraden auf einem Bahngelände gespielt. Er erlitt beim Besteigen eines Waggons, der auf einem elektrifizierten Gleis stand, durch einen Stromschlag schwerste Verbrennungen. Das Gericht gab der Klage des Jungen nur zu $^{2}/_{3}$ statt. In Höhe von $^{1}/_{3}$ wies es die Klage wegen eines Mitverschuldesn des Jungens ab. Dem Kläger sei anzulasten, daß er das Bahngelände unbefugt betreten, den Waggon bestiegen und aus Unachtsamkeit die stromführende Leitung nicht wahrgenommen habe.

dd. Die bewußte Selbstgefährdung bei der Gefährdungshaftung

Auch bei der Tierhalterhaftung spielt die bewußte Selbstgefährdung als Mitverschulden nach § 254 BGB mit Ausnahme der oben zitierten Rechtsprechung[173] nur in der Literatur eine Rolle[174]. Ein Mitverschulden, hergeleitet allein aus der Tatsache, daß der geschädigte Reiter sich durch die Tätigkeit "Reiten" selbst gefährdet hat, ist soweit ersichtlich nur zweimal[175] in der Rechtsprechung bejaht worden.

OLG Köln vom 10.12.1987[176]: Das OLG nahm hier ein Mitverschulden eines 12jährigen Mädchens, das erstmals ins Gelände ausgeritten war, an.

LG Waldshut-Tiengen vom 07.02.1985[177]: Dort hatte die Geschädigte das Pferd des Beklagten geritten, weil sie "Lust" dazu hatte. Das LG hielt in diesem Fall zwar

---

172 OLG Karlsruhe VersR 1992,1049.

173 Siehe oben S.30 Fußn.144.

174 HERRMANN JR 1980,489 (493 f.); BORNHÖVD JR 1978,50 (52 f.); KNÜTEL NJW 1978,297; JAUERNIG/TEICHMANN § 833 Anm.2 d).

175 LG Waldshut-Tiengen MDR 1987,323; OLG Köln VersR 1989, 62 (63); unklar ist in diesem Punkt die Entscheidung des LG München I VersR 1992,846.

176 OLG Köln VersR 1989,62.

177 LG Waldshut-Tiengen MDR 1987,323.

die Gefährdungshaftung des Tierhalters dem Grunde nach noch für gegeben, beschränkte diesen Anspruch aber aus "Selbstgefährdungsgesichtspunkten" auf eine Quote.

Ansonsten wird dann, wenn sich der Reiter durch den Ritt besonderen, über das normalerweise mit dem Reiten verbundene Risiko hinausgehenden Gefahren ausgesetzt hat, entweder ein Mitverschulden gar nicht diskutiert[178], abgelehnt[179] oder, wenn ein solches angenommen wird, aus anderen Gründen bejaht[180].

II. Die bewußte Selbstgefährdung als Haftungsausschlußgrund in der Rechtsprechung

Die Bestandsaufnahme der Rechtsprechung hat ergeben, daß die bewußte Selbstgefährdung im Bereich der Gefälligkeitsfahrt den einzigen Sachverhalt darstellt, bei dem die bewußte Selbstgefährdung konsequent beim Mitverschulden berücksichtigt wird. Außerhalb dieses klassischen Falls eines Handelns auf eigene Gefahr spielt dagegen das Mitverschulden als Rechtsfolge einer bewußten Selbstgefährdung keine bedeutende Rolle. Wenn die bewußte Selbstgefährdung außerhalb der Gefälligkeitsfahrt aber nicht als Mitverschulden des Geschädigten gewertet wird, fragt es sich, wie Lehre und Rechtsprechung in den übrigen Fällen die bewußte Selbstgefährdung des Verletzten in Hinblick auf die Schadensersatzpflicht des Schädigers bewerten. Als Alternative für die Berücksichtigung der bewußten Selbstgefährdung bleibt nur, daß die bewußte Selbstgefährdung den Grund der deliktischen Haftung betrifft und damit haftungsausschließend wirkt.

---

[178] z.B. BGH VersR 1992,371; VersR 1988,609; VersR 1986, 1206; VersR 1978,515; NJW 1977,2158; OLG Karlsruhe VersR 1989,860.

[179] BGH VersR 1982,366 (368); OLG Düsseldorf VersR 1992, 1148 (1149); OLG Hamburg VersR 1969,1009 (1010).

[180] Siehe z.B. BGH VersR 1992,1145 (1147); VersR 1982,348 (349); VersR 1984,286 (287); OLG Saarbrücken VersR 1988,1080; OLG Koblenz MDR 1979,229; unklar LG München I VersR 1992,846 (847).

Die Literatur hat diesem Gedanken bis jetzt wenig Beachtung geschenkt. Die ganz herrschende Lehre geht heute davon aus, daß das Handeln auf eigene Gefahr im Bereich des Mitverschuldens zu berücksichtigen ist[181]. Nur wenige Autoren stellen die ausschließliche Festlegung des Handelns auf eigene Gefahr in den Bereich des Mitverschuldens in Frage[182] und bieten andere Lösungen an[183]. Die übrige Literatur deutet unter Anführung einiger weniger Urteile die Möglichkeit eines Haftungsausschlusses durch bewußte Selbstgefährdung zwar an[184], verfolgt diesen Gedanken aber nicht weiter. Vor allem fehlt eine systematische Analyse der Rechtsprechung nach dem Grundsatzurteil des Bundesgerichtshofs vom 14.03. 1961 unter dem Gesichtspunkt der haftungsausschließenden Wirkungen der bewußten Selbstgefährdung.

Diese Arbeit wird daher die Rechtsprechung zur bewußten Selbstgefährdung daraufhin untersuchen, ob bei Vorliegen einer bewußten Selbstgefährdung ein Haftungsausschluß angenommen wird.

1. Verschuldenshaftung

In der folgenden Darstellung werden von der grundsätzlichen Einordnung her die Fälle untersucht, die Stoll als Fallgruppen unter den Stichworten "Handeln auf eigene Gefahr bei gefährlichen Veranstaltungen"[185] und "Handeln auf eigene Gefahr beim Betreten fremder Grundstücke und Anlagen"[186] zusammengefaßt hat.

---

181 GERHARDT S.106 f.; SOERGEL/MERTENS § 254 Rz.51; MÜNCHENER KOMMENTAR/GRUNSKY § 254 Rz.34, 37; PALANDT/HEINRICHS § 254 Rz.76 ff.; STAUDINGER/SCHÄFER Vorbem. zu §§ 823 ff. Rz.74.

182 FLUME JZ 1961,605 f.

183 DUNZ JZ 1987,61 (65 f.).

184 SOERGEL/MERTENS § 254 Rz.51; STAUDINGER/MEDICUS § 254 Rz.131 ff.; LANGE § 10 XIV 1.

185 STOLL, Handeln auf eigene Gefahr, S.55 ff.

186 STOLL, Handeln auf eigene Gefahr, S.81 ff.

a. Der Haftungsausschluß bei der Haftung für die Verletzung einer Verkehrssicherungspflicht

aa. Der Haftungsausschluß bei der Haftung des Veranstalters gegenüber dem Teilnehmer

Die Bedeutung der bewußten Selbstgefährdung kann vor allem, wenn es um Schadensersatzansprüche für Verletzungen bei gefährlichen Veranstaltungen geht, nicht vermittelt werden, wenn nicht zuvor eine begriffliche Klärung erfolgt.

(1) Begriffliche Klärung

Die Gerichte verwenden in den Fällen der Haftung im Rahmen von gefährlichen Veranstaltungen in der Regel[187] seit 1961 weder den Begriff "Handeln auf eigene Gefahr" noch ziehen sie zur Begründung ihres Ergebnisses ausdrücklich die bewußte Selbstgefährdung des Geschädigten heran. Es entsteht daher der Eindruck, daß das selbstgefährdende Verhalten bei der Haftungsfrage keine Bedeutung hat, obwohl in diesen Fällen regelmäßig eine bewußte Selbstgefährdung des Geschädigten vorliegt. Dieser Eindruck täuscht. Der Bundesgerichtshof und auch die Instanzgerichte sprechen im Anschluß an einige ältere Entscheidungen[188] regelmäßig, wenn es um die Haftung für Schäden geht, die bei gefährlichen Veranstaltungen entstanden sind, von Gefahren, die für die jeweilige Veranstal-

---

[187] Eine Ausnahme bilden die Sportverletzungen als Bereich der Haftung der Teilnehmer an einer gefährlichen Veranstaltung untereinander; die bewußte Selbstgefährdung wird bei Sportverletzungen ausdrücklich dann erwähnt, wenn es darum geht, die Haftung in den Fällen regelgerechten Spiels auszuschließen; siehe dazu BGHZ 63,140 ff. und unten S.53 ff.

[188] RGZ 169,213; RG JW 1928,3185 Nr.17; OLG Tübingen VersR 1952,436; LG Hannover VersR 1952,216.

tung entweder typisch/normal oder atypisch/anormal sind[189]. Hinter dem Begriff der typischen/normalen Gefahr verbirgt sich bei genauer Betrachtung nichts anderes als die Gefahr, die der Geschädigte bewußt eingegangen und die dementsprechend Gegenstand der bewußten Selbstgefährdung des Geschädigten ist. Denn mit dem Begriff der "typischen Gefahr" werden von der Rechtsprechung solche Gefahren angesprochen, die zwar gegenüber dem normalen Lebensrisko eine erhöhte Gefährdung bedeuten, die aber mit der gefährlichen Veranstaltung zwangsläufig verbunden sind. Daraus folgt, daß Teilnehmer und Zuschauer, wenn sie den Charakter der Veranstaltung kennen, sich der erhöhten Gefährdung ihrer Rechtsgüter bewußt sind. Dementsprechend gefährden sie sich, wenn sie an diesen Veranstaltungen aktiv oder zuschauend teilnehmen, auch bewußt selbst.

Daß mit dem Begriff "typische Gefahr" die bewußte Selbstgefährdung des Geschädigten erfaßt wird, zeigt deutlich eine Entscheidung des Bundesgerichtshofs vom 23.10.1984[190]. Es ging bei dieser Entscheidung um die Pistensicherungspflicht eines Schleppliftunternehmers. Der Bundesgerichtshof setzt hier die typischen Gefahren mit den Gefahren gleich, die der Skiläufer bewußt eingeht. Wörtlich heißt es: "So haben für die Pistensicherungspflicht ... diejenigen Gefahren auszuscheiden, die dem Skisport typischerweise eigen sind, die also der Skiläufer "bewußt in Kauf nimmt"..."[191]. Die bewußte Selbstgefährdung wird also bei der Frage, ob ein Schadensersatzanspruch besteht, über den Begriff der "typischen Gefahr" berücksichtigt.

---

[189] Vgl. etwa BGH NJW-RR 1986,1029 (1030) = VersR 1986,705 = Revisionsentscheidung zu OLG Karlsruhe VersR 1986, 662; VersR 1985,64 (65) = NJW 1985,620; OGH VersR 1991, 207; OLG München VersR 1973,1170 (1171) = NJW 1974,189 (190); VersR 1979,1014.

[190] BGH VersR 1985,64.

[191] BGH VersR 1985,64 (65).

(2) Der Haftungsausschluß im einzelnen

Außerhalb des Sachverhalts der Gefälligkeitsfahrt lassen sich in der Rechtsprechung der sechziger Jahre nur wenige Fälle ausmachen, die sich mit der bewußten Selbstgefährdung auseinandersetzen. Es ist nicht zu übersehen, daß nach dem Grundsatzurteil vom 14.03.1961 eine gewisse Unsicherheit bei der Berücksichtigung der bewußten Selbstgefährdung entstand. So stellt z.B. das OLG Celle fest, das Handeln auf eigene Gefahr führe auch im Rahmen der Haftung des Veranstalters gegenüber Teilnehmern nicht mehr "schlechtweg zur Versagung aller Schadensersatzansprüche"[192]. Demgegenüber läßt schon ein Urteil des Bundesgerichtshofs aus dem Jahre 1963[193] erkennen, daß die bewußte Selbstgefährdung auch nach dem Grundsatzurteil zum Handeln auf eigene Gefahr nicht auf die Fälle der Gefälligkeitsfahrt beschränkt und auch die in diesem Urteil festgelegte Rechtsfolge nicht allgemeingültig ist. Es ging hier um den Fall, daß ein Saunabesucher auf einem glatten Fußboden ausgerutscht war. Ein glatter Fußboden bedeutet gegenüber einem normalen Untergrund eine erhöhte Gefährdung, die unter anderen Umständen, z.B. im Kaufhaus, durchaus eine Haftung auslösen kann. In einer Saunaanlage ist aber ein feuchter Fußboden die Regel und der Saunabesucher ist sich bewußt, daß aufgrund dieser Feuchtigkeit der Fußboden glatt sein kann. Dementsprechend urteilte der Bundesgerichtshof auch in Rücksicht auf den Umstand, daß der Besucher einer Sauna eine gewisse Glätte des Fußbodens in Kauf nehmen müsse[194], und lehnte eine Haftung des Saunabesitzers ab.

Erst in den siebziger Jahren gewinnt in der Rechtsprechung die bewußte Selbstgefährdung wieder, dann aber ganz erhebliche Bedeutung. Im Vordergrund steht dabei zunächst die bewußte Selbstgefährdung des Teilnehmers an gefährlichen Veranstaltungen.

---

[192] OLG Celle VersR 1969,1049 (1050); ähnlich auch: LG Ravensburg VersR 1964,878.

[193] BGH VersR 1963,814.

[194] BGH VersR 1963,814 (815).

Die konsequente Berücksichtigung der bewußten Selbstgefährdung des Teilnehmers bei gefährlichen Veranstaltungen ist für die neuere Rechtsprechung eigenartigerweise auf zwei Urteile des 1. Strafsenats des Bundesgerichtshofs[195] zurückzuführen. Auf dem Nordhang des Jenners bei Königsee waren zwei Skiläufer tödlich verunglückt, die auf einer offiziellen Piste fuhren. Ursache dieses Unglücks war ein extrem vereister Skihang, auf dem die Skiläufer nach einem Sturz mehrere hundert Meter abwärts rutschten. Der Bundesgerichtshof stellt hier zur Strafbarkeit des Pistenbetreibers fest, diesem obliege eine Verkehrssicherungspflicht nur für die Gefahren, die dergestalt atypischer Natur seien, daß sie über die normalen Gefahren des Skilaufs hinaus einer besonderen Gefährdung gleichkämen. Demgegenüber bestünden für Gefahren, die zwangsläufig mit der Abfahrt für den Skiläufer auf Skipisten verbunden seien und die von diesen auch bewußt in Kauf genommen würden, keine Pflichten zu einer zusätzlichen Sicherung[196]. Der Bundesgerichtshof greift damit erstmals wieder seit 1961 auf die Unterscheidung zwischen typischer und atypischer Gefahr zurück und folgert aus dem Vorliegen einer typischen Gefahr, also einer Gefahr, die der Skiläufer bewußt eingegangen ist, daß diese vom Skiläufer in Kauf zu nehmen ist.

Die Zivilgerichte nahmen diese Rechtsprechung des 1. Strafsenats des Bundesgerichtshofs sehr schnell auf. Schon in der Entscheidung vom 29.06.1973[197] bezieht sich der 1. Zivilsenat des OLG München auf das letztere der beiden oben genannten Urteile des Bundesgerichtshofs. Der Senat stellt in Übereinstimmung mit diesem Urteil fest, die mit einer Skiabfahrt zwangsläufig verbundenen Gefahren würden vom Skifahrer in Kauf genommen[198]. Im einzelnen führt das OLG aus: "Es liegt auf der Hand, daß ... eine völlig gefahrlose Abfahrtsstrecke nicht erreicht und auch vom Skiläufer nicht erwartet werden kann. Dies gilt vor allem für Gefahren, die sich aus der Führung der Strecke und deren Geländeunebenheiten erge-

---

[195] BGH NJW 1971,1093; NJW 1973,1379; bei beiden Urteilen handelt es sich um den sog. Jenner-Fall, der den BGH gleich mehrfach beschäftigte.

[196] BGH NJW 1971,1093 (1094); BGH NJW 1973,1379 (1380).

[197] OLG München VersR 1973,1170.

[198] OLG München VersR 1973,1170 (1171).

ben, weil gerade deren Überwindung einen wesentlichen Bestandteil des sportlichen Skilaufs darstellt. Derartige mit der Abfahrt zwangsläufig verbundene Gefahren haben daher für die Verkehrssicherungspflicht auszuscheiden, weil sie vom Skifahrer bewußt in Kauf genommen werden. So kann eine Sicherung und Warnung nur vor "atypischen" Gefahren erwartet und verlangt werden, welche zudem nicht ohne weiteres erkennbar und vermeidbar sind"[199]. Das OLG München setzt mit dieser Entscheidung die Aussagen des Bundesgerichtshofs im Jenner-Fall konsequent um. Es schließt aus dem Vorliegen einer typischen Gefahr, diese werde vom Skiläufer in Kauf genommen, und nimmt dann diese Inkaufnahme zum Anlaß, die Haftung des Veranstalters auszuschließen. Damit hat das OLG festgestellt, daß der bewußten Selbstgefährdung in den Fällen der Haftung des Veranstalters gegenüber dem Teilnehmer haftungsausschließende Wirkung zukommen kann.

Die soeben dargestellte Rechtsprechung festigte sich in der Folgezeit für Skiunfälle[200]. Sie dehnte sich dann aber auch rasch auf andere Sachverhalte aus. Das OLG München stellt z.B. in einem Fall, in dem es um die Haftung eines Betreibers einer Rodelbahn ging, fest[201]: "Es bestehen keine Bedenken, die für eine Sicherungspflicht auf Skipisten entwikkelten Grundsätze auch auf Rodelbahnen zu übertragen. Demnach ist lediglich vor "atypischen Gefahren" zu sichern und zu warnen ..., also vor denen, die bei zweckgerechter Benutzung über die mit dem Rodeln normalerweise verbundenen Gefahren hinausgehen".

Inzwischen findet sich in den meisten Urteilen, die zur Haftung des Veranstalters gegenüber dem Teilnehmer ergangen sind, die Abgrenzung zwischen typischer und atypischer Ge-

---

[199] OLG München VersR 1973,1170 (1171).

[200] BGH VersR 1985,64; OLG München VersR 1973,1170; VersR 1978,831; VersR 1978,725; LG Waldshut-Tiengen VersR 1980,755; ähnlich, aber ohne Verwendung der Begriffe typisch/atypisch, BGH NJW 1982,762; siehe auch OGH VersR 1991,207.

[201] OLG München VersR 1979,1014.

fahr[202]. Regelmäßig wird, wenn eine typische Gefahr zum Schaden führt, die Haftung des Veranstalters aufgrund dessen, daß der Teilnehmer diese Gefahr in Kauf nimmt, ausgeschlossen[203].

Besonders deutlich kommt dieser Haftungsausschluß mit der Begründung über die bewußte Selbstgefährdung in zwei Entscheidungen des Bundesgerichtshofs zum Ausdruck[204]. In einer Entscheidung aus den siebziger Jahren ging es um die Haftung einer Gemeinde nach einem Unfall, der auf einem Abenteuerspielplatz geschehen war. Der Bundesgerichtshof stellt hier fest, von vorneherein bekannte Gefahren seien in Kauf zu nehmen. Für diese Gefahren treffe den Veranstalter dann, wenn aus ihnen ein Schaden hervorgehe, keine Haftung[205]. In einem weiteren, aus den achtziger Jahren stammenden Urteil ging es um die Haftung eines Veranstalters von Straßenradrennen. Hier führt der Bundesgerichtshof aus: "Die den Organisator einer Sportveranstaltung gegenüber den Teilnehmern treffende Verkehrssicherungspflicht bezieht sich grundsätzlich nicht darauf, die Sportler vor solchen Gefahren zu schützen, die mit der Beteiligung typischerweise verbunden sind. Mit einem durch die Eigenart des Sports erhöhten Gefahrenniveau muß der Teilnehmer rechnen; dieses Mehr an Gefahr nimmt er in Kauf. Inhalt der Verkehrssicherungspflicht des Veranstalters gegenüber den Sportausübenden ist es des-

---

[202] BGH NJW-RR 1986,1029 (1030); VersR 1977,334 (335); OLG Celle VersR 1977,651 f.; OLG Hamm VersR 1978,1147; OLG München VersR 1972,472 (473). Die Rechtsprechung ist in der Terminologie nicht immer einheitlich. Die typischen Gefahren werden z.T. auch als übliche Risiken, vgl. etwa BGH VersR 1978,739 = NJW 1978,1626; VersR 1982,492 (494); OLG Düsseldorf VersR 1983,274; OLG Köln VersR 1989,159; LG Aachen VersR 1990,103 und LG Darmstadt VersR 1992,1107, oder als Gefahren bezeichnet, die zwangsläufig mit einer bestimmten Tätigkeit verbunden sind, vgl. etwa OLG Karlsruhe VersR 1975,381 (382). Ein sachlicher Unterschied ergibt sich daraus allerdings nicht.

[203] BGH NJW-RR 1986,1029; VersR 1978,739; VersR 1978,762; LG Köln VersR 1989,159; OLG Düsseldorf VersR 1983,274; OLG Frankfurt VersR 1973,625.

[204] BGH NJW-RR 1986,1029; VersR 1978,739; siehe auch OLG Celle VersR 1977,651.

[205] BGH VersR 1978,739 (740).

halb in erster Linie, den ihnen drohenden verdeckten und atypischen Gefahren zu begegnen"[206].

(3) Die dogmatischer Begründung für den Haftungsausschluß

Die zuletzt angeführte Entscheidung und die vorher dargestellte Rechtsprechung lassen erkennen, daß das Grundsatzurteil zum Handeln auf eigene Gefahr nicht zu einer Änderung der Grundtendenz der früheren Rechtsprechung vor 1961 geführt hat, nach der die Haftung des Veranstalters bei einer bewußten Selbstgefährdung des Geschädigten ausgeschlossen war. Schon hier sei aber darauf hingewiesen, daß sich Veränderungen insoweit feststellen lassen, als der sich aus der bewußten Selbstgefährdung ergebende Haftungsausschluß dogmatisch anders begründet wird. Der Bundesgerichtshof macht ganz deutlich, daß sich aus der bewußten Selbstgefährdung, also aus der Inkaufnahme der typischen Gefahr, nicht, wie es noch die ältere Rechtsprechung vertreten hatte, direkt ein Haftungsausschluß ableiten läßt[207]. Auch führt die bewußte Selbstgefährdung nicht über bestimmte Konstruktionen zu einem Haftungsausschluß[208]. Entscheidender Ankünpfungspunkt für die Rechtsprechung ist vielmehr seit 1961 die Verkehrs-

---

[206] BGH NJW-RR 1986,1029 (1030).

[207] RGZ 169,213; RG JW 1928,3185 Nr.17; OLG Tübingen VersR 1952,436; LG München MDR 1959,125 (126); LG Hannover VersR 1952,216; LG Hamburg HansRGZ 1939 B Nr.124,Sp.362 (Sp.364).

[208] LG Köln VersR 1958,332; OLG München VersR 1953,485; LG Stuttgart VersR 1953,374.

sicherungspflicht[209]. Im Vordergrund der Haftungsfrage steht in den einschlägigen Urteilen immer, ob der Schädiger eine Verkehrssicherungspflicht verletzt hat. Im Rahmen dieser Prüfung gewinnt dann die bewußte Selbstgefährdung insofern Bedeutung, als eine Verkehrssicherungspflicht des Schädigers gegenüber dem sich bewußt selbst gefährdenden Verletzten nicht besteht. Sieht man einmal von dem schon angesprochenen Urteil des Bundesgerichtshofs aus dem Jahr 1963[210] ab, geht auch diese Dogmatik auf die beiden Urteile des 1. Strafsenats im Jenner-Fall[211] zurück. Dort bestimmt der Bundesgerichtshof, daß für die Gefahren keine Pflichten zu einer zusätzlichen Sicherung bestünden, die zwangsläufig mit der Abfahrt für den Skiläufer auf Skipisten verbunden seien und die von diesen auch bewußt in Kauf genommen würden[212]. Das bedeutet nichts anderes, als daß für solche Gefahren eine Verkehrssicherungspflicht nicht besteht, die der Geschädigte kennt und die er bewußt eingeht.

Diese dogmatische Linie hat die Rechtsprechung in der Folgezeit durchgehalten. Das Vorliegen einer bewußten Selbstgefährdung schließt regelmäßig das Bestehen einer Verkehrssi-

---

209 BGH NJW-RR 1986,1029 f.; VersR 1985,64 f.; VersR 1982, 492 (494), VersR 1982,346 = NJW 1982,762, VersR 1980, 863 (864 f.); VersR 1978,561 f.; VersR 1978,739 (740) = NJW 1978,1626 (1627); 1978,762 (763) = NJW 1978,1628; VersR 1977,334; OLG Düsseldorf VersR 1983,274, ähnlich LG Heidelberg VersR 1980,367; OLG Köln VersR 1989,159; OLG Celle VersR 1969,1049 (1050); 1977,651; NJW 1980, 1159 (1160); OLG Koblenz VersR 1984,1053; OLG München VersR 1981,887; VersR 1979,1014; VersR 1978,831; VersR 1972,472 (473); NJW 1974,200 (201); OLG Stuttgart VersR 1972,987; OLG Karlsruhe VersR 1978,970 (971); 1975,381 (382); OLG Hamm VersR 1980,1147; NJW-RR 1989,736; LG Darmstadt VersR 1992,1107; LG Aachen VersR 1992,513; LG Waldshut-Tiengen VersR 1980,755; LG Stuttgart VersR 1967,193 (194); LG Ravensburg VersR 1964,878 (879).

210 BGH VersR 1963,814; siehe oben S.41 f.

211 BGH NJW 1971,1093; 1973,1379.

212 BGH NJW 1971,1093 (1094); NJW 1973,1379 (1380); desw.: LG Waldshut-Tiengen VersR 1980,755.

cherungspflicht für die Gefahren aus, deren sich der Geschädigte bewußt gewesen ist[213].

Allerdings soll hier auch auf eine etwas aus dem Rahmen fallende Entscheidung des Bundesgerichtshofs vom 05.07. 1985[214] hingewiesen werden. Zwar kommt auch in dieser Entscheidung zum Ausdruck, daß die bewußte Selbstgefährdung zu einer Minderung der Anforderungen an die Verkehrssicherungspflicht führt, im Unterschied zu den bisher genannten Urteilen wird hier aber auf die "normale Gefährdung" nur am Rande hingewiesen[215]. Die Verknüpfung von bewußter Selbstgefährdung und Verkehrssicherungspflicht geschieht in dieser Entscheidung über die Bestimmung des Verkehrskreises. Das Urteil beschäftigt sich mit der Klage eines Teilnehmers eines privaten Silvesterfeuerwerks. Der Kläger war dabei durch eine Rakete verletzt worden. Der Bundesgerichtshof stellt zur Begründung der Ablehnung der Haftung darauf ab, daß der Geschädigte zu einem Personenkreis gehört habe, der des Schutzes vor normalen Gefahren nicht bedurft hätte. Jeder vernünftige Mensch, der einem Silvesterfeuerwerk zuschaue, richte sich auf Gefährdungen durch Raketen ein[216].

---

[213] OLG München VersR 1978,831; VersR 1973,1170 (1171 f.); für die Badeunfälle: BGH VersR 1982,492 (494); OLG Köln VersR 1989,159; NJW-RR 1990,846 (865); OLG München VersR 1972,472 (473); OLG Hamm VersR 1980,1147; NJW-RR 1989,736 (737); LG Koblenz VersR 1992,1021; bezüglich der Unfälle auf Kinderspielplätzen: BGH VersR 1978,739 (740); VersR 1978,762 (763); OLG Karlsruhe VersR 1978, 970 (971); LG Aachen VersR 1992,513; bezüglich der Unfälle in einer Sporthalle: OLG München VersR 1988, 739; OLG Düsseldorf VersR 1983,274; LG Heidelberg VersR 1980,367; hinsichtlich der Unfälle bei Straßenradrennen: BGH NJW-RR 1986,1029 (1030); für Unfälle auf Tennisplätzen: LG Darmstadt VersR 1992,1107 (1108).

[214] BGH NJW 1986,52.

[215] BGH NJW 1986,52 (53).

[216] BGH NJW 1986,52 (53).

bb. Der Haftungsausschluß bei der Haftung des Veranstalters gegenüber dem Zuschauer

Die Tendenz, die Haftung des Veranstalters gefährlicher Veranstaltungen aufgrund bewußter Selbstgefährdung auszuschließen, tritt im Gegensatz zu der Haftung gegenüber Teilnehmern bei der Haftung gegenüber Zuschauern gefährlicher Veranstaltungen weniger hervor. Zu unterscheiden sind hier zwei Fälle:

Verletzungen von Zuschauern treten zum einen durch die Teilnehmer selbst auf. Es handelt sich dabei um Verletzungen, die entstehen, weil der Teilnehmer in den Zuschauerraum stürzt[217] oder rutscht[218] und einzelne Zuschauer erfaßt. Hier schließt sie Rechtsprechung die Haftung des Veranstalters zwar regelmäßig aus. Sie sieht aber den Grund für den Haftungsausschluß nicht in der bewußten Selbstgefährdung des Geschädigten. Sie verweist vielmehr darauf, der Veranstalter habe keine Verkehrssicherungspflicht verletzt, da die Möglichkeit einer Rechtsgutverletzung nicht nahe gelegen habe[219].

---

[217] OLG Stuttgart - Urteil vom 30.09.1986, Az 6 U 45/86 - z.T. abgedruckt in Reschke 24/29 Rz.5 (Ein Radrennfahrer stürzte bei einem Straßenradrennen und rutschte in die Zuschauer).

[218] OLG Karlsruhe VersR 1981,962 (Verletzung durch einen Spieler, der über die Tartanbahn gerutscht war und dann eine Zuschauerin erfaßt hatte).

[219] So insbesondere das OLG Stuttgart - Urteil vom 30.09. 1986, Az 6 U 45/86 - z.T. abgedruckt in Reschke 24/29 Rz.5: Es sei wegen der sehr breiten Straße genügend Sturzraum vorhanden gewesen, so daß die Möglichkeit einer Zuschauerverletzung ferngelegen habe).

Zum anderen kommt es zu Zuschauerverletzungen, wenn Gegenstände wie z.B. Eishockeypucks[220] oder Diskusscheiben[221] in den Zuschauerraum fliegen. Die Rechtsprechung neigt hier dazu, die Haftung des Veranstalters wegen Verletzung einer Verkehrssicherungspflicht zu bejahen[222]. Lediglich in einem neueren Urteil aus dem Jahre 1988 hat das OLG Nürnberg die Haftung des Veranstalters mit dem Hinweis auf die bewußte Selbstgefährdung des Geschädigten abgelehnt[223]. Der Geschädigte hatte sich als Funktionär bei einem Eishockeyspiel auf der Spielerbank aufgehalten und war von einem Puck getroffen worden. Das OLG Nürnberg findet für die Ablehnung der Haftung des Veranstalters folgende Begründung: Derjenige, der sich auf der Spielerbank aufhalte, nehme das Risiko, von einem Puck getroffen zu werden, in Kauf. Die Spielerbank könne nicht durch eine Plexiglaswand geschützt werden, da die Spieler bei fliegenden Wechseln die Bande überspringen

---

220 BGH NJW 1984,801; a.A noch das LG Freiburg vom 05.02. 1981 in VersR 1981,1138: Auch hier hatte der Geschädigte bei einem Eishockeyspiel als Zuschauer in der zweiten Reihe an der Längsseite gesessen und war von einem Puck getroffen worden. Das LG vertrat die Auffassung, daß der Beklagte als Veranstalter des Eishockeyspiels nicht gegen die allgemeine Verkehrssicherungspflicht verstoßen habe. Allerdings kommt das LG zu diesem Ergebnis, indem es zwar die Notwendigkeit und Zumutbarkeit von Sicherungsmaßnahmen gegen herausfliegene Pucks bejaht, die Haftung aber nicht für gegeben hält, weil derartige Schutzmaßnahmen nicht verkehrsüblich und nicht vom Erwartungshorizont der Zuschauer umfaßt seien. Letztendlich basiert diese Argumentation des LG Freiburgs wiederum auf dem Gedanken der bewußten Selbstgefährdung. Denn das LG macht das Ausmaß der Verkehrssicherungspflicht davon abhängig, was der Zuschauer an Sicherheiten erwartet.

221 OLG München VersR 1982,1105; ähnlich auch BGH NJW 1975, 533 für einen aus der Bahn brechenden Rennwagen und BGH MDR 1975,219 für eine Verletzung eines Zuschauers durch ein Pferd bei einem besuchsoffenen Reitertraining.

222 Siehe die vorherigen Fußn. 220 u. 221.

223 OLG Nürnberg NJW-RR 1988,993; zuvor hatte schon das LG Trier in einem Urteil aus dem Jahre 1960 (VersR 1964, 879) die Haftung für die Verletzung eines Zuschauers durch einen aus dem Spielfeld herausfliegenden Ball verneint und dies u.a. damit begründet, daß ein Zuschauer eines Fußballspiels immer mit der Möglichkeit rechnen müsse, daß der Ball vom Spielfeld in den Zuschauerraum fliege.

müßten[224]. Hier ist es also die bewußte Selbstgefährdung des Geschädigten, die zum Haftungsausschluß auch bei der Haftung des Veranstalters gegenüber dem Zuschauer führt.

cc. Der Haftungsausschluß bei der Haftung des Grundstückseigentümers

Die bewußte Selbstgefährdung des Geschädigten als Haftungsausschlußgrund im Zusammenhang mit der Verletzung von Verkehrssicherungspflichten zu begreifen, bietet sich weiter in den Fällen des unbefugten Betretens fremder Grundstücke und Anlagen[225] an[226]. Die ältere Rechtsprechung lehnte im Falle des unbefugten Betretens oder Verweilens in einem fremden Gefahrenbereich eine Haftung des Verkehrssicherungspflichtigen grundsätzlich ab[227]. Sie sah das unbefugte Verhalten des Verletzten hierbei als selbständigen Enthaftungsgrund an. Zur dogmatischen Begründung der Ausgrenzung von Unbefugten aus den Schutzpflichten des Grundeigentümers griff sie dann teilweise auf die Rechtsfigur des Handelns auf eigene Gefahr und damit auf die bewußte Selbstgefährdung des Geschädigten zurück[228]. Die moderne Rechtsprechung ist demgegenüber in diesen Fällen mit der Begründung des Ausfalls der Haftung über die bewußte Selbstgefährdung zurückhaltend. Die Wendung, derjenige, der unbefugt ein Grundstück betrete oder auf diesem unbefugt verweile, handele auf eigene Gefahr, ist in der

---

224 OLG Nürnberg NJW-RR 1988,993.

225 Ausführlich dazu SCHWAB JZ 1967,13 ff., MARBURGER JurA 1971,481 ff.; SCHRÖDER AcP 179 (1979),567 ff.

226 So z.B STAUDINGER/MEDICUS § 254 Rz.147; STOLL, Handeln auf eigene Gefahr, S.81 ff.

227 RGZ 87,128 (129); RG JW 1908,744 Nr.13; 1912,796 Nr.13; OLG Bremen VersR 1955,28; LG Darmstadt VersR 1960,71 (72); nur in Ausnahmefällen, z.B. bei Kindern, vgl. etwa RGZ,187; RG Warn.Rspr. 1908, Nr.515, S.413; 1909, Nr.205, S.194 f., sollte auch eine Haftung gegenüber Unbefugten in Betracht kommen, vgl. RGZ 103, 263; näher zu den Ausnahmen STOLL, Handeln auf eigene Gefahr, S.89 ff.

228 OLG Celle VersR 1958,129 (130); LG Berlin VersR 1955, 605; LG Essen VersR 1955,127 (128); AG München VersR 1955,128.

modernen Rechtsprechung nur selten zu finden. In den sechziger und siebziger Jahren ist nur eine Entscheidung des Bundesgerichtshofs auszumachen, die das Handeln auf eigene Gefahr im Zusammenhang mit dem unbefugten Betreten fremder Grundstücke nennt.

> BGH vom 16.12.1963[229]: Ein schwerer Lastzug hatte einen privaten Waldweg, der aufgrund schon seiner äußerlichen Beschaffenheit erkennbar nicht für die Benutzung durch schwere LKW's bestimmt war, befahren und war eine Böschung hinabgestürzt. Der Bundesgerichtshof lehnte hier eine Haftung wegen Verletzung einer Verkehrssicherungspflicht des Beklagten mit der Begründung ab, daß derjenige, der einen solchen Waldweg befahre, dies ausschließlich auf eigene Gefahr tue.

Für einen ganz ähnlich gelagerten Fall greift dagegen das OLG Stuttgart in seinem Urteil vom 21.03.1975[230] nicht auf das Handeln auf eigene Gefahr zurück, sondern stellt lediglich fest, dem Beklagten könne wegen des für schweren LKW-Verkehrs ungeeigneten Bauzustandes nicht der Vorwurf der Verletzung einer Verkehrssicherungspflicht gemacht werden. Der Weg habe lediglich den Verkehr mit leichten Fahrzeugen erlaubt, für den dieser allein bestimmt gewesen sei[231].

Erst Ende der achtziger Jahre wird in einer Entscheidung des OLG Düsseldorf vom 9.11.1989[232] wieder eine wenn auch nur lose Verbindung des Handelns auf eigene Gefahr zum unbefugten Betreten fremder Grundstücke hergestellt. Die Verletzte hatte einen Friedhof durch ein Tor betreten, das, da es durch einen Überschlagkippriegel verschlossen und zudem nicht mit einer Klinke versehen war, nicht für den allgemeinen Fußgängerverkehr zugänglich sein sollte. Das OLG verneint hier die Haftung der Beklagten mit der Erwägung, eine Verletzung einer Verkehrssicherungspflicht gegenüber der Verletzten scheide wegen des Betretens über einen unbefugten Zugangsbereich aus. Im übrigen geschehe das Betreten des

---

[229] BGH VersR 1964,323 (324).

[230] OLG Stuttgart MDR 1976,44.

[231] OLG Stuttgart MDR 1976,44 (45).

[232] OLG Düsseldorf VersR 1990,319.

Friedhofs unter den geschilderten Umständen auf eigene Gefahr[233].

b. Der Haftungsausschluß bei Sportunfällen anläßlich der Ausübung "gefährlicher Sportarten"

Hatte die Rechtsprechung im Rahmen der Haftung für die Verletzung einer Verkehrssicherungspflicht noch von einer Inkaufnahme von Gefahren gesprochen, so spricht sie, wenn es um die Haftung der Teilnehmer an gefährlichen Veranstaltungen untereinander geht, sogar von einer Inkaufnahme von Verletzungen[234]. Angesprochen sind damit die Fälle der Haftung von Sportlern untereinander. Grundsätzlich schließt die Teilnahme an einer sportlichen Unternehmung Schadensersatzansprüche der Beteiligten untereinander nicht aus dem Gesichtspunkt der bewußten Selbstgefährdung aus[235]. Die Rechtsprechung macht aber von diesem Grundsatz bei sog. "gefährlichen Sportarten"[236] Ausnahmen[237].

---

[233] OLG Düsseldorf VersR 1990,319.

[234] Siehe nur BGHZ 63,140 (145).

[235] PALANDT/THOMAS § 823 Rz.122.

[236] Gemeint sind damit vor allem die zahlreichen Kampfspiele wie Fußball, Eishockey, Handball, Squash, Boxen, Basketball etc.

[237] BGHZ 63,140 = NJW 1975,109; BGH VersR 1975,155; VersR 1976,591 = NJW 1976,957; VersR 1976,775 = NJW 1976, 2161; OLG Hamm NJW-RR 1992,856; NJW-RR 1991,149; VersR 1985,296; OLG Düsseldorf VersR 1992,247; VersR 1992, 841; OLG Koblenz VersR 1991,1067; OLG Frankfurt NJW-RR 1991,418 (419); OLG Saarbrücken VersR 1992,248; OLG München VersR 1989,598 = OLG München NJW-RR 1989,727; VersR 1977,844 (nicht zur Revision angenommen: BGH Beschl.v. 02.06.1977 - VI ZR 142/76); LAG Köln NJW 1985, 991 = VersR 1985,649; LG Marburg VersR 1989,94 (abgedruckt sind nur die Leitsätze); LG Stuttgart VersR 1988,600; LG Nürnberg-Fürth VersR 1990,96; zustimmend insoweit grundsätzlich auch die Literatur: z.B. STAUDINGER/SCHÄFER § 823 Rz.77; PALANDT/THOMAS § 823 Rz. 122; SOERGEL/ZEUNER Vor § 823 Rz.64; MERTENS in Münchener Kommentar § 823 Rz.344 und in Soergel § 254 Rz.59; LANGE § 10 XV 3.; ZIMMERMANN VersR 1980,497; DEUTSCH VersR 1974,1045 ff.; GRUNSKY JZ 1975,109.

aa. Der Haftungsausschluß bei regelgerechtem Spiel

Der entscheidende Impuls für die neuere Rechtsprechung zur Haftung bei Sportverletzungen anläßlich der Ausübung einer sog. "gefährlichen Sportart" ging von dem Urteil des Bundesgerichtshofs vom 05.11.1974[238] aus. Die herausragende Bedeutung dieses Urteils liegt in der Feststellung, daß die Haftung für jegliche Verletzungen bei diesen Sportarten aus dem Gesichtspunkt der bewußten Selbstgefährdung[239] dann ausgeschlossen ist, wenn der schädigende Sportler die dem jeweiligen Spiel eigenen Regeln beachtet hat[240]. Dem Urteil lag der Fall zugrunde, daß während eines Fußballspiels ein Verteidiger beim Kampf um den Ball einen Stürmer der Gegenmannschaft verletzt hatte, ohne daß dem Verteidiger ein regelwidriges Verhalten nachgewiesen werden konnte. Der Bundesgerichtshof stimmt hier im Ergebnis, aber nicht in der Begründung, mit der älteren Rechtsprechung[241] überein, wenn er feststellt, den schädigenden Sportler treffe dann keine Haftung, wenn sich seine Spielweise im Rahmen der für den Sport eigenen Regeln halte[242]. Die Teilnahme an einem Fußballwettkampf, der nach bestimmten, für jeden Mitspieler verbindli-

---

[238] BGHZ 63,140.

[239] Daß die bewußte Selbstgefährdung der für die Haftungsfreistellung entscheidende Gesichtspunkt ist, wird in der nachfolgenden Rechtsprechung regelmäßig hervorgehoben (vgl. etwa OLG Frankfurt NJW 1986,2648; OLG Celle VersR 1980,874); besonders deutlich OLG Hamm NJW-RR 1992,856 f.

[240] BGHZ 63,140 (142 ff.) und nachfolgend BGH VersR 1975, 155 (156); 1976,591; VersR 1976,775; OLG Düsseldorf VersR 1992,841; OLG Hamm NJW-RR 1992,856 (857); NJW-RR 1991,149 f.; OLG Düsseldorf VersR 1992,247 (248); VersR 1992,841; OLG Koblenz VersR 1991,1067; OLG München VersR 1989,598; VersR 1977,844 (nicht zur Revision angenommen: BGH Beschl.v. 02.06.1977 - VI ZR 142/ 76); LG Nürnberg-Fürth VersR 1990,96 (97); LG Stuttgart VersR 1988,600; im Ergebnis zustimmend MÜNCHENER KOMMENTAR/ MERTENS § 823 Rz.344; STAUDINGER/SCHÄFER § 823 Rz.77; PALANDT/THOMAS § 823 Rz.122; FÜLLGRAF VersR 1983,705 (710); DEUTSCH VersR 1974,1045 ff.; FRIEDRICH NJW 1966, 755 ff.; GRUNSKY JZ 1975,109 (110).

[241] Siehe S.11 ff.

[242] BGHZ 63,140 (142 ff.).

chen Regeln geführt werde, müsse rechtlich dahin verstanden werden, daß der Mitspieler bei spielgerechtem Verhalten keine ihm etwa erwachsenden Schadensersatzansprüche geltend machen werde[243]. Mit seinen weiteren Äußerungen macht der Bundesgerichtshof deutlich, daß er den Grund für die Haftungsfreistellung des Sportlers bei regelgerechtem Spiel in der bewußten Selbstgefährdung des geschädigten Sportlers sieht. Fußball sei ein Kampfspiel und führe nicht selten zu unvermeidbaren Verletzungen. Mit deren Eintritt rechne jeder Spieler und gehe davon aus, daß auch der andere diese Gefahr in Kauf nehme und daher etwaige Haftungsansprüche nicht erheben wolle[244].

bb. Die dogmatische Begründung für den Haftungsausschluß

Wenn der Bundesgerichtshof den Haftungsausschluß aus der bewußten Selbstgefährdung folgert, fragt es sich, wie er dies dogmatisch begründet. Das Grundsatzurteil zum Handeln auf eigene Gefahr[245] hatte an sich für die Sporthaftungsfälle mit Blick auf die in der älteren Rechtsprechung bevorzugte Einwilligungslösung[246] eine Hintertür offengelassen[247]. Der Bundesgerichtshof rettet sich aber nicht durch diese Hintertür, sondern geht für die Haftung bei Sportunfällen, die auf regelgerechtem Spiel beruhen, einen neuen Weg. Er orientiert

---

243 BGHZ 63,140 (143).

244 BGHZ 63,140 (143).

245 BGHZ 34,355.

246 RGZ 130,162 (Motorsport); OLG Neustadt MDR 1956,548 (bestätigt hinsichtlich der Ausführungen zum Handeln auf eigene Gefahr und damit zur Einwilligung durch BGH VersR 1957,290 (291); OLG Neustadt MDR 1956,550; OLG Schleswig DAR 1961,310; für das Strafrecht: BayObLG NJW 1961,2072; JR 1961,72; OLG Braunschweig NdsRpfl 1960, 233.

247 BGHZ 34,355 (363): Es kann nur dann um die Frage der Rechtswidrigkeit gehen, "wenn wirklich das Verhalten des Geschädigten ohne künstliche Unterstellung als Einwilligung in die als möglich vorgestellte Rechtsgutverletzung aufgefaßt werden kann, wie es etwa bei gefährlichen Sportarten zutreffen mag".

sich in der angesprochenen grundlegenden Entscheidung zu Sportverletzungen zwar an den Äußerungen der Entscheidung vom 14.03.1961 zum Handeln auf eigene Gefahr, ordnet aber das Problem der bewußten Selbstgefährdung nicht bei der Schuldabwägung nach § 254 BGB ein, sondern schließt die Haftung mit Hilfe der Einwendung aus Treu und Glauben aus[248]: "Es ist der Grundsatz des gegen Treu und Glauben verstoßenden venire contra factum proprium, der es nicht zuläßt, daß der Geschädigte den beklagten Schädiger in Anspruch nimmt .. ..[145] Wird dieses Verbot des Selbstwiderspruchs ernst genommen, so kann es hier nicht mit der Abwägung nach § 254 BGB sein Bewenden haben, vielmehr muß dieser Rechtsgrundsatz zu einer vollständigen Haftungsfreistellung führen. Die Teilnahme an einem Fußballspiel unterscheidet sich wesentlich von dem Risiko, das der Insasse eines Kraftfahrzeugs bei einem fahruntüchtigen Fahrer eingeht, mit dem es BGHZ 34,355 zu tun hatte. Bei einer solchen Fahrt wird zwar die Gefahr eines Unfalls für alle Teilnehmer die gleiche sein, jedoch kann der Fehler, der zum Unfall geführt hat, nur dem Fahrer unterlaufen ... Demgegenüber ist die Gefahr, beim Kampf um den Ball verletzt zu werden, "reziprok": Jeder Spieler ist sowohl potientieller Verletzer als auch potentieller Verletzter; das, was jetzt dem in Anspruch genommenen Spieler unterlaufen ist, konnte ebenso dem Spieler, der jetzt seinen Sportkameraden verklagt, passieren. Auch ist der Grad der Gefährdung beim Fußballspiel ungleich größer. Dieser Wettkampf bringt auch bei Einhaltung der Spielregeln seinem Wesen nach zwangsläufig die Gefahr, verletzt zu werden, mit sich, was für den Mitfahrer bei der Autofahrt nicht in gleicher Weise zutrifft. Diese von den Spielern unter gleichen Bedingungen und gemeinsam in Kauf genommene Gefahr zwingt zu dem Schluß, daß bei Verletzungen, die trotz Einhaltung der Spielregeln eingetreten sind, der Spieler von seiner etwaigen Haftung voll freigestellt sein soll".

Diese Entscheidung des Bundesgerichtshofs, deren dogmatische Linie, sieht man von einigen wenigen untergerichtlichen Entscheidungen[249] ab, inzwischen fester Bestandteil der Recht-

---

[248] BGHZ 63,140 (144 f.).

[249] Eine andere dogmtische Linie verfolgt z.B. das LG Nürnberg-Fürth in seinem Urteil vom 28.07.1989 in VersR 1990,96: Das LG schließt die Rechtswidrigkeit bei regelgerechtem Verhalten durch das "erlaubte Risiko" aus:

sprechung ist[250], ist in der Lehre vor allem deswegen auf Widerspruch gestoßen, weil sie die Haftungfreistellung des Sportlers erst über die Einwendung aus § 242 BGB[251] herbei-

---

Die Parteien spielten im elterlichen Garten mit weiteren Bekannten zur Freizeitgestaltung Fußball. Der Beklagte setzte dabei dem Kläger, der gerade den Ball führte, mit dem Körper einen Stoß, um in den Besitz des Balles zu gelangen. Der Kläger stürzte daraufhin und verletzte sich. Das LG stellt zunächst fest, daß das Regelwerk des DFB und damit auch die von der Rechtsprechung entwickelten Grundsätze, da es sich nicht um die Teilnahme an einer organisierten Wettkampfsportart handele, nicht anwendbar seien. Allerdings hätten die Parteien vereinbart, daß im Rahmen eines Fußballspiels um den Ball gekämpft werde. Gleichzeitig hätten sie damit diejenigen Verhaltensweisen erlaubt, die überhaupt erst das Erkämpfen des Balles ermöglichen. Hierzu gehöre auch der körperliche Kontakt zum Gegner. Da der Rempler des Beklagten geschehen sei, um diesen in Ballbesitz zu bringen, nehme dies dem Einsatz des Beklagten die Rechtswidrigkeit. Sinngemäß seien die Grundsätze über das "erlaubte Risiko" aus dem Wettkampfsport anzuwenden; andere Konstruktionen verwenden auch das AG Brakkenheim VersR 1992,1286 und das AG Rosenheim VersR 1989,1207: beide Entscheidungen stützen sich, obwohl jeweils den Entscheidungen keine gefährlichen Sportarten zugrunde gelegen haben, zur Begründung des Haftungsausschlusses auf die bewußte Selbstgefährdung. Während das AG Rosenheim den Haftungsausschluß über eine Einwilligung begründet, bleibt die dogmatische Position des AG Brackenheim völlig im Dunkeln.

250 Zwar ist nur noch eine weitere höchstrichterliche Entscheidung zur Haftung bei regelgerechtem Spiel veröffentlicht worden (BGH VersR 1975,155 - Entscheidung vom gleichen Tag wie das genannte Grundsatzurteil), die Anerkennung der dargestellten Rechtsprechung ergibt sich aber zum einen aus zustimmenden obergerichtlichen Urteilen, vgl. OLG Hamm NJW-RR 1992,856; OLG Düsseldorf VersR 1992,841 (Haftungsausschluß beim Fußball), OLG Celle VersR 1980, 840 (Haftungsausschluß bei Geländefahrt mit Motorrädern zur Demonstration der Fahrkunst) und OLG Frankfurt NJW 1986,2648 (Haftungsausschluß bei schwierigem Kraftakt), und zum anderen aus einer Fülle positiver Bezugnahmen in der Rechtsprechung bis in die heutige Zeit hinein, vgl. BGH VersR 1976,591; VersR 1976,775; OLG Düsseldorf VersR 1992,247; VersR 1992, 841; OLG Hamm NJW-RR 1991, 149; OLG Koblenz VersR 1991, 1067; OLG München VersR 1977,844; VersR 1989,598; OLG Frankfurt NJW-RR 1991,418 (419); OLG Hamm NJW-RR 1991, 149; VersR 1985,296; LG Stuttgart VersR 1988,600.

251 Dogmatisch unklar argumentiert allerdings das OLG Hamm in einem neueren Urteil - NJW-RR 1992,856 -. Dort heißt es (857): Verletzungen im Rahmen der Regeln "werden von

führt[252]. Die Frage, ob der Sportler für eine Verletzung seines Gegenspielers bei der Ausübung einer gefährlichen Sportart auch dann haftet, wenn er sich regelgerecht verhalten hat, entscheidet sich nach der Lehre entweder schon auf der Tatbestands-[253] oder Rechtswidrigkeitsebene[254]; spätestens aber scheitert die Ersatzpflicht des Sportlers, wenn Tatbestand und Rechtswidrigkeit bejaht werden, am fehlenden Verschulden[255].

cc. Der Haftungsausschluß bei geringfügig regelwidrigem Spiel

Mehr Zustimmung in der Lehre erfährt der Bundesgerichtshof dagegen bei seiner zweiten Ausnahme[256]. Das Gericht nimmt einen Haftungssauschluß auch für den Fall an, wenn der schädigende Sportler nur geringfügig gegen eine dem jeweiligen

---

jedem Teilnehmer in Kauf genommen, so daß wegen des "Handelns auf eigene Gefahr" entweder bereits die Tatbestandsmäßigkeit oder zumindest die Rechtswidrigkeit ... ausgeschlossen ist". Das OLG scheint somit bei regelgerechtem Spiel schon das Vorliegen einer tatbestandsmäßigen oder rechtswidrigen Verletzung in Frage zu stellen.

252 Vgl. etwa GRUNSKY JZ 1975,109 (110); Petev VersR 1976, 320 (323); TEICHMANN JA 1979,293 (296); Krähe S.108 ff.; Meiners S.152 ff.; STAUDINGER/MEDICUS § 254 Rz. 140; MÜNCHENER KOMMENTAR/MERTENS § 823 Rz.344; zust. nur FÜLLGRAF VersR 1983, 705 (710); PALANDT/THOMAS § 823 Rz.122.

253 So namentlich KRÄHE S.148 ff.; ähnlich auch MÜNZBERG S.305 ff.; HUBER in FS Wahl S.301 ff.

254 ZIMMERMANN VersR 1980,497 (498); FRITZWEILER S.61 ff., 75 ff.; SOERGEL/ZEUNER Vor § 823 Rz.64; MÜNCHENER KOMMENTAR/MERTENS § 823 Rz.344; NIPPERDEY NJW 1957,1777 (1778); LARENZ, SR II, § 71 I c) 1.; GRUNSKY S. 24 ff.; FIKENTSCHER Rz.497.

255 MEINERS S. 136 ff.; PETEV VersR 1076,320 (323), LANGE § 10 XV 4.; DEUTSCH VersR 1974,1045 (1048); FRIEDRICH NJW 1966,755 (757); STAUDINGER/MEDICUS § 254 Rz.140.

256 Siehe z.B. LANGE § 10 XV 4.; RGRK/STEFFEN § 823 Rz.358; HERRMANN Jura 1985,568 (569).

Sport eigene Regel verstoßen hat[257]. Die Haftungsfreistellung in diesen Fällen geht auf zwei Urteile des Bundesgerichtshofs aus dem Jahre 1976[258] zurück. In der ersten Entscheidung vom 10.02.1976[259] ging es um die Verletzung eines Fußballspielers. Zu dieser Verletzung war es durch ein "gefährliches Spiel" des Gegners gekommen. Der Bundesgerichtshof unterstützt hier die Wertung des Tatrichters, der das Verhalten im Grenzbereich zwischen regelgerechtem Verhalten und Unfairneß angesiedelt hatte, und schließt die Haftung des schädigenden Sportlers wegen Geringfügigkeit der Regelverletzung aus. In dem zweiten Urteil des Bundesgerichtshofs vom 16.03.1976[260] - der Kläger war hier bei einem Basketballspiel infolge eines leichten Regelverstoßes verletzt worden - bestätigt das Gericht diese Rechtsprechung ausdrücklich.

dd. Die dogmatische Begründung für den Haftungsausschluß

Wie beim Haftungsausschluß bei regelgerechten Verletzungen stellt sich hier gleichfalls die Frage nach der dogmatischen Begründung für die Haftungsfreistellung. Die Rechtsprechung erwägt bei Verletzungen aufgrund geringfügiger Regelverstöße

---

257 BGH VersR 1976,591 = NJW 1976,957; VersR 1976,775 = NJW 1976,2161; OLG Hamm NJW-RR 1992,856 (857); NJW-RR 1991, 149 (150); VersR 1985,296; OLG Düsseldorf VersR 1992, 247 (248); OLG Saarbrücken VersR 1992,248; OLG Koblenz VersR 1991,1067; OLG Frankfurt NJW-RR 1991,418 (419); OLG München VersR 1986,247; LG Stuttgart VersR 1988, 600; PALANDT/THOMAS § 823 Rz.122; STAUDINGER/SCHÄFER Vorbem. zu § 823 Rz.77; GRUNSKY JZ 1975,109 (111); DEUTSCH VersR 1974,1047 (1051); MEINERS S. 159 ff.; Bedenken gegen eine prinzipielle Verneinung der Haftung bei geringfügigen Regelverstößen erhebt TEICHMANN JA 1979,293 (296).

258 BGH VersR 1976,591 = NJW 1976,957; VersR 1976,775 = NJW 1976,2161; andeutungsweise zuvor schon BGH VersR 1957, 290.

259 BGH VersR 1976,591.

260 BGH VersR 1976,775; zust. zuletzt: OLG Koblenz VersR 1991,1067.

im Anschluß an einige Stimmen in der Literatur[261] einen Haftungsausschluß über Treu und Glauben ähnlich dem bei regelgerechter Spielweise[262]. Allerdings ist es immer nur bei diesen Erwägungnen geblieben. Die Gerichte haben bis jetzt von einer Ausnahme abgesehen[263] immer offen gelassen, ob ein Haftungsausschluß ähnlich dem beim regelgerechten Spiel dann angenommen werden kann, wenn der Verletzer zwar gegen eine Regel verstoßen hat, dies aber aus Übereifer, Erregung oder mangelnder Beherrschung der Technik geschah[264]. Das konnte sie deshalb, weil sie in diesen Fällen geringer Regelverstöße den für eine Haftung notwendigen Fahrlässigkeitsvorwurf verneinte[265].

Vorbereitet wurde diese Rechtsprechung schon durch das erste Fußballurteil des Bundesgerichtshofs vom 05.03.1957[266]. Dort handelte es sich um den Fall, daß bei einem Fußballspiel ein Stürmer den gegnerischen Torwart beim Kampf um den Ball verletzt hatte. Der Bundesgerichtshof stellte zu einer möglichen Haftung des Stürmers zunächst fest, die Rechtswidrigkeit der Verletzungstat sei dann gegeben, wenn der Stürmer gegen die Regeln des sportlichen Wettkampfs verstoßen und dabei einen anderen verletzt habe[267].

Weiter fragt er danach, ob auch ein Verschulden des Verletzers in Form des Fahrlässigkeitsvorwurfs gegeben sei. Bei der anschließenden Prüfung der im Verkehr erforderlichen Sorgfalt orientiert sich der Bundesgerichtshof dann wieder an den Fußballregeln. Er kommt hier zu dem mit der Rechts-

---

261 MÜNCHENER KOMMENTAR/MERTENS § 823 Rz.345; JAUERNIG/TEICHMANN § 254 Anm. 5 b. dd); FRIEDRICH NJW 1966,755 (760); REICHERT S.223.

262 BGH VersR 1975,591 (592); OLG München VersR 1989,598; VersR 1977,844 (845).

263 LAG Köln VersR 1985,649 = NJW 1985,991 (992).

264 BGH VersR 1975,591 (592); OLG München VersR 1989,598; VersR 1977,845.

265 BGH VersR 1976,591; VersR 1976,775; OLG Düsseldorf VersR 1992,247 (248); OLG Saarbrücken VersR 1992,248; OLG Koblenz VersR 1991,1067; OLG Hamm NJW-RR 1991,149 (150); VersR 1985,296; OLG Frankfurt NJW-RR 1991,418 (419); LG Stuttgart VersR 1988,600; OLG München VersR 1986,247.

266 BGH VersR 1957,290.

267 BGH VersR 1957,290.

widrigkeitsprüfung in Widerspruch stehenden Ergebnis, das Verhalten des Stürmers, der im Zweikampf versucht habe schneller als der Torwart am Ball zu sein, sei durch keine Fußballregel untersagt. Der Stürmer habe somit die im Sport erforderliche Sorgfalt eingehalten[268]. Zu diesem Schluß gelangt der Bundesgerichshof durch den Hinweis, Fußball sei ein Kampfspiel, "in dem es darauf ankomme, im Kampf um den Ball schneller und gewandter als der Gegner zu sein und gerade das Letzte an Gewandtheit und Schnelligkeit herauszuholen, wenn der Gegner sich ebenfalls um den Ball bemüht"[269]. Ist dieses Urteil auch in seiner Begründung widersprüchlich, so läßt sich dieser Entscheidung doch entnehmen, daß der Bundesgerichtshof Rücksicht auf den Charakter des Fußballspiels als Kampfsportart nimmt und bei der Feststellung des Verschuldens besondere Maßstäbe anzulegen beabsichtigt.

Entscheidend für die Verschuldensfrage waren dann die schon angesprochenen Urteile des Bundesgerichtshofs vom 16.02. 1976[270] (Fußball) und vom 16.03.1976[271] (Basketball). In diesen beiden Urteilen erklärt der Bundesgerichtshof erstmals im Bereich der gefährlichen Sportarten[272], daß bei Verletzungen im Rahmen einer sportlichen Betätigung an die "im Verkehr erforderliche Sorgfalt" i.S.d. § 276 BGB ein besonderer, durch die Eigenart des Spiels geprägter Maßstab anzulegen sei[273]. So soll sich z.B. für die Situation im Fußballspiel der Begriff der Fahrlässigkeit nach der Sorgfalt bestimmen, die von einem tüchtigen, gewissenhaften und besonnenen Abwehrspieler einer Fußballmannschaft bei dem Zusammentreffen mit einem gegnerischen Stürmer zu fordern sei[274]. Weiter stellt der Bundesgerichtshof fest, nicht jede

---

268 BGH VersR 1957,290 (291).

269 BGH VersR 1957,290 (291).

270 BGH VersR 1976,591.

271 BGH VersR 1976,775.

272 Zuvor hatte er in einer Entscheidung zum Skirecht - BGH vom 11.01.1972, BGHZ 58,40 (43) - anklingen lassen, daß die allgemeinen Sorgfaltspflichten an den spezifischen Gegebenheiten der fraglichen Sportart auszurichten sind.

273 BGH VersR 1976,591 (592 f.); VersR 1976,775 (776).

274 BGH VersR 1976,591 (592).

geringfügige (objektive) Verletzung einer dem Schutz des Spielers dienenden Spielregel spreche dafür, daß sie fahrlässig geschehen sei[275]. Er lehnt in den konkreten Fällen das Verschulden jeweils mit dem Hinweis ab, unter Berücksichtigung der Eigenart des Fußball- oder Basketballspiels als Kampfsportarten sei ein Verstoß gegen die Regeln auch bei Beachtung der im Verkehr erforderlichen Sorgfalt durch den verletzenden Spieler nicht zu vermeiden gewesen. Die Hektik und Eigenart eines Fußballspiels zwinge den Spieler oft, im Bruchteil einer Sekunde Chancen abzuwägen und Risiken einzugehen, so daß hohe Anforderungen an physischer und psychischer Kraft, an Schnelligkeit, Geschicklichkeit und körperlichen Einsatz gestellt würden[276].

Will man diese in der Folgezeit durch die Rechtsprechung bestätigten[277] Äußerungen dogmatisch werten, läßt sich festhalten, daß im Bereich der gefährlichen Sportarten eine besonderer - und zwar verminderter - Sorgfaltsmaßstab gilt[278]. Das ist, wenn man diese Fälle auf der Verschuldensebene lösen will, eine durchaus mit der Fahrlässigkeitsdogmatik in Einklang stehende Position, die allerdings mit dem Gedanken der bewußten Selbstgefährdung kaum etwas zu tun hat. Im Zivilrecht gilt der objektive Fahrlässigkeitsbegriff[279]. Bei

---

[275] BGH VersR 1976,591 (592); VersR 1976,775 (776).

[276] BGH VersR 1976,591 (592); VersR 1976,775 (776); diese Rechtsprechung klingt auch in einem neueren Urteil des OLG Düsseldorf VersR 1990,111 für das Skilaufen an: Das OLG rechnet hier einen leichten Fahrfehler, der allerdings nicht als Verstoß gegen die Eigenregeln des Skilaufs gewertet wird, einem Freizeitfahrer nicht zu.

[277] OLG Düsseldorf VersR 1992,247 (248); OLG Saarbrücken VersR 1992,248; OLG Koblenz VersR 1991,1067; OLG Hamm NJW-RR 1991,149 (150); OLG Frankfurt NJW-RR 1991,418 (419); OLG München VersR 1989,598 (599); VersR 1986, 247; OLG Hamm VersR 1985,296 (297); LG Stuttgart VersR 1988,600.

[278] so auch LANGE § 10 XV 4.

[279] RGZ 95,16 (17); 127,313 (315); BGHZ 24,21 (27); 39,281 (283); BGH NJW 1972,150 (151); 80,2464 (2465).; LARENZ, SR I, § 20 III; MÜNCHENER KOMMENTAR/HANAU § 276 Rz.78; STAUDINGER/LÖWISCH § 276 Rz.16; näher zum Fahrlässigkeitsbegriff DEUTSCH, Fahrlässigkeit, S.117 ff.; weitere Nachweise auch bei LARENZ a.a.O. Fußn.25 u. 26. Die frühere Auseinandersetzung zwischen objektivem und subjektivem Fahrlässigkeitsbegriff hat sich inzwischen zugunsten der im Text dargestellten vermittelnden herr-

einem objektiv verstandenen Sorgfaltsmaßstab entlasten zwar persönliche Eigenarten wie z.B. ein unbekannt gebliebener Sehfehler eines Kraftfahrers[280], Unerfahrenheit eines Beamten[281] oder persönliche Unfähigkeit zur Geschäftsführung in einem Vorstand oder Aufsichtsrat einer Genossenschaft[282] den Schädiger nicht, da es im Zivilrecht weniger um persönliche Schuld, als vielmehr um die Leichtigkeit und Sicherheit des Rechtsverkehr geht[283]. Aber der objektive Fahrlässigkeitsbegriff ist insoweit abgestuft, als für die zivilrechtliche Verantwortlichkeit in Form der Fahrlässigkeit ein auf die allgemeinen Verkehrsbedürfnisse ausgerichteter, zwar weitgehend objektiver, aber nach Verkehrs- und Berufskreisen typisierter und damit abgestufter Sorgfaltsmaßstab gilt[284]. Die im Verkehr erforderliche Sorgfalt orientiert sich an den typischen Kenntnissen und Fähigkeiten einer bestimmten Gruppe, zu der der Schädiger gehört. Rechtsprechung und Schrifttum drücken dies in der Regel so aus, daß die im Verkehr erforderliche Sorgfalt diejenige Sorgfalt meint, die nach dem Urteil besonnener und gewissenhafter Angehöriger des in Betracht kommenden Verkehrskreises zum Zeitpunkt des zu beurteilenden Verhaltens zu beachten ist[285]. Wer also den Beruf eines Arztes, Handwerkers, Landwirts oder Kaufmanns ausübt oder wer Sport betreibt, soll zum mindesten für die durchschnittlichen Fähigkeiten und Kenntnisse und die danach zu bemessende Sorgfalt eines ordentlichen Arztes, Handwerkers, Landwirts, Kaufmanns oder eben eines Sportlers einstehen.

Wenn nun die Rechtsprechung feststellt, daß in dem Verkehrskreis "gefährliche Sportarten" auch ein besonnener und ge-

---

schenden Meinung entschieden. Zum objektiven Fahrlässigkeitsbegriff vgl. PLANCK/SIBER § 276 Anm. 2 b (S.220); HECK S.78; zum subjektiven Fahrlässigkeitsbegriff siehe LEONHARD S.435 ff.; ENNECCERUS/NIPPERDEY, § 213 III 2.; NIPPERDEY NJW 1957,1777 (1781); V.TUHR, S.489).

280 BGH JZ 1968,103.

281 RGZ 152,129 (140); 156,34 (50 f.).

282 RGZ 163,200 (208).

283 MEDICUS, Lb, § 29 III 2 b).

284 Vgl. nur LARENZ, SR I, § 20 III und MEDICUS, Lb, § 29 III 2 c).

285 Vgl. für das Schrifttum wiederum nur LARENZ, SR I, § 20 III und für die Rechtsprechung BGH NJW 1972,150 (151).

wissenhafter Sportler typischerweise geringfügig gegen Sportregeln verstößt, ist es nur konsequent, wenn insoweit für den Teilnehmer an einer gefährlichen Sportart ein gegenüber anderen Verkehrskreisen geminderter Sorgfaltsmaßstab gilt.

c. Exkurs: Die Haftung bei Sportunfällen anläßlich der Ausübung einer Individualsportart

Die vorstehend dargestellten Grundsätze - dies soll der Vollständigkeit halber erwähnt werden - lassen sich nicht auf den friedlich nebeneinander ausgeübten Individualsport[286] übertragen. Die Rechtsprechung hat zwar mehrfach für den Individualsport, wenn dieser wie z.B. das Bergsteigen oder das Schlittschuhlaufen gefährlich ist, die Möglichkeit eines Haftungsauschlusses über die bewußte Selbstgefährdung in Betracht gezogen. So hat der Bundesgerichtshof z.B. in seiner ersten und soweit ersichtlich bis jetzt auch einzigen Skientscheidung vom 11.01.1972[287], in der er allerdings die Haftung des Skiläufers aufgrund eines schuldhaften Verhaltens bejaht, unter Rückgriff auf seine Fußballentscheidung vom 05.03.1957[288] festgestellt, bei Verneinung eines Verstoßes gegen die Regeln des sportlichen Wettkampfes

---

[286] Die Rechtsprechung mußte sich auch bei den sog. friedlichen Sportarten häufig mit Schadensersatzbegehren geschädigter Sportler beschäftigen: z.B. bei Skiunfällen: BGHZ,58,40; OLG Düsseldorf VersR 1991,111; MDR 1966,504; OLG Hamm VersR 1989,1206; OLG München NJW 1977,502; NJW 1966,2404 u.2406; OLG Köln VersR 1969, 550; NJW 1962,1110; OLG Stuttgart NJW 1964,1859; OLG Karlsruhe NJW 1964,55; 1959,1589; LG Wien NJW 1966,305; bei Unfällen beim Bergsteigen: OLG Karlsruhe NJW 1978, 705; beim Schlittschuhlaufen: BGH NJW 1982,2555; beim Tennisspiel: OLG Braunschweig VersR 1991,1066, OLG München NJW 1970,2297, OLG Hamm NJW-RR 1991,418; LG Wuppertal VersR 1969,337; beim Radsport: OLG Koblenz VersR 1989,1102; AG Brackenheim VersR 1990,1286; bei einer Tanzveranstaltung VersR 1988,1295; Segelregatta: NJW-RR 1990,925.

[287] BGHZ 58,40 = NJW 1972,627.

[288] BGH VersR 1957,290.

stelle sich die Frage des erlaubten Risikos[289]. Aufgegriffen haben den Gedanken der Inkaufnahme der Verletzung bei regelgerechtem Verhalten auch das OLG Karlsruhe[290] zum Bergsteigen und das OLG Braunschweig[291] zum Tennisspiel[292]. Gestützt wurde die Nichthaftung des sich regelgerecht verhaltenden Sportler bis jetzt aber nur in drei Ausnahmefällen auf diese Erwägung[293]. Ansonsten hat die Rechtsprechung den für die Nichthaftung im Rahmen des Sports nebeneinander bei regelgerechtem Verhalten des Verletzers entscheidenden Umstand immer darin gesehen, daß dieser nicht schuldhaft gehandelt habe[294].

Konsequent hat der Bundesgerichtshof in seinem Urteil vom 13.07.1982[295] zur Haftung eines Schlittschuhläufers dann

---

289 BGHZ 58,40 (43).

290 OLG Karlsruhe NJW 1978,705 (706).

291 OLG Braunschweig VersR 1991,1066.

292 In beiden Entscheidungen wird ein Haftungsausschluß über die Inkaufnahme von Verletzungen diskutiert, wie ihn die Rechtsprechung bei regelgerechtem Verhalten bei Kampfsportarten annimmt; dazu oben S.52 ff.

293 OLG Celle VersR 1980,874: Gegenstand dieses Urteils war ein Unfall beim Geländemotorradfahren. Das OLG sah den tragenden Grund für die Haftungsfreistellung darin, daß es als "anstößig" empfunden werde, wenn der jeweils Verletzte versuche, den Schaden auf den anderen abzuwälzen, der ihn genauso hätte treffen können. AG Brakkenheim VersR 1990,1286 (1287) zum Radrennen: Unter welchem dogmatischen Gesichtspunkt das Gericht die Haftung ausschließt, ist allerdings nicht eindeutig. AG Rosenheim VersR 1989,1207 zur Ballgymnastik: Die Teilnahme an einer Ballgymnastik enthalte die Einwilligung in die normlen Risiken; hierunter fielen auch Schäden, die der Geschädigte durch Aufprall des vom Boden aufspringen Balls erleide.

294 BGH VersR 1966,190 (191); OLG Karlsruhe NJW 1978,705 (706); NJW 1964,55; LG Wien NJW 1966,305 (307); zuletzt OLG Düsseldorf VersR 1990,111 f.; OlG Hamm VersR 1988, 1295; NJW-RR 1991,418; wohl auch, wenn auch dogmatisch unklar, AG Brackenheim VersR 1990,1286 (1287); zustimmend zu dieser Rechtsprechung: HERRMANN Jura 1985,568 (569); TEICHMANN JA 1979,293 (351); FRIEDRICH NJW 1966, 755 (759); MÜNCHENER KOMMENTAR/MERTENS § 823 Rz.340; speziell für den Skilauf: Nirk NJW 1964,1829 ff.; Kettnacker VersR 1964,212 (215).

295 BGH NJW 1982,2555; anders noch das LG München MDR 1959,125 (126).

auch eine Übertragung der Grundsätze über die Inkaufnahme von Verletzungen bei gefährlichen Sportarten auf den Individualsport abgelehnt:

> BGH vom 13.07.1982[296]: Die von der Rechtsprechung für den Wettkampfsport entwickelten Grundsätze über die Inkaufnahme bestimmter, auch bei regelgerechter Ausübung dieser Sportart unvermeidbarer Risiken, seien auf den Schlittschuhsport nicht übertragbar, da das jedem Wettkampf und besonders dem Mannschaftswettkampf typischerweise innewohnende Risiko, bei dem gebotenen körperlichen Einsatz den Gegner zu verletzen oder von diesem verletzt zu werden, sich nicht in gleicher Weise bei einem friedlich nebeneinander ausgeübten Individualsport wie dem Eislauf verwirkliche.

Die Haftung des Schädigers hat das Gericht verneint, da ein Verschulden der Klägerin nicht bewiesen sei und auch ein Beweis des ersten Anscheins nicht für ein schuldhaftes Verhalten der Klägerin spreche[297]. Für den Individualsport steht damit fest, daß bei Einhaltung der Regeln eine Haftung deshalb ausfällt, weil der Schädiger aus diesem Grund nicht schuldhaft gehandelt hat. Umgekehrt geht die Rechtsprechung in den Fällen, in denen der Geschädigte hier unter Verstoß gegen die dem Sport eigenen Regeln verletzt worden war, konsequent davon aus, daß der Schädiger schuldhaft gehandelt hat und er deshalb für den Schaden haftet[298]. Mit dem Rechtsinstitut des Handelns auf eigene Gefahr setzt sie sich z.T. zwar auch hier auseinander, wendet dieses aber nicht als Haftungsausschlußgrund an[299]. Beispielhaft sind hier die

---

[296] BGH NJW 1982,2555.

[297] BGH NJW 1982,2555 (2556); ausdrücklich auch zuletzt: OLG Hamm NJW-RR 1990,925 (926).

[298] BGHZ 58,40 (43 ff.); OLG Stuttgart NJW 1964,1859; OLG Düsseldorf MDR 1966,504 (505); OLG München NJW 1966, 2404; 1966,2407 (2408); OLG Köln VersR 1969,550; NJW 1962,1110 (1111); aus jüngster Zeit: OLG Braunschweig VersR 1991,1066; OLG Koblenz VersR 1989,1102 (1103); OLG Hamm NJW-RR 1990,925 (926); VersR 1989,1206 f.

[299] BGHZ 58,40 (43 ff.).; OLG Braunschweig VersR 1991,1066; OLG Hamm NJW-RR 1990,925 (926); OLG Koblenz VersR 1989, 1102 (1103); OLG München NJW 1966,2404; OLG Köln VersR 1969,550; ähnlich auch OLG Stuttgart NJW 1964,1859 (1860); zustimmend: MÜNCHENER KOMMENTAR/MERTENS § 823 Rz.340 und die übrigen in Fußn.294 genannten Autoren.

Aussagen des OLG Köln in der Entscheidung vom 12.11.1968[300]: Die Rechtswidrigkeit des Handelns der Beklagten sei nicht nach den Grundsätzen des Handelns auf eigene Gefahr ausgeschlossen. Ein Skifahrer nehme lediglich die allgemeinen dem Skisport eigenen Gefahren in Kauf, nicht jedoch solche Gefahren, die dem einzelnen durch andere Skiläufer drohten. Dies gelte jedenfalls dann, wenn wie im zu entscheidenden Fall von der Beklagten eine Skiregel verletzt worden sei[301]. Beim Individualsport hat daher die bewußte Selbstgefährdung keinen Einfluß auf den Schadensersatzanspruch und braucht im weiteren auch nicht mehr beachtet zu werden.

2. Gefährdungshaftung

Mit Beginn der siebziger Jahre, dies ist schon oben angeklungen[302], hat die Tierhalterhaftung in der Rechtsprechung zunehmend an - bis heute anhaltende - Bedeutung gewonnen. Im Zuge der wachsenden Beliebtheit des Reitsports hatten die Gerichte es vornehmlich mit Schadensersatzansprüchen verletzter Reitsportler gegen den Tierhalter des von ihnen gerittenen Pferdes zu tun. Zwangsläufig taucht bei dieser Fallkonstellation die Frage nach einer Haftungserleichterung zugunsten des Tierhalters auf, hat sich doch der Verletzte dem Tier von sich aus genähert.

a. Kriterien zur Begrenzung der Tierhalterhaftung außerhalb der bewußten Selbstgefährdung

Zur Erfassung dieses Gesichtspunktes ist die Rechtsprechung nicht gleich auf die bewußte Selbstgefährdung oder das Handeln auf eigene Gefahr gekommen. Anfang der siebziger Jahre hat sich die Rechtsprechung zunächst mit dem Kriterium des "sozialen Zwangs" beschäftigt und danach auch in der Art und

---

[300] OLG Köln VersR 1969,550.

[301] OLG Köln VersR 1969,550.

[302] Siehe oben S.21.

Weise der Gebrauchsüberlassung eine Möglichkeit der Haftungsbegrenzung gesehen. Das Kriterium des "sozialen Zwangs" taucht erstmals in einer Entscheidung des OLG Zweibrücken vom 12.10.1970[303] auf. Eine Gemeinde hatte einen Pferdehalter gebeten, sein Reitpferd für einen Festzug zur Verfügung zu stellen, und den Kläger, das Pferd bei dem Festzug zu reiten. Der Kläger wurde bei einem Proberitt verletzt, weil das Pferd mehrfach mit der Hinterhand nach oben ausschlug. Das OLG wies die Klage ab. Der Tierhalter habe nur für Gefahren einzustehen, denen die Mitbürger durch das Halten des Tieres kraft sozialen Zwangs notwendig ausgesetzt seien. Dies gelte vor allem für Fälle, in denen der Geschädigte bei Ausübung seines Berufes in den Bereich der Tiergefahr gelange. Wer dagegen sich einer solchen Gefahr bewußt und ohne soziale Notwendigkeit aussetze, verlasse den Bereich der Schutzgarantie des § 833 BGB und könne dem Tierhalter die Folgen dieses Verhaltens nicht mehr anlasten[304].

Obwohl sich in der Folgezeit einige Instanzgerichte dieser Ansicht angeschlossen hatten[305], verwarf der Bundesgerichtshof in seiner Entscheidung vom 14.07.1977[306] das Kriterium des "sozialen Zwangs" als haftungsbegrenzendes Merkmal[307]. Es sei als Abgrenzungskriterium ungeeignet. Die Feststellung dieses Merkmals könne im Einzelfall Schwierigkeiten bereiten, sofern die soziale Zwangslage, mit dem Tier umgehen zu müssen, sich nicht eindeutig aus der Art der Beschäftigung ergebe (wie z.B. beim Kutscher, Knecht oder Hufschmied). Aus dem Zweck der Gefährdungshaftungstatbestände, einen Ausgleich für sozial hinzunehmende Risiken zu schaffen, dürfe

---

303 OLG Zweibrücken VersR 1971,724 = NJW 1971,2077.

304 OLG Zweibrücken VersR 1971,724 (725).

305 LG Duisburg VersR 1972,475; LG Landau VersR 1976,103 (104); ähnlich auch das OLG Frankfurt vom 09.03.1976 in VersR 1976,1138, das allerdings der für den Ausschluß der Haftung entscheidende Gesichtspunkt in einem Handeln auf eigene Gefahr des Geschädigten, der an einem Ausritt teilgenommen hatte, sieht. Das Kriterium des sozialen Zwangs wird nur beiläufig, aber zustimmend erwähnt.

306 BGH NJW 1977,2158; ablehnend vorher schon OLG Köln vom 21.01.1977 in VersR 1977,938 (abgedruckt sind nur die Leitsätze).

307 Kritisch hatten sich zuvor auch schon Knütel NJW 1972, 163 (164) und Schimdt JR 1976,274 (276 f.) geäußert.

nicht gefolgert werden, derjenige, der sich zwar ohne soziale Notwendigkeit, aber doch im Rahmen des sozial Üblichen bewußt einer Tiergefahr aussetze, habe grundsätzlich keinen Anspruch aus § 833 BGB. Dies gelte etwa für denjenigen, der sich in einem der Allgemeinheit zugänglichen Raum einem Tier nähere, um es zu streicheln[308]. Auf das Kriterium des sozialen Zwangs stellt die Rechtsprechung seither zu Recht nicht mehr ab.

Demgegenüber hat die an die Art und Weise der Gebrauchsüberlassung anknüpfende Haftungsbeschränkung (Stichworte sind hier Leihe, Überlassung aus Gefälligkeit) auch heute noch eine gewisse Bedeutung. Die Möglichkeit der Eingrenzung der Tierhalterhaftung durch die Art und Weise der Gebrauchsüberlassung hat der Bundesgerichtshof in seinen Entscheidungen vom 13.11.1973[309] und 14.07.1977[310] angedeutet. Während bei einer Leihe eines Tieres zu erwägen sei, ob nicht die Haftung des Verleihers unter Ausschluß der Gefährdungshaftung aus § 833 BGB gemäß den §§ 598 ff. BGB auf Vorsatz und grobe Fahrlässigkeit zu beschränken sei[311], komme bei einer Überlassung eines Pferdes aus Gefälligkeit in Betracht, daß damit eine Abwälzung des mit dem Reiten verbundenen Risikos auf den Reiter verbunden sei[312]. Diesen Gesichtspunkt haben zuletzt noch zwei Oberlandesgerichte für entscheidend erachtet[313]. Besonders deutlich wird dies in dem Urteil des OLG Celle vom 07.11.1985[314]: Die ausschließlich auf der freundschaftlichen oder zumindest sportkameradschaftlichen Beziehungen der Parteien beruhende und völlig unentgeltliche Überlassung des Pferdes aus Gefälligkeit rechtfertigten einen Ausschluß der Tierhalterhaftung. In seiner neuesten Entscheidung vom 09.06.1992[315] hat der Bundesgerichtshof da-

---

[308] BGH NJW 1977,2158 (2159); zust. DEUTSCH NJW 1978,1998 (2001).

[309] BGH NJW 1974,234.

[310] BGH NJW 1977,2158.

[311] BGH NJW 1974,234 (235); NJW 1977,2158.

[312] BGH NJW 1977,2158.

[313] OLG Celle VersR 1986,396 = NJW-RR 1986,114; HansOLG Hamburg MDR 1986,499.

[314] OLG Celle VersR 1986,396 = NJW-RR 1986,114.

[315] BGH VersR 1992,1145.

gegen einen Haftungsausschluß aus dem Gesichtspunkt der Überlassung aus Gefälligkeit abgelehnt.

b. Die bewußte Selbstgefährdung als Kriterium zur Begrenzung der Tierhalterhaftung

Die große Anzahl der Entscheidungen knüpft aber für die Haftungsbegrenzung an den Gedanken der bewußten Selbstgefährdung an[316]. Gefragt wird in diesen Entscheidungen regelmäßig danach, ob nicht die Haftung des Tierhalters gegenüber demjenigen ausgeschlossen ist, der sich der Gefahr bewußt und aus freien Stücken ausgesetzt und im Falle des Reitsports sogar in selbständiger Stellung die volle Herrschaft über das Tier übernommen hat.

In der neueren Judikatur zur Haftung des Tierhalters taucht der Gedanke des Haftungsausschlusses durch bewußte Selbstgefährdung erstmals in einem Urteil des Bundesgerichshofs aus dem Jahre 1973[317] auf. Dem Rechtsstreit lag folgender Sachverhalt zugrunde: Der Beklagte hatte mit seinem Pferd erstmalig Angaloppieren im Außengalopp geübt. Dabei machte das Pferd Schwierigkeiten. Der Kläger, ein erfahrener Turnierreiter, der früher das Pferd des Beklagten drei Monate lang zugeritten hatte, sah etwa eine Viertelstunde lang zu. Dann rief er dem Beklagten zu: "Laß mich mal!" Beim Aufsitzen des Klägers oder unmittelbar danach stürzten Pferd und Reiter,

---

[316] BGHZ 67,129; BGH NJW 1974,234 = VersR 1974,356 = MDR 1974,301; NJW 1977,2158 = VersR 1977,864 = MDR 1978,42 = JR 1978,63; VersR 1978,515 = NJW 1978,1920; NJW 1986, 2883 = VersR 1986,1206 = RuS 1987,14; 1982,348; 1982, 366 = NJW 1982,763 (= Revisionsentscheidung zu OLG München VersR 1981,937); VersR 1988,609 = LM § 833 Nr.19 = MDR 1988,571; VersR 1992,371; VersR 1992,1145; OLG Schleswig VersR 1990,869;OLG Köln VersR 1989,62 = RuS 1988,105; OLG Saarbrücken VersR 1988,1080; OLG Düsseldorf VersR 1992,1148; NJW 1975,1892; VersR 1986,1244; OLG Frankfurt VersR 1979,961; VersR 1985,670; OLG Karlsruhe VersR 1989,860; VersR 1989,860; OLG Zweibrücken MDR 1978,315; OLG Celle VersR 1979,1161; KG NJW-RR 1986,326 = VersR 1986,820; LG München I VersR 1992,846; LG Kassel VersR 1988,1160; LG Stade NdsRpfl 1983,156; LG Essen RuS 1980,255.

[317] BGH vom 13.11.1973 in NJW 1974,234.

wobei das Pferd auf den Oberschenkel des Klägers fiel. Der Bundesgerichtshof hat die Klage auf Ersatz des durch den Bruch des Oberschenkels entstandenen Schadens abgewiesen. Zur Begründung führt der Bundesgerichtshof zunächst aus, der Beklagte hafte als Tierhalter nur nach § 833 Abs. 1 BGB, wenn die Gefährdungshaftung nicht aus dem Gesichtspunkt entfalle, daß der Verletzte sich selbst bewußt der Tiergefahr ausgesetzt habe. Die Erwägungen des Grundsatzurteils zum Handeln auf eigene Gefahr vom 14.03.1961[318], wonach sich der Einfluß der bewußten Selbstgefährdung auf die Schadenshaftung nicht unter dem Gesichtspunkt des Handelns auf eigene Gefahr, sondern nach § 254 BGB beurteile, träfen auf den vorliegenden Sachverhalt nicht zu. In diesem Fall stünde eine Verschuldenshaftung, hier dagegen eine Gefährdungshaftung des Beklagten in Rede. Zudem habe der Senat bei jener Entscheidung den Gesichtspunkt des Handelns auf eigene Gefahr weiterhin für die Fälle offengelassen, in denen das Verhalten des Geschädigten ohne künstliche Unterstellung als Einwilligung in die als möglich vorgestellte Rechtsgutverletzung aufgefaßt werden könne. Darunter könnten unter besonderen Umständen auch Reitunfälle fallen[319]. Allerdings verneint der Bundesgerichtshof für den konkreten Fall das Vorliegen einer Einwilligung. Der Sachverhalt biete keine Anhaltspunkte dafür, daß sich der Kläger mit der Übernahme des Pferdes einer erkennbaren besonderen Reitgefahr ausgesetzt habe.

Den für den Haftungsausschluß entscheidenden Gesichtspunkt findet das Gericht in einer Begrenzung des Schutzbereichs über das Merkmal der "Übernahme der Herrschaft im vorwiegend eigenem Interesse"[320]. Es handelt sich dabei um den Gedanken, daß es an einer besonderen Schutzbedürftigkeit des Verletzten für eine Gefährdungshaftung fehlt, wenn er sich der Gefahr bewußt und aus freien Stücken aussetzt und im Falle des Reitsports sogar in selbständiger Stellung die volle Herrschaft über das Tier übernimmt. Diesen Gedanken wendet der Bundesgerichtshof hier mit der Einschränkung an, daß

---

[318] BGHZ 34,355.

[319] BGH NJW 1974,234 (235); diese besonderen Umstände sieht z.B. das LG Stade NdsRpfl 1983,156 im Fall einer Teilnahme an einer Reitjagd als gegeben an.

[320] BGH NJW 1974,234 (235).

eine Schutzzweckbegrenzung nur unter der Voraussetzung der Übernahme der Herrschaft über das Pferd im vorwiegend eigenen Interesse möglich sein soll. Die den Tierhalter treffende Gefährdungshaftung beruhe auf der Schaffung einer Gefahrenquelle im Interesse des Tierhalters. Diese Ausgangsposition sei dann nicht mehr vorhanden, wenn der Verletzte die Herrschaft über das Tier und damit die unmittelbare Einwirkungsmöglichkeit vorwiegend in seinem Interesse und in Kenntnis der damit verbundenen besonderen Tiergefahr übernehme. Die Voraussetzungen lägen im vorliegenden Fall vor. Der Verletzte habe im vorwiegend eigenen Interesse gehandelt, da er sich dem Tierhalter geradezu als "Reiter" aufgedrängt habe; sein Interesse, seinem reiterlichen Ruf gerecht zu werden und seine bessere Reitkunst unter Beweis zu stellen, hätten das Interesse des Tierhalters daran überwogen, dem Tier eine Lektion erteilen zu lassen[321].

Es ist zwar das Verdienst dieser Entscheidung, der bewußten Selbstgefährdung als Haftungsausschlußgrund im Rahmen der Gefährdungshaftung des Tierhalters zur Anerkennung verholfen zu haben. Zugleich ist diese Entscheidung gemeinsam mit dem nachfolgenden Urteil vom 14.07.1977[322] aber auch - darauf verweisen die Kritiker zu Recht[323] - verantworlich dafür, daß erhebliche Schwierigkeiten bei der Erfassung eben dieses Haftungsausschlußgrundes entstanden sind.

aa. Inhaltliche Erfassung der bewußten Selbstgefährdung bei der Tierhalterhaftung

(1) Die über die "normale Reitgefahr" hinausgehenden besonderen Umstände

Die Schwierigkeiten beginnen schon bei der inhaltlichen Festlegung dessen, was als bewußte Selbstgefährdung geeignet ist, die Haftung des Tierhalter gegenüber dem Reiter zu be-

321 BGH NJW 1974,234 (235 f.).

322 BGH NJW 1977,2158.

323 BORNHÖVD VersR 1979,398 (399); DERS. JR 1978,50 (52 f.); HAASE JR 1974,238 (239); HERRMANN JR 1980,489 (492 f.); MÜNCHENER KOMMENTAR/MERTENS § 833 Rz.27.

schränken. Der Bundesgerichtshof hat hierzu in dem Urteil von 1973 ausgeführt, unter dem Gesichtspunkt des Handelns auf eigene Gefahr komme ein Haftungsausschluß bei Reitunfällen nur dann in Betracht, wenn besondere Umstände vorlägen[324]. Diese Aussage hat das Gericht in der zweiten grundlegenden Entscheidung zur Haftung eines Pferdehalters aus dem Jahre 1977[325] aufgegriffen. Der Bundesgerichtshof setzt sich in dieser Entscheidung umfassend mit den Möglichkeiten der Haftungsbegrenzung der Tierhalterhaftung auseinander. Der Beklagte hatte ein Reitpferd als Kapitalanlage erworben. Es sollte auf seinem Gut eine Dressur- und Springausbildung erhalten. Der Beklagte, der selbst nicht Reiter war, vereinbarte mit dem Kläger, dieser dürfe das Pferd außerhalb der Trainingszeiten reiten. Der Kläger erlitt dann einen Reitunfall, als er das Pferd anläßlich einer beaufsichtigten Reitstunde in die Reithalle einreiten wollte. Der Bundesgerichtshof stellt hier fest, es genüge für eine Haftungsbeschränkung im Wege der bewußten Selbstgefährdung nicht, daß sich der Verletzte der Gefahr bewußt und aus freien Stücken aussetze und im Falle des Reitsports sogar in selbständiger Stellung die volle Herrschaft über das Tier übernehme. Dafür, daß der freiwillige Umgang mit Tieren in Kenntnis der vom Tier ausgehenden spezifischen Tiergefahr, insbesondere die zeitweilige Ausübung der Herrschaft über das Tier - wie es beim Reiten geschehe - stets nicht mehr unter den Schutzzweck der Norm falle, finde sich im Gesetz keine Stütze. Auch den Materialien lasse sich dafür nichts entnehmen. Hätte der Gesetzgeber allgemein den Reitern, einer Personengruppe, die in so typischer Weise der Tiergefahr ausgesetzt sei, den Schutz der Tierhalterhaftung nicht gewähren wollen, hätte dies zum Ausdruck kommen müssen. Es sei mit dem Sinn und Zweck der Vorschrift des § 833 BGB durchaus vereinbar, die für einen Reiter von dem von ihm gerittenen Pferd ausgehenden Gefahren grundsätzlich in die Tierhalterhaftung einzubeziehen[326]. Dies habe zur Folge, daß die normalerweise mit dem Reiten verbundene Gefahr einen Ausschluß der Haftung nicht rechtfertige[327].

---

[324] BGH NJW 1974,234 (235).

[325] BGH NJW 1977,2158.

[326] BGH NJW 1977,2158.

[327] Inzwischen ist dies ständige Rechtsprechung: BGH VersR 1982,348 (349); VersR 1982,366 (367); NJW 1986,2883

Will der Bundesgerichtshof auch die in einem normalen Ritt auf einem fremden Pferd liegende bewußte Selbstgefährdung des Reiters nicht generell berücksichtigen, so hat er doch in dem angesprochenen Urteil[328] den Einfluß der bewußten Selbstgefährdung auf die Schadensersatzverpflichtung des Tierhalters im Anschluß an die Entscheidung vom 13.11. 1973[329] nicht völlig in Abrede gestellt[330]. Auch wenn ein genereller Haftungsausschluß durch die bewußte Selbstgefährdung nicht anzuerkennen sei, so könne doch der Sachverhalt unter Umständen so gelagert sein, daß die Haftung des Tierhalters dann ausgeschlossen sei, wenn der Geschädigte sich mit der Übernahme des Pferdes einer besonderen Gefahr, die über die normalerweise mit dem Reiten verbundenen Gefahr hinausgehe, ausgesetzt habe. In diesem Fall könne die Haftung unter dem Gesichtspunkt des Handelns auf eigene Gefahr entfallen[331]. Als Beispiele, die für eine solche Übernahme einer besonderen Gefahr in Betracht kommen, nennt der Bundesgerichtshof[332] aus der älteren Rechtsprechung die Fälle: Ein Tier ist erkennbar böser Natur[333], das Pferd muß erst zugeritten werden[334], ein Reitunfall geschieht beim Dressurreiten, Springen oder bei der Fuchsjagd[335].

(2884); NJW-RR 1986,572 (573); VersR 1988,609 (610); VersR 1992,371 (372); VersR 1992,1146; OLG Frankfurt VersR 1979,961 f.; KG NJW-RR 1986,326; OLG Karlsruhe VersR 1989,860; OLG Köln VersR 1989,62; OLG Schleswig VersR 1990,869; LG München I VersR 1992,846.

328 BGH NJW 1977,2158.

329 BGH NJW 1974,234.

330 In einer der neuesten Entscheidungen VersR 1992,371 (372) weist der BGH sogar ausdrücklich darauf hin, daß die bewußte Selbstgefährdung zu einem Haftungsausschluß führen kann.

331 BGH NJW 1977,2158 f.

332 BGH NJW 1977,2158 f.

333 BGH VersR 1955,116.

334 RGZ 58,410. Dieser Fall betrifft weniger das Zureiten, als das Trainieren eines Pferdes.

335 Bezüglich dieser Beispiele bezieht sich der BGH auf das LG Landau in VersR 1975,103; allerdings scheint die Rechtsprechung in diesen Fällen, zumindest was die Teilnahme an einer Hubertusjagd (OLG Karlsruhe VersR 1989,860) und die Teilnahme an einer Fuchsjagd (BGH VersR 1992,371) anbelangt, keine Übernahme der besonderen Gefahren mehr sehen zu wollen.

Die beiden Urteile des BGHaus den Jahren 1973 und 1977[335a] haben eine Fülle von Stellungnahmen in der Literatur ausgelöst[336]. Einige Rezensenten machen geltend, eine Einschränkung der Haftung des Tierhalters, so wie der Bundesgerichtshof sie vornimmt, lasse sich aus der Vorschrift des § 833 BGB nicht ableiten[337]. Die Haftung des Tierhalters sei schon insoweit eingeschränkt, als ein bloßer Kausalzusammenhang zwischen Tierverhalten und Schaden nicht ausreiche. Darüber hinaus ließen sich Einschränkungen der Haftung des Tierhalters, weil der Geschädigte sich durch eigenes Dazutun der Tiergefahr ausgesetzt habe, aus dem Zweckgedanken der Tiergefahr nicht ableiten[338]. Weiter wird der Rechtsprechung mit guten Gründen entgegengehalten, ihre Abgrenzungskriterien seien zu unscharf. "Nebulöse Sentenzen"[339] wie das Kriterium der "besonderen Gefahr" führten zu einer unerträglichen Rechtsunsicherheit[340].

Geht den bis jetzt angesprochenen kritischen Stimmen die Berücksichtigung der bewußten Selbstgefährdung durch den Bundesgerichtshof schon zu weit, messen andere Kritiker der bewußten Selbstgefährdung eine weit größere Bedeutung zu. Die nur fallgruppenweise vorgenommene Einschränkung der Haftung aus dem Gesichtpunkt des Handelns auf eigene Gefahr sei zu eng[341]. Es sei nicht sinnvoll, grundsätzlich den Reiter auf

---

[335a] BGH NJW 1974,234; 1977,2158.

[336] Vgl. etwa DEUTSCH NJW 1978,1998 ff.; DERS. JuS 1987,674 (677 f.); KNÜTEL NJW 1978,297; BORNHÖVD JR 1978,50 ff.; DERS. VersR 1979,398 ff.; HERRMANN JR 1980,489 ff.; SCHMID JR 1976,274 (276 f.); SCHRADER NJW 1975,676 f.; LARENZ, SR II, § 77 II; LANGE § 3 IX 9.; STAUDINGER/SCHÄFER § 833 Rz.69, MÜNCHENER KOMMENTAR/MERTENS § 833 Rz.27; SOERGEL/ZEUNER § 833 Rz.25.

[337] Gegen die haftungsausschließende Berücksichtigung der bewußten Selbstgefährdung gleich welcher Art wenden sich vor allem HERRMANN JR 1980,489 (492 f.); BORNHÖVD JR 1978,50 (51 f.); DERS. VersR 1979,398 (399 ff.); KNÜTEL NJW 1978,297; MÜNCHENER KOMMENTAR/MERTENS § 833 Rz.27; SIEGFRIED S.131 f.

[338] So HERRMANN JR 1980,489 (492); ähnlich auch BORNHÖVD JR 1978,50 (51 ff.); DERS. VersR 1979,398 (399 ff.)

[339] BORNHÖVD VersR 1979,398 (400).

[340] BORNHÖVD VersR 1979,398 (400); zust. MÜNCHENER KOMMENTAR/MERTENS § 833 Rz.27; HERRMANN JR 1980,489 (492).

[341] DEUTSCH NJW 1978,1998 (2001); DERS. JuS 1987,674 (677 f.).; LARENZ, SR II, § 77 II; DUNZ JZ 1987,63 (65, 67);

dem Pferd in den Genuß der Tierhalterhaftung kommen zu lassen[342]. Grundsätzlich sei demjenigen, der ein fremdes Pferd reite und dabei zu Schaden komme, ein Anspruch aus Gefährdungshaftung zu versagen[343].

Trotz dieser doch massiven Kritik in der Lehre hat der Bundesgerichtshof die Aussagen seines Urteils vom 14.07.1977 mehrfach bestätigt[344]. Auch die Instanzgerichte haben die höchstrichterliche Rechtsprechung übernommen[345], so daß sich für die Möglichkeit eines Haftungsausschlusses durch bewußte Selbstgefährdung eine ständige Rechtsprechung ergeben hat. Soweit ersichtlich hat der Bundesgerichtshof allerdings bis jetzt noch in keinem Fall einen Haftungsausschluß durch bewußte Selbstgefährdung im obigen Sinne angenommen. Wohl aber haben einige Instanzgerichte aufgrund der bewußten Selbstgefährdung des Geschädigten die Haftung des Tierhalters ausgeschlossen[346]. Diese Entscheidungen lassen indes keine einheitliche Linie entdecken, welches Verhalten des Geschädigten nun geeignet ist, eine über die normale "Reitgefahr" hinausgehende Gefahr zu bilden. Lediglich bei der Teilnahme an einer Reitstunde besteht nahezu Einigkeit darüber, daß eine solche Teilnahme allein noch zu keinem haftungsausschließenden Handeln auf eigene Gefahr führt[347]. Bei anderen

SOERGEL/ZEUNER § 833 Rz.25; LANGE § 3 IX 9. Fußn.217; SCHMID JR 1976,274 (277).

342 DEUTSCH NJW 1978,1998 (2001); DERS. JuS 1987,674 (677 f.); ähnlich auch SOERGEL/ZEUNER § 833 Rz.25; LANGE § 3 IX 9. Fußn.217.

343 LARENZ, SR II, § 77 II.

344 BGH VersR 1978,515; VersR 1982,348 (349); VersR 1982, 366 (367); VersR 1988,609 (610); NJW 1986,2883 (2884); NJW-RR 1986,572 (573); VersR 1992,371 (372); VersR 1992,1145 (1146).

345 OLG Schleswig VersR 1990,869; OLG Frankfurt VersR 1979, 961; 1985,670; KG NJW-RR 1986,326; OLG Karlsruhe VersR 1989,860; OLG Saarbrücken VersR 1988,1080; OLG Köln VersR 1989,62; LG München I VersR 1992,846.

346 OLG Frankfurt VersR 1985,670; 1979,961; 1976,1138; KG NJW-RR-1986,326; LG Kassel VersR 1988,1160; LG Stade Ndspfl 1983,156; LG Essen RuS 1980,255.

347 OLG Köln NJW 1974,2051; OLG Düsseldorf NJW 1975,1852; BGH VersR 1982,348; 1982,366; a.A. LG Essen RuS 1980, 255. Auffällig ist, daß die Frage der Teilnahme an einer Reitstunde nicht einheitlich unter dem Gesichtspunkt des Handelns auf eigene Gefahr geprüft wird. Das

Verhaltensweisen herrscht dagegen Uneinigkeit, ob diese ein Handeln auf eigene Gefahr begründen. So wurde von einigen Gerichten[348] bei der Teilnahme an Reitturnieren ein Handeln auf eigene Gefahr des Verletzten abgelehnt:

OLG Zweibrücken vom 11.02.1977[349]: Die Rechtsfigur des Handelns auf eigene Gefahr schließe oder schränke die Schadensersatzpflicht ein, wenn sich der Geschädigte einer erkannten Gefahr ohne triftigen Grund ausgesetzt habe. Dies aber treffe auf einen Teilnehmer an einem Pferderennen nicht zu, weil allgemein erwartet werde, daß die Rennpferde durch ihre Reiter beherrscht würden und darüber hinaus durch einen geordneten Ablauf des Pferderennens denjenigen Gefahren entgegengewirkt werde, die von Natur aus der Umgang mit Tieren mit sich bringe.

OLG Düsseldorf vom 03.04.1984[350]: Die Teilnahme an der Siegerehrung eines reiterlichen Wettbewerbs mit dem folgenden Aufgalopp zur Ehrenrunde reiche zur Begründung eines Haftungsausschlusses nicht aus, wenn der Kläger beim Angalopp durch das "Keilen" eines anderen Pferdes verletzt werde. Von der Teilnahme an einer Siegerehrung und dem Angaloppieren zur Ehrenrunde gehe keine besondere, die allgemeinen Risiken des Reitens übersteigende Gefahr aus. Bei der Verletzung habe sich vielmehr die allgemeine Tiergefahr realisiert.

OLG Karlsruhe vom 16.09.1987[351]: Ein Handeln auf eigene Gefahr könne trotz Teilnahme an einer Hubertusjagd beim Geschädigten, der durch ein ausschlagendes Pferd eines anderen Teilnehmers verletzt worden war, nicht angenommen werden, da ein solches nur Risiken betreffe, die nicht vermeidbar seien. Im zu entscheidenden Fall aber sei das Risiko vermeidbar gewesen,

---

OLG Köln läßt die Einordnung offen. Der BGH prüft diesen Umstand unter dem Aspekt einer möglichen Schutzzweckbegrenzung.

348 OLG Karlsruhe VersR 1989,860; OLG Düsseldorf VersR 1986,1244; OLG Zweibrücken MDR 1978,315.

349 OLG Zweibrücken MDR 1978,315.

350 OLG Düsseldorf VersR 1986,1244.

351 OLG Karlsruhe VersR 1989,860.

wenn das ausschlagende Pferd - wie dies üblich sei - als "Schläger" gekennzeichnet gewesen wäre und am Schluß geritten worden sei.

Andere Gerichte[352] hielten dagegen in ähnlichen Fällen gerade ein Handeln auf eigene Gefahr für gegeben und schlossen die Haftung des Tierhalters aus:

OLG Frankfurt vom 20.09.1984[353]: Der Kläger nahm mit einem geliehenen Pferd an einem Stafettenzeitspringen teil und stürzte bei der Übernahme der Reitgerte vom Vordermann. Der Schutz des § 833 BGB komme dem Reiter dann nicht zugute, wenn ein Handeln auf eigene Gefahr vorliege. Mit dem Begriff des Handelns auf eigene Gefahr werde eine Fallgruppe umschrieben, bei der sich der Reiter mit der Übernahme des Pferdes bewußt einer besonderen Gefahr aussetze, die über die normalerweise mit dem Reiten verbundenen Gefahren hinausgehe. Dies sei im vorliegenden Fall gegeben, da die besondere Gefährlichkeit in der Teilnahme an einem auf Schnelligkeit angelegten reitsportlichen Wettkampf gelegen habe.

OLG Frankfurt vom 03.04.1979[354]: Der Kläger nahm an einem Pferdespringen teil. Durch diese Teilnahme habe er sich einer besonderen Gefahr ausgesetzt. Unerheblich sei dabei, daß sich der Unfall nicht beim Springen selbst, sondern beim Einordnen in die Riege der wartenden Pferde ereignet habe; denn erfahrungsgemäß seien Pferde an Turniertagen besonders nervös, gleichgültig, ob sie sich gerade in der Reitbahn befänden oder nicht.

LG Kassel vom 18.03.1987[355]: Der Kläger hatte an einem Reitwettbewerb - ob es sich um einen Dressur- oder Springwettbewerb handelte, blieb offen - teilgenommen. Das LG bejaht hier ein haftungsausschließendes Handeln

---

[352] OLG Saarbrücken VersR 1988,1080; OLG Frankfurt VersR 1985,670; OLG Frankfurt VersR 1979,961; LG Kassel VersR 1988,1160; LG Stade NdsRpfl 1983,156.

[353] OLG Frankfurt VersR 1985,670.

[354] OLG Frankfurt VersR 1979,961.

[355] LG Kassel VersR 1988,1160.

auf eigene Gefahr unter ausdrücklicher Berufung auf das schon oben erwähnte Urteil des OLG Frankfurt vom 20.09.1984[356].

Ähnlich kontrovers gestaltet sich auch die Rechtsprechung zur Haftung des Tierhalters bei selbständigen Ausritten. Hier haben das OLG Frankfurt[357] und das Kammergericht[358] jeweils ein Handeln auf eigene Gefahr und damit einen Haftungsausschluß zugunsten des Tierhalters bejaht, während der Bundesgerichtshof[359] den Tatbestand des Handelns auf eigene Gefahr bei einem selbständigen Ausritt ablehnt. Ein Ausschluß der Haftung nach den Grundsätzen des Handelns auf eigene Gefahr könne nicht angenommen werden, da derjenige, der allein und selbständig ausreite, keine erhöhte Gefahr übernehme. Zwar könne für eine Ausgrenzung dieser Fälle aus der Tierhalterhaftung sprechen, daß der Reiter beim selbständigen Ausritt deutlich allein die Verantwortung für das Pferd und dessen Verhalten übernehme. Jedoch bestehe diese Situation stets dann, wenn jemand ein Pferd besteige, um es zu reiten, so daß insoweit eine erhöhte Gefährdung nicht anzunehmen sei[360].

(2) Die Lehre vom überwiegenden Interesse

Das Durcheinander in der Rechtsprechung bei der inhaltlichen Erfassung der bewußten Selbstgefährdung steigert sich noch, wenn man als weitere Möglichkeit eines Haftungsausschlusses die in dem Urteil vom 13.11.1973 angesprochene "Übernahme der Herrschaft über das Pferd im vorwiegend eigenen Inter-

---

356 OLG Frankfurt VersR 1985,670. Diese Verweisung ist, da sich dieses Urteil auf einen Unfall während des Wettkampfs bezieht, fehlerhaft; gemeint war wohl das Urteil des OLG Frankfurt vom 03.04.1979 - VersR 1979,961.

357 OLG Frankfurt VersR 1976,1138.

358 KG NJW-RR 1986,326.

359 BGH NJW 1986,2883.

360 BGH NJW 1986,2883 (2884); so auch OLG Saarbrücken VersR 1988,1080; OLG Köln VersR 1989,62; ähnlich schon das OLG Celle VersR 1979,161.

esse" heranzieht[361]. Mit der Lehre vom überwiegenden Interesse hat der Bundesgerichtshof eine zweite Variante eines aus der bewußten Selbstgefährdung hergeleiteten[362] Haftungsausschlußgrundes geschaffen. Diese steht neben den bisher genannten, in der Rechtsprechung unter dem Begriff "Handeln auf eigene Gefahr" verstandenen Fällen. Schon oben bei der Darstellung der Entscheidung vom 13.11.1973[363] war ausgeführt worden[364], daß sich der Haftungsausschluß wegen einer Übernahme der Herrschaft im vorwiegend eigenen Interesse über eine Schutzzweckbegrenzung vollzieht.

Es war wohl das alte Verständnis des Rechtsinstituts des Handelns auf eigene Gefahr gepaart mit der fehlenden Bereitschaft, dieses Rechtsinstitut mit der Lehre vom Schutzzweck der Norm in Verbindung zu bringen, die den Bundesgerichtshof 1973 veranlaßt haben, die Lehre vom überwiegenden Interesse zu begründen. Glücklicherweise hat aber die Lehre vom überwiegenden Interesse, obwohl die Rechtsprechung in den nachfolgenden Urteilen an den Grundsätzen dieser Lehre festgehalten hat[365], zumindest für die inhaltliche Bestimmung[366] der bewußten Selbstgefährdung keine große praktische Bedeutung erlangt. Bis heute sind neben dem Urteil vom 13.11.1973 nur zwei Entscheidungen veröffentlicht worden, die die Haftung des Tierhalters aufgrund einer Übernahme der Herrschaft über ein Tier im vorwiegend eigenen Interesse ausschließen[367]. So entschied z.B. das OLG Köln in seiner Entscheidung am 12.06.1981[368]: Der Kläger war beim Hundetraining dadurch verletzt worden, daß der Hund ihm nach Verweigerung des Überspringen eines Hindernisses vor die Füße lief und

---

[361] Siehe dazu schon oben S.69 f.

[362] So auch BGH 1982,348 (349); KG NJW-RR 1986,326; DEUTSCH NJW 1978,1998 (2001); LARENZ, SR I, § 31 I b).

[363] BGH NJW 1974,234.

[364] Siehe oben S.69 f.

[365] BGH NJW 1977,2158; VersR 1982,348 f.; VersR 1982,366 (367); 1978,515; OLG Köln VersR 1982,559.

[366] Es wird hier nicht übersehen, daß von der Lehre des "vorwiegend eigenen Interesses" wichtige Impulse für die dogmatische Behandlung der bewußten Selbstgefährdung ausgegangen sind; dazu unten S.80 ff.

[367] OLG Köln VersR 1982,559; OLG Celle VersR 1981,663.

[368] OLG Köln VersR 1982,559.

ihn dabei zu Fall brachte. Das OLG Köln wies die Klage mit dem Hinweis ab, die Rechtsprechung des Bundesgerichtshofs müsse auch in den Fällen Anwendung finden, in denen zwar nicht von einem eindeutig überwiegenden Interesse des Verletzten gesprochen werden könne, in dem aber wie vorliegend eine derart starke Risikoverlagerung auf den Geschädigten gegeben sei, daß die Tiergefahr nicht mehr dem Tierhalter, sondern allein dem Geschädigten selbst zuzurechnen sei[369].

Der Grund für die zurückhaltende Anwendung ist einmal darin zu sehen, daß der Bundesgerichtshof gleich in der nächsten Entscheidung zur Tierhalterhaftung deutlich gemacht hat, daß es sich nach seiner Auffassung bei der Interessenverschiebung nur um einen Ausnahmefall handele, der nicht zu verallgemeinern sei[370]. Aber auch die Tatsache, daß es sich bei der Lehre vom "überwiegenden Interesse" lediglich um eine nähere Ausformung des Gedankens der bewußten Selbstgefährdung handelt, verkürzt den Anwendungsbereich dieses Haftungsausschlußgrundes. Denn gleichzeitig ist damit auch der Tatbestand eines Handelns auf eigene Gefahr erfüllt[371], so daß es eines Rückgriffs auf die Übernahme der Herrschaft im vorwiegend eigenem Interesse zur Begründung eines Haftungsauschlusses an sich gar nicht bedarf. Die Überschneidung im Anwendungsbereich hat inzwischen auch der Bundesgerichtshof erkannt. In seinem Urteil vom 19.01.1982[372] bezieht sich das Gericht im Zusammenhang mit einem Haftungsausschluß wegen eines "Handelns auf eigene Gefahr" auf seine Ausführungen zur Übernahme der Herrschaft im vorwiegend eigenen Interesse. Es weist darauf hin, die Erwägungen zum Handeln auf eigene Gefahr führten, wenn auch unter Einführung eines anderen dogmatischen Begriffs, zu den gleichen Wertungen wie die zur Übernahme der Herrschaft im vorwiegend eigenen Interesse[373]. Die Verknüpfung von Handeln auf eigene Gefahr und Übernahme der Herrschaft im vorwiegend eigenen Interesse

---

369 OLG Köln VersR 1982,559.

370 BGH NJW 1977,2158.

371 So auch DEUTSCH NJW 1978,1998 (2001): Mit dem Urteil vom 13.11.1973, NJW 1974,234, "ist dem BGH zum ersten Mal die Synthese zwischen Handeln auf eigene Gefahr und Einschränkung des persönlichen Schutzbereichs der Haftungsnorm gelungen"; vgl. auch LARENZ, SR I, § 31 1 b).

372 BGH VersR 1982,348.

373 BGH VersR 1982,348 (349).

kommt ferner in einem Urteil des Kammergerichts vom 15.03. 1985[374] zum Ausdruck: "Der geltend gemachte Schadensersatzanspruch gegen den Beklagten ist ... nach den Grundsätzen des "Handelns auf eigene Gefahr" ausgeschlossen. Ein derartiger Haftungsausschluß kommt dann in Betracht, wenn der Verletzte die Herrschaft über das Tier und damit die unmittelbare Einwirkungsmöglichkeit im vorwiegend eigenen Interesse übernommen und sich einer über die normale Tierhalterhaftung hinausgehenden Gefahr ausgesetzt hat"[375].

Darüber hinaus hat auch eine Korrektur der dogmatischen Behandlung der bewußten Selbstgefährdung, nach der dann die Trennung zwischen dem Handeln auf eigene Gefahr und der Lehre vom überwiegenden Interesse nicht mehr erforderlich war, dazu beigetragen, daß diese Lehre in den Hintergrund geriet.

bb. Die dogmatische Einordnung des Haftungsausschlusses der bewußten Selbstgefährdung bei der Tierhalterhaftung

Die Verwendung des schillernden Begriffs des Handelns auf eigene Gefahr, bezogen allein auf die über das Reiten hinausgehende besondere Gefahr, und erst recht die Einführung des neuen Begriffs der "Übernahme der Herrschaft über das Tier im vorwiegend eigenen Interesse" hatte zunächst zu einer ziemlichen Verwirrung über die dogmatische Funktion der bewußten Selbstgefährdung geführt. Der Bundesgerichtshof nahm in seinem ersten Urteil vom 13.11.1973[376] noch Bezug auf das Grundsatzurteil zum Handeln auf eigene Gefahr vom 14.03.1961[377]. Dort war die Bedeutung des Handelns auf eigene Gefahr als Einwilligung für gefährliche Sportarten noch offen geblieben. Das Gericht meinte hier, daß im Rahmen der Tierhalterhaftung das Handeln auf eigene Gefahr als Einwil-

---

[374] KG NJW-RR 1986,326.

[375] KG NJW-RR 1986,326.

[376] BGH NJW 1974,234 (235); zust. OLG Düsseldorf NJW 1975,1892.

[377] BGHZ 34,355.

ligung in die Rechtsgutverletzung gedeutet werden könne[378], und zwar ein Handeln auf eigene Gefahr so verstanden, daß der Reiter sich einer besonderen Reitgefahr ausgesetzt hatte. In den nachfolgenden Urteilen[379] hüllt sich der Bundesgerichtshof trotz regelmäßiger Erwähnung des Handelns auf eigene Gefahr zu dessen dogmatischer Stellung in Schweigen[380]. Dies ist darauf zurückzuführen, daß die Rechtsprechung seit dem Urteil des Bundesgerichtshofs vom 05.11. 1974[381] auch bei gefährlichen Sportarten eine Einwilligung in die Rechtsgutverletzung als künstliche Unterstellung ansah und die bewußte Selbstgefährdung auch dort nicht mehr über die Einwilligung zu einem Haftungsausschluß führte[382]. Demgegenüber haben sich die Instanzgerichte in zahlreichen Entscheidungen mit der dogmatischen Einordnung des Handelns auf eigene Gefahr beschäftigt. Es kam dort fast die ganze Palette der dogmatischen Möglichkeiten zur Berücksichtigung der bewußten Selbstgefährdung zur Anwendung. Das Spektrum der dogmatischen Charakterisierung des Handelns auf eigene Gefahr reicht von der Schutzzweckbegrenzung[383] über die Einwilligung[384] bis zum Haftungsausschluß aus § 254 BGB[385] und wegen widersprüchlichen Verhaltens[386]. Sehr deutlich kommt der letzte dogmatische Gesichtspunkt in dem Urteil des Kammergerichts vom 15.03.1985[387] zum Ausdruck: Bei einem Ausritt sei die selbständige Übernahme der Beherrschung und

---

378 BGH NJW 1974,234; andeutungsweise auch BGH VersR 1978,515.

379 BGH NJW 1977,2158; VersR 1978,515; 1982,348.

380 Die Andeutung einer dogmatischen Einordnung findet sich lediglich in dem Urteil vom 12.01.1982 in VersR 1982, 366 (367): Die Schadensersatzforderung des Geschädigten müsse, wenn sich das bewußt übernommenene Risiko verwirkliche, mindestens selbstwidersprüchlich sein.

381 BGHZ 63,140.

382 Siehe dazu oben S. 53 ff.; zuletzt noch einmal ausdrücklich bekräftigt durch OLG Koblenz VersR 1989,1102 (1103).

383 OLG Frankfurt VersR 1985,670; OLG Frankfurt VersR 1979,961.

384 LG Stade NdsRpfl 1983,156.

385 OLG Zweibrücken MDR 1978,315.

386 OLG Frankfurt VersR 1976,1138; in diese Richung tendiert auch der BGH in VersR 1982,366 (367).

387 KG NJW-RR 1986,326.

Lenkung des Pferdes so ausgeprägt, daß es unbillig sei, wenn sich der Reiter bei einem bei dem Ausritt eingetretenen Unfall ohne weiteres auf die Gefährdungshaftung des Tierhalters berufen könne[388].

Es ist das Urteil des Bundesgerichtshofs vom 24.06.1986[389], das sich wieder mit der dogmatischen Funktion der bewußten Selbstgefährdung auseinandersetzt. In diesem Urteil legt der Bundesgerichtshof die bis heute in der Rechtsprechung gültige Linie für die dogmatische Behandlung der bewußten Selbstgefährdung fest[390] und macht damit gleichzeitig die Lehre vom überwiegenden Interesse überflüssig. Der Kläger hatte sich während eines selbständigen Ausrittes auf einem gemieteten Pferd dadurch eine Fraktur des Mittelfußknochens zugezogen, daß das Pferd unvermutet scheute und ihn abwarf. Der Bundesgerichtshof hat die Klage auf Schadensersatz abgewiesen. Interessanter als das Ergebnis des Rechtsstreits sind hier die Ausführungen des Gerichts zur dogmatischen Stellung der bewußten Selbstgefährdung. Der Bundesgerichtshof schlägt für die Fälle einer bewußten Selbstgefährdung, die er in den vorherigen Urteilen unter den Begriff des Handelns auf eigene Gefahr zusammengefaßt hatte, erstmals eine dogmatische Brücke zur zweiten Form der bewußten Selbstgefährdung, der "Übernahme der Herrschaft über das Pferd im vorwiegend eigenen Interesse". Es heißt dort: "Ist, wie ausgeführt, daran festzuhalten, daß Reiter nicht schon deswegen, weil sie sich freiwillig den Risiken des Reitens infolge eines unbeherrschbaren Verhaltens aussetzen, den Anspruch aus § 833 BGB verlieren, dann kann der Aspekt des Handelns auf eigene Gefahr den Normzweck der Tierhalterhaftung nur verdrängen, wenn der Reiter im Einzelfall Risiken übernommen hat, die über diejenigen eines gewöhnlichen Rit-

---

388 KG NJW-RR 1986,326.

389 BGH NJW 1986,2883.

390 Die Entscheidung vom 24.06.1986 kann nicht wie die zuvor herausgestellten Urteile vom 13.11.1974 in NJW 1974,234 und 14.07.1977 in NJW 1977,2158 als richtungsweisend gelten. Der BGH setzt sich mit der dogmatischen Funktion des Handelns auf eigene Gefahr nicht auseinander. Er geht, ohne sich mit den dogmatischen Möglichkeiten, die die Instanzgerichte diskutiert haben, zu beschäftigen, wie selbstverständlich davon aus, daß das Handeln auf eigene Gefahr ein Aspekt für eine Normzweckbegrenzung ist.

tes, wozu auch ein selbständiger Ausritt ins Gelände gehört, hinausgehen"[391]. Der Bundesgerichtshof sieht in dieser Entscheidung also auch das Handeln auf eigene Gefahr im Bereich der Tierhalterhaftung als ein Rechtsinstitut an, das die Haftung über den Schutzzweck der Norm begrenzt.

Damit hat der Bundesgerichtshof erstmals alle Formen der bewußten Selbstgefährdung bei der Tierhalterhaftung dem Schutzzweckgedanken unterstellt. Die nachfolgende Rechtsprechung ist dem, ohne daß dies besondere Erwähnung findet, gefolgt. Wie selbstverständlich diskutiert die Rechtsprechung nach 1986 das Handeln auf eigene Gefahr als einen Aspekt, der den Normzweck der Tierhalterhaftung überschreiten kann[392]. Man kann daher derzeit davon ausgehen, daß sich die Rechtsprechung hinsichtlich der dogmatischen Behandlung der bewußten Selbstgefährdung bei der Haftung des Tierhalters auf den Schutzzweck der Norm festgelegt hat.

---

[391] BGH NJW 1986,2883 (2884); zustimmend hinsichtlich der grundsätzlichen dogmatischen Einordnung vor allem DEUTSCH JuS 1987,673 (677), DUNZ JZ 1987,63 (67).

[392] BGH VersR 1988,609; VersR 1992,371 (372); VersR 1992, 1146; OLG Köln VersR 1989,62; OLG Karlsruhe VersR 1989, 860; OLG Saarbrücken VersR 1988,1080; OLG Schleswig VersR 1990,869; LG Kassel VersR 1988,1160 (1161), LG München I VersR 1992,846 (847); auch die neuere Literatur behandelt die bewußte Selbstgefährdung beim Schutzzweck der Norm, vgl. etwa DEUTSCH JuS 1987,673 (677 f.); LARENZ, SR II, § 77 II, DUNZ JZ 1987,63 (67); SOERGEL/ZEUNER § 833 Rz.25; LANGE § 3 IX 9.

C. Stellungnahmen in der Literatur zur bewußten Selbstgefährdung

I. Stellungnahmen aus der Zeit vor 1961

Die bewußte Selbstgefährdung war in den Jahren vor der Grundsatzentscheidung des Bundesgerichtshofs vom 14.03.1961 Gegenstand mehrerer literarischer Stellungnahmen[393]. Die darin geäußerten Ansichten waren geprägt von der kritischen Haltung der Autoren gegenüber der Rechtsprechung der obersten Gerichte, die seit dem Urteil des Reichsgerichts vom 19.06.1933[394] die Ansicht vertraten, das Handeln auf eigene Gefahr bedeute eine Einwilligung in die Rechtsgutverletzung[395]. Unter diesen Stellungnahmen sind die Arbeiten von Hitzfeld[396] und Stoll[397] hervorzuheben. Hitzfeld untersucht zunächst sehr differenziert die rechtsgeschäftliche Konzeption der älteren Rechtsprechung[398]. Am Ende dieser Untersuchung steht das Ergebnis, daß die Überlegungen der Rechtsprechung - sei es, daß sie das Handeln auf eigene Gefahr als Haftungsverzicht[399] konstruierte oder sei es, daß sie das Handeln auf eigene Gefahr als Einwilligung[400] auffaßte -

---

393 GEIGEL JZ 1951,590 ff.; WANGEMANN NJW 1955,85 ff.; DERS. MDR 1956,385 ff.; BÖHMER VersR 1957,205 f.; DERS. MDR 1958,77; BEMMANN VersR 1958,583 ff.; hinsichtlich der früheren wissenschaftlichen Behandlung des Rechtsinstituts "Handeln auf eigene Gefahr" siehe vor allem STOLL, Handeln auf eigene Gefahr, S. 93 ff., aber auch Gerhardt S.5 ff.

394 RGZ 141,262.

395 Siehe oben S.7.

396 HITZFELD, Das Handeln auf eigene Gefahr als Rechtsgeschäft - Eine fragwürdige Konstruktion der Rechtsprechung, Diss. Freiburg 1961.

397 STOLL gibt einen umfassenden Überblick über die Lösungsversuche, die die Lehre bis zum damaligen Zeitpunkt erarbeitet hatte, vgl. STOLL, Handeln auf eigene Gefahr, S.93 ff. Auf diesen Überblick soll hier verwiesen werden.

398 HITZFELD S.37 ff.

399 HITZFELD S.55 ff.

400 HITZFELD S.120 ff.

allesamt zur Erfassung des Rechtsinstituts des Handelns auf eigene Gefahr ungeeignet sind. Über die Darlegung, daß das Handeln auf eigene Gefahr nur über eine rechtsgeschäftsfreie "faktische" Konzeption erfaßt werden könne[401], gelangt Hitzfeld dann zu der Feststellung, das Rechtsinstitut des Handelns auf eigene Gefahr werde von der Vorschrift des § 254 BGB erfaßt und somit sei das Handeln auf eigene Gefahr in den Bereich dieser Vorschrift einzugliedern[402].

Auch Stoll kommt in seiner Arbeit zum Handeln auf eigene Gefahr zumindest für einen Teil der einschlägigen Fälle zu dem Ergebnis, das Handeln auf eigene Gefahr und damit die bewußte Selbstgefährdung sei dem Bereich des § 254 BGB zuzuordnen. Gestützt auf eine umfangreiche Untersuchung der Rechtsprechung zum Handeln auf eigene Gefahr stellt Stoll fest, daß das Handeln auf eigene Gefahr kein abgrenzbares Rechtsinstitut, sondern lediglich einen spezifischen Rechtsgedanken darstelle[403]. Stolls Lösungsversuch der Probleme im Zusammenhang mit der Rechtsfigur des Handelns auf eigene Gefahr ist dann gekennzeichnet von einer differenzierenden Betrachtungsweise. Stoll unterscheidet die Fälle eines "echten" und "unechten" Handelns auf eigene Gefahr; gleichbedeutend spricht er auch von einer "echten" oder "unechten" Gefahrenübernahme[404]. Mit "echtem Handeln auf eigene Gefahr" bezeichnet Stoll die Fälle, in denen das Handeln auf eigene Gefahr jede Haftung des Schädigers ausschließt. Für den Ausschluß der Haftung ist in den Fällen des echten Handelns auf eigene Gefahr charakteristisch, daß der Schädiger nicht pflichtwidrig gehandelt hat[405]. Die Nichthaftung eines Gefährders beruhe darauf, daß bei Vorliegen eines Handelns auf eigene Gefahr dessen Schutzpflichten im Verhältnis zu dem Selbstgefährder nur ein begrenztes, unterdurchschnittliches Leistungsziel hätten und daher das erlaubte Risiko im Verhältnis zu diesen Personen erhöht sei[406]. Der Grundtypus des Handelns auf eigene Gefahr verschiebe die Grenze zwischen

---

401 HITZFELD S.130 ff.

402 HITZFELD S.143 ff.

403 STOLL, Handeln auf eigene Gefahr, S.247, 366.

404 STOLL, Handeln auf eigene Gefahr, S.253.

405 STOLL, Handeln auf eigene Gefahr, S.246.

406 STOLL, Handeln auf eigene Gefahr, S.247.

pflichtwidriger Gefährdung und hinzunehmender Gefahr zum Nachteil gewisser Personengruppen, denen zugemutet werden dürfe, sich vor erkennbaren, typischen Gefahren zu sichern. Ein echtes Handeln auf eigene Gefahr liege da vor, wo die Sicherungspflichten des Gefährders am schwächsten und die Zumutung an den Bedrohten, sich selbst zu sichern, am weitesten reiche[407].

Die Variante des unechten Handelns auf eigene Gefahr erfaßt die Fälle, in denen das Verhalten des Geschädigten die Pflichtwidrigkeit der geschaffenen Gefahren nicht auszuräumen vermag. Obwohl der Gefährder den Bedrohten hier nicht der Gefahr aussetzen durfte, er also pflichtwidrig handelte, bleibt nach Stoll zu prüfen, "ob die Selbstgefährdung geeignet ist, die Pflichtwidrigkeit des Gefährders in ihrer schadensersatzrechtlichen Wirkung aufzuheben"[408]. Diese Form der Berücksichtigung der Selbstgefährdung, die die Feststellung einer Pflichtwidrigkeit voraussetzt, nennt Stoll "unechte Gefahrenübernahme"[409]. Er ordnet dann im weiteren diese unechte Gefahrenübernahme dem Bereich des mitwirkenden Verschuldens des Verletzten zu.

Insgesamt kann Stolls systematische Konzeption der Rechtsfigur des "Handelns auf eigene Gefahr" wie folgt zusammengefaßt werden: Das Problem des Handelns auf eigene Gefahr läßt sich "im Bereich des Deliktsrechts auf die Kernfrage zurückführen, ob der Gefährder bei Berücksichtigung der gesamten Umstände es nach den zeitgemäßen sozialethischen Anschauungen zulassen durfte, daß sich der Verletzte in der geschehenen Weise der Gefahr aussetzte, oder ob er pflichtwidrig handelte, wenn er dies nicht verhinderte. Im ersten Fall ist das von dem Gefährder geschaffene Risiko erlaubt, weshalb es von dem sich Exponierenden übernommen wird (echte Fälle einer Gefahrenübernahme), im anderen Falle aber unerlaubt, so daß der Gefährdete, sofern ihm sein Verhalten auch persönlich zum Vorwurf gereicht, dem in der Gefahr Verletzten aus unerlaubter Handlung haftet, unbeschadet des § 254 BGB (unechte Fälle eines Handelns auf eigene Gefahr)"[410].

---

[407] STOLL, Handeln auf eigene Gefahr, S.247.

[408] STOLL, Handeln auf eigene Gefahr, S.253.

[409] STOLL, Handeln auf eigene Gefahr, S.253.

[410] STOLL, Handeln auf eigene Gefahr, S.296.

II. Stellungnahmen aus der Zeit nach 1961

1. Zustimmende Äußerungen zum Grundsatzurteil des BGH

Nach dem Urteil des Bundesgerichtshofs vom 14.03.1961 ist in die Diskussion um das Handeln auf eigene Gefahr eine gewisse Ruhe eingekehrt. Die Lehre signalisierte, von wenigen Ausnahmen abgesehen[411], sehr schnell ihre Zustimmung zu der neuen Rechtsprechung[412]. An dieser positiven Einschätzung der 1961 begonnenen Rechtsprechung hat sich bis heute nichts geändert. Neben den zustimmenden Äußerungen in der Kommentarliteratur zu § 254 BGB[413] ließe sich hier eine Flut von Stellungnahmen anführen, aus denen die Anerkennung der neuen Rechtsprechung hervorgeht[414]. Wollte man jeder einzelnen dieser in allen für die bewußte Selbstgefährdung bedeutsamen Bereichen angesiedelten Stellungnahmen nachgehen, würde dies den Rahmen dieser Arbeit sprengen. Überdies würde eine Auflistung der positiven Stimmen weder neue Erkenntnisse zu Tage fördern noch wäre sie für die hier im Vordergrund ste-

---

[411] Insbesondere FLUME in seiner Anmerkung zu dem Grundsatzurteil des BGH v. 14.03.1961 in JZ 1961,605 f.; kritisch äußert sich auch MÜNZBERG S.305 f. insoweit, als er die Ansichten STOLL's zum echten Handeln auf eigene Gefahr übernimmt.

[412] Vgl. nur Gerhardt S.89 ff.; bei Gerhardt finden sich in Fußn.64 auf S.16 weitere Nachweise für kurz nach dem Grundsatzurteil des BGH veröffentlichte positive Stellungnahmen zu der neuen Rechtsprechung.

[413] z.B. SOERGEL/MERTENS § 254 Rz.51; PALANDT/HEINRICHS § 254 Rz.76 ff.; STAUDINGER/MEDICUS § 254 Rz.131 ff.

[414] z.B. LARENZ, SR I, § 31 III; LANGE § 10 XIV 1.; ESSER/SCHMIDT § 35 I 3 a); aus dem Sportbereich z.B. FRIEDRICH NJW 1966,755 (760); FRITZWEILER S.125 ff., 133 ff.; MEINERS S.114 ff.; KRÄHE S.50 f.; aus dem Bereich der Tierhalterhaftung z.B. MÜNCHENER KOMMENTAR/MERTENS § 833 Rz.27; SIEGFRIED S.131 f.; HERRMANN JR 1980,489 (493 f.); BORNHÖVD JR 1978,50 (52); aus dem Bereich der Haftung für die Verletzung einer Verkehrspflicht z.B. BÖRNER S.388; HAGENBUCHER S.161; SCHRÖDER AcP 179 (1979), 567 (579 ff.)

hende Suche nach einer systematischen Einordnung der haftungsausschließenden Bedeutung der bewußten Selbstgefährdung von Nutzen. Es soll daher an dieser Stelle die Feststellung genügen, daß es heute ganz herrschende Meinung ist, daß das Handeln auf eigene Gefahr oder die bewußte Selbstgefährdung wie Mertens[415] es ausdrückt, "eine Fallgruppe des Mitverschuldens" darstellt[416].

Im folgenden soll nur noch den Stellungnahmen nachgegangen werden, die sich mit der bewußten Selbstgefährdung als Haftungsausschlußgrund auseinandersetzen. Dazu sind zunächst die wenigen Stimmen anzusprechen, die der Einordnung der bewußten Selbstgefährdung in den Mitverschuldensbereich grundsätzlich kritisch gegenüberstehen. Danach wird auf die Autoren eingegangen, die neben der Einordnung der bewußten Selbstgefährdung in den Mitverschuldensbereich auch über einen Haftungsausschluß durch bewußte Selbstgefährdung nachdenken.

2. Kritische Stimmen zum Grundsatzurteil des BGH

Grundsätzliche Bedenken gegen die Einordnung des Handelns auf eigene Gefahr bzw. der bewußten Selbstgefährdung in den Mitverschuldensbereich werden nur von zwei Autoren geäußert. Es ist zunächst Flume, der sich in seiner Anmerkung zum Grundsatzurteil des Bundesgerichtshofs gegen die Eingliederung des Handelns auf eigene Gefahr in § 254 BGB wendet[417]. Es sei unrichtig, wenn der Bundesgerichtshof meine, § 254 BGB beruhe im wesentlichen auf dem Gedanken des venire contra factum proprium. § 254 BGB habe mit diesem Grundsatz nichts zu tun. Zwar will Flume aufgrund dieser Erkenntnis die ältere Rechtsprechung und damit die Einwilligungslösung nicht wiederbeleben, er meint aber, derjenige, der bewußt eine Gefahr auf sich nehme, mache diese Gefahr zu "seiner" Gefahr. Es sei dann zu erwägen, ob nicht, soweit die Gefahrenübernahme reiche, auch ein Schadensersatzanspruch ent-

---

415 SOERGEL/MERTENS § 254 Rz.49.

416 Siehe die Nachweise oben in Fußn.412 - 414.

417 FLUME JZ 1961,605 (606).

fallen müsse, weil sich eben für den Verletzten "dessen" Gefahr verwirklicht habe[418].

In neuerer Zeit hat sich Dunz kritisch mit dem Grundsatzurteil des Bundesgerichtshofs aus dem Jahre 1961 auseinandergesetzt[419]. Dunz geht davon aus, § 254 Abs. 1 BGB könne die Rechtsfigur "Handeln auf eigene Gefahr" niemals ersetzen. Es blieben immer die Fälle übrig, in denen es gelte, die deliktische Haftung schon dem Grunde nach zu verneinen[420]. Von einem Handeln auf eigene Gefahr solle nur dann die Rede sein, wenn sich der Geschädigte in einen durch geringere Sorgfaltspflichten gekennzeichneten Verkehrskreis begeben habe[421]. Grundlage für den Dunz'schen Ansatz ist der handlungsbezogene Unrechtsbegriff. Das Unwerturteil über eine nicht vorsätzliche Schädigung sei nur sinnvoll, wenn der Schädiger sorgfaltswidrig gehandelt habe[422]. Die im Einzelfall zu beachtenden Sorgfaltspflichten würden nicht abstrakt bestimmt. Vielmehr sei die konkrete Situation entscheidend. Das Verkehrsgepräge bestimme die Sorgfaltspflichten und bewirke so schon eine Vorverteilung des Risikos[423]. Seien für dieses Verkehrsgepräge geringere Sorgfaltspflichten charakteristisch, handele der Geschädigte auf eigene Gefahr, wenn er sich in diesen Verkehrskreis begebe[424].

3. Der Haftungsausschluß durch bewußte Selbstgefährdung in typischen Fällen

Neben diesen Forderungen nach einer grundsätzlich haftungsausschließenden Wirkung des Handelns auf eigene Gefahr wird der bewußten Selbstgefährdung in der Lehre in einigen Teilbereichen ihres Anwendungsfeldes haftungsausschließende Be-

---

[418] FLUME JZ 1961,605 (606).

[419] DUNZ JZ 1987,63 (65 ff.).

[420] DUNZ JZ 1987,63 (65).

[421] DUNZ JZ 1987,63 (67).

[422] DUNZ JZ 1987,63 (66).

[423] DUNZ JZ 1987,63 (66).

[424] DUNZ JZ 1987,63 (67).

deutung zugemessen. Ganz allgemein wird dies von Medicus[425] herausgestellt. Medicus ist der Ansicht, die bewußte Selbstgefährdung falle nur dann unter § 254 BGB, wenn nicht die Haftung des Schädigers schon dem Grunde nach ausgeschlossen sei. Als Möglichkeiten für einen solchen Haftungsausschluß sieht er neben den gesetzlichen und vereinbarten Haftungsminderungen[426] die Verletzungen bei gefährlichen Sportarten[427] und das widerrechtliche Eindringen in einen fremden Bereich[428].

a. Bei der Haftung im Sport

Insbesondere bei den gefährlichen Sportarten wird auch von anderen Autoren die bewußte Selbstgefährdung ins Spiel gebracht[429]. Dieser Teil der Lehre läßt sich aber nur insoweit zu einer Ansicht zusammenfassen, als ein haftungsausschließender Einfluß der bewußten Selbstgefährdung des Geschädigten zugunsten des schädigenden Sportlers bei sog. gefährlichen Sportarten anerkannt wird[430]. Schon bei der Frage, in welchen Fällen dieser Haftungsausschluß stattfinden soll und wie er dann dogmatisch zu begründen ist, gehen die Meinungen auseinander. So wollen Larenz, Fikentscher, Grunsky und Füllgraf die Haftung des Sportlers über die bewußte Selbstgefährdung in den Fällen ausschließen, in denen der schädigende Sportler die der jeweiligen Sportart eigenen Spielre-

---

[425] STAUDINGER/MEDICUS § 254 Rz.131; siehe aber auch LANGE § 10 IV 1.

[426] STAUDINGER/MEDICUS § 254 Rz.132 ff.

[427] STAUDINGER/MEDICUS § 254 Rz.137 ff.

[428] STAUDINGER/MEDICUS § 254 Rz.146.

[429] LARENZ, SR II § 71 I c) 1.; GRUNSKY S. 24 ff.; FIKENTSCHER Rz.497; LANGE § 10 XV; FÜLLGRAF VersR 1983, 705 (710); PALANDT/THOMAS § 823 Rz.122; MÜNCHENER KOMMENTAR/MERTENS § 823 Rz.345; JAUERNIG/TEICHMANN § 254 Anm. 5 b. dd); FRIEDRICH NJW 1966,755 (760); REICHERT S.223.

[430] LARENZ, SR II, § 71 I c) 1.; GRUNSKY S. 24 ff.; FIKENTSCHER Rz.497; FÜLLGRAF VersR 1983, 705 (710); PALANDT/THOMAS § 823 Rz.122; MÜNCHENER KOMMENTAR/MERTENS § 823 Rz.345; JAUERNIG/TEICHMANN § 254 Anm. 5 b. dd); FRIEDRICH NJW 1966,755 (760); REICHERT S.223.

geln beachtet hat[431]. Während aber die drei Erstgenannten den Haftungsausschluß in der Form herbeiführen, daß aufgrund der bewußten Selbstgefährdung eine Einwilligung in die Rechtsgutverletzung angenommen wird[432], sieht Füllgraf im Anschluß an das Urteil des Bundesgerichtshofs vom 05.11. 1974[433] den entscheidenden dogmatischen Anknüpfungspunkt für den Haftungsausschluß in der Einwendung des venire contra factum proprium[434]. In dieser dogmatischen Einordnung der bewußten Selbstgefährdung stimmen Mertens und Teichmann[435] Füllgraf zu. Ihrer Meinung nach findet die Einwendung des venire contra factum proprium aber nicht bei regelgerechter Spielweise des Schädigers, sondern nur dann Anwendung, wenn der schädigende Sportler geringfügig gegen eine Spielregel verstoßen hat[436]. Die weitaus herrschende Meinung greift dagegen sowohl im Falle der regelgerechten Spielweise als auch im Falle einer leichten Regelverletzung nicht auf die Einwendung des venire contra factum proprium zurück. Sie nimmt vielmehr, wenn auch in dem zweiten Fall mit unterschiedli-

---

[431] LARENZ, SR II, § 71 I c) 1.; GRUNSKY S. 24 ff.; FIKENTSCHER Rz.497; FÜLLGRAF VersR 1983,705 (710); die an sich unumstrittene Haftungsfreistellung in dem Fall, daß die Verletzung trotz Einhaltung der Spielregeln eingetreten ist, wird von einem großen Teil der Lehre nicht direkt auf die bewußte Selbstgefährdung des verletzten Sportlers zurückgeführt. Vom handlungsbezogenen Unrechtsbegriff ausgehend sind einige Autoren der Ansicht, Verletzungen, die ohne Regelverstoß erfolgt sind, seien nicht widerrechtlich, vgl. NIPPERDEY NJW 1957,(1778); ZIMMERMANN VersR 1980,497 (498); FRITZWEILER S.61 ff., 75 ff.; SOERGEL/ZEUNER Vor § 823 Rz.64; MÜNCHENER KOMMENTAR/MERTENS § 823 Rz.344. Andere Stimmen verneinen wegen des fehlenden Regelverstoßes das Verschulden des Verletzers, so MEINERS S.136 ff.; PETEV VersR 1076,320 (323), LANGE § 10 XV 4.; DEUTSCH VersR 1974,1045 (1048); FRIEDRICH NJW 1966,755 (757); STAUDINGER/MEDICUS § 254 Rz.140).

[432] LARENZ, SR II, § 71 I c) 1.; GRUNSKY S. 24 ff.; FIKENTSCHER Rz.497.

[433] BGHZ 63,140.

[434] FÜLLGRAF VersR 1983,705 (710); der Rechtsprechung stimmt auch PALANDT/THOMAS § 823 Rz.122.

[435] MÜNCHENER KOMMENTAR/MERTENS § 823 Rz.345; JAUERNIG/TEICHMANN § 254 Anm. 5 b. dd).

[436] MÜNCHENER KOMMENTAR/MERTENS § 823 Rz.345; JAUERNIG/TEICHMANN § 254 Anm. 5 b. dd); wohl auch PALANDT/THOMAS § 823 Rz.122.

chen Begründungen, eine Freistellung von der Haftung aus § 823 Abs. 1 BGB wegen fehlenden Verschuldens an[437]. Der eine Teil der herrschenden Lehre ist mit der Rechtsprechung der Ansicht, daß bei geringfügigen, aus Übereifer, Erregung oder mangelnder Beherrschung der Technik geschehenen Verstößen gegen eine dem Schutz des Spielers dienende Spielregel allgemein dem Sportler fahrlässiges Verhalten nicht vorgeworfen werden könne[438]. Der andere Teil innerhalb der herrschenden Lehre macht sich bei den geringfügigen Regelverletzung den im Arbeitsrecht entwickelten Gedanken der gefahrengeneigten Arbeit zunutze und überträgt das Konzept der "gleitenden Fahrlässigkeit" auf den Sportbereich[439].

Bei der bis jetzt zum Bereich der gefährlichen Sportarten zitierten Literatur ist weder eine konsequente Behandlung der bewußten Selbstgefährdung sichtbar noch kann ein Bemühen um eine einheitliche dogmatische Konzeption für die beiden Fälle eines Haftungsaussschlusses (Verletzungen trotz regelgerechter Spielweise und Verletzungen bei leichten Regelverstößen) festgestellt werden. Insoweit bildet Krähe, der für den Fußballsport den Versuch unternommen hat, ein in sich geschlossenes dogmatisches System zu finden, eine beachtenswerte Ausnahme. Krähe will die Problematik der Verletzung des Gegenspielers bei der Zurechnung behandelt wissen und sie mit Hilfe der Lehre vom Schutzzweck der Norm lösen[440]. Er ist dabei der Ansicht, der Schutz der in § 823 Abs. 1 BGB

---

437 LANGE § 10 XV 4.; HERRMANN Jura 1985,568 (569); PALANDT/THOMAS § 823 Rz.122; STAUDINGER/SCHÄFER Vorbem. zu § 823 ff. Rz.77; FRIEDRICH NJW 1966,755 (757); DEUTSCH VersR 1974,1045 (1050); MEINERS S.159 ff.; FRITZWEILER S.137 ff.; GRUNSKY JZ 1975,109, (111); Bedenken gegen eine prinzipielle Verneinung der Haftung bei geringfügigen Regelverstößen erhebt TEICHMANN JA 1979,293 (296); differenzierend auch RGRK/STEFFEN § 823 Rz.358; FÜLLGRAF VersR 1983,705 (711) und HELLGARDT S.70 lehnen eine Haftungsfreistellung bei "üblichen Fouls" sogar generell ab.

438 LANGE § 10 XV 4.; RGRK/STEFFEN § 823 Rz.358; HERRMANN Jura 1985,568 (569).

439 DEUTSCH VersR 1974,1045 (1051); MEINERS S.159 ff.; FRITZWEILER S.137 ff; GRUNSKY JZ 1975,109 (111), der allerdings seine Meinung geändert hat, vgl. GRUNSKY S.27 ff.

440 KRÄHE S.148 ff.; ähnlich auch MÜNZBERG S.305 ff.; HUBER in FS Wahl S.301 ff.

genannten Rechtsgüter beginne erst zu greifen, wenn das den Schaden verursachende Verhalten das Maß des "erlaubten Risikos" überschreite[441]. Bei gefährlichen Sportarten und namentlich beim Fußballspiel sei das "erlaubte Risiko" gegenüber den normalerweise erlaubten Gefährdungen erhöht. Dies ergebe sich aus einer umfassenden Interessen- und Güterabwägung, die, falls keine gesetzliche Regelung vorhanden sei, die Grundlage für die Ermittlung des "erlaubten Risikos" bilde. Bei der Güter und- Interessenabwägung berücksichtigt Krähe neben anderen Kriterien[442] vor allem auch die in der Sportausübung liegende bewußte Selbstgefährdung[443]. Er führt dazu im Anschluß an Huber[444] aus: "Ein wichtiges Kriterium ist die Schutzwürdigkeit des Gefährdeten: Wer freiwillig sich der Gefahr aussetzt, verdient weniger Schutz ..."[445]. Eine weitere, konkretere Eingrenzung nimmt Krähe dann anhand der dem jeweiligen Sport eigenen Regeln, beim Fußballspiel also der DFB-Regeln, vor[446]. Zwar seien die Spielregeln keine unmittelbar verbindlichen Normen bei der Festlegung der Haftung, die Verletzung einer Spielregel könne aber mit Hilfe einer haftungsrechtlichen Interpretation[447] als Indiz für die Nichtbeachtung einer rechtlichen Verhaltenspflicht gewertet werden, so daß eine Regelüberschreitung gleichzeitig das Überschreiten des "erlaubten Risikos" indiziere. Umgekehrt sei regelgerechtes Verhalten dann als Indiz dafür zu werten, daß das "erlaubte Risiko" eingehalten sei[448].

Für die Untersuchung der bewußten Selbstgefährdung ist festzuhalten, daß die bewußte Selbstgefährdung nach dieser Ansicht ein Abwägungsfaktor unter mehreren ist, der mit über die Haftung oder Nichthaftung entscheidet. Ein sich direkt auf die bewußte Selbstgefährdung gründender Haftungsaus-

---

[441] KRÄHE S.172.; ähnlich auch ZIMMERMANN VersR 1980,497 (501), der aber die Konstruktion über den Schutzzweck der Norm nur dann anwendet, wenn eine leichte Regelverletzung festgestellt wurde.

[442] Siehe die Aufzählung bei KRÄHE S.185 f.

[443] KRÄHE S.183 f.

[444] HUBER in FS Wahl S. 301 (309).

[445] KRÄHE S.185.

[446] KRÄHE S.203 ff.

[447] KRÄHE S.215 ff.

[448] KRÄHE S.213.

schluß findet jedoch nicht statt, da bei Vorliegen einer bewußten Selbstgefährdung nicht automatisch die Zurechnung der Rechtsgutverletzung verneint wird.

b. Bei der Haftung aus Gefährdung - speziell: Bei der Haftung des Tierhalters -

Ein weiterer, sehr auffälliger Teilbereich, in dem die Lehre die haftungsausschließende Bedeutung der bewußten Selbstgefährdung diskutiert, ist der der Gefährdungshaftung. Ganz generell stellt Lange hier fest: "Handeln auf eigene Gefahr mit der Folge völligen Haftungsausschlusses eben auf Grund der Übernahme des Risikos ist dagegen möglich gegenüber Gefährdungshaftungen"[449]. Dieser Ansicht stimmt auch Larenz zu[450]. Die Ersatzpflicht aus einer Gefährdungshaftung könne dadurch ausgeschlossen sein, daß der Geschädigte sich der Gefährdung bewußt ausgesetzt habe. Der Fortfall der Haftung rechtfertige sich in diesen Fällen aus dem Grundgedanken der Gefährdungshaftung. Dieser bestehe darin, daß der Inhaber einer Sache für solche Schäden zur Verantwortung gezogen werde, die typischerweise durch die Sache bei anderen Verkehrsteilnehmern, die diesen Gefahren nicht ausweichen könnten, entstünden. Setze sich nun jemand bewußt und freiwillig einer solchen Gefahr aus, treffe der Schutzzweck der Gefährdungshaftung nicht mehr zu[451]. Die Diskussion um die Auswirkungen der bewußten Selbstgefährdung bei der Gefährdungshaftung wird aber weniger auf dieser generellen Ebene als direkt bei dem so gut wie einzigen Anwendungsfall der bewußten Selbstgefährdung bei der Gefährdungshaftung, der Tierhalterhaftung, geführt[452]. Hier hält eine große Zahl der Stimmen es für möglich, die Haftung des Tierhalters unter dem Gesichtspunkt des Handelns auf eigene Gefahr auszuschlie-

---

[449] LANGE § 10 XIV 1.

[450] LARENZ, SR I, § 31 I b); DERS., SR II, § 77 II.

[451] LARENZ, SR I, § 31 I b).

[452] Die bewußten Selbstgefährdung kommt zwar auch in anderen Fällen der Gefährdungshaftung vor, sie wird dort aber zumeist gesetzlich berücksichtigt; z.B. § 8a StVG; § 44 LuftVG, dazu im einzelnen GERHARDT S.112 ff.

ßen[453]. Es handele sich, wie Zeuner bemerkt, um den Gedanken, "daß es an der besonderen Schutzwürdigkeit gegenüber den aus der Sphäre des Verantwortlichen stammenden spezifischen Gefahren fehlen und der entstandene Schaden damit außerhalb des Schutzzwecks der Norm liegen kann, wenn sich der Verletzte der Gefahr bewußt und aus freien Stücken ausgesetzt hat"[454].

Die Problematik der Berücksichtigung der bewußten Selbstgefährdung gegenüber der Gefährdungshaftung des Tierhalters tritt - das hatte schon die Darstellung der Rechtsprechung gezeigt - vornehmlich im Bereich des Reitsports auf. Dementsprechend befassen sich auch die meisten Stellungnahmen in der Literatur mit der Frage, wie die bewußte Selbstgefährdung des Reiters sich auf seinen Schadensersatzanspruch gegen den Tierhalter auswirkt[455]. Herrschende Lehre und Rechtsprechung stimmen zunächst darin überein, daß die Möglichkeit eines Haftungsausschlusses durch bewußte Selbstgefährdung oder Handeln auf eigene Gefahr des Reiters im Grundsatz anzuerkennen ist[456]. Die herrschende Lehre begrüßt darüber

---

[453] Neben LANGE § 10 XIV 1 und LARENZ, SR I, § 31 I b), STAUDINGER/SCHÄFER § 833 Rz.69 ff.; PALANDT/THOMAS § 833 Rz.1 ; SOERGEL/ZEUNER § 833 Rz.25; Medicus, BR, Rz. 636; DEUTSCH NJW 1978,1998 (2001); DERS. JuS 1987, 674 (677 f.); DUNZ JZ 1987,63 (67); HAASE JR 1974,238 (239); SCHMID JR 1976,274 (277) SCHLUND JR 1982,332; unklar, aber wohl bejahend auch SCHRADER NJW 1975,676 (677). Die Gegenmeinung, vertreten von MÜNCHENER KOMMENTAR/MERTENS § 833 Rz.27; HERRMANN JR 1980,489 (492 ff.); BORNHÖVD VersR 1979,399 (400 ff.); DERS. JR 1978, 50 (52 f.); SIEGFRIED S.131 f.; JAUERNIG/TEICHMANN § 833 Anm.2 d), will demgegenüber die bewußte Selbstgefährdung auch bei der Gefährdungshaftung nur im Rahmen des Mitverschuldens berücksichtigen.

[454] SOERGEL/ZEUNER § 833 Rz.25.

[455] Aus der Aufsatzliteratur z.B. DUNZ JZ 1987,63; DEUTSCH NJW 1978,1998; DERS. JuS 1987,674; HAASE JR 1974,238; SCHMID JR 1976,274; HERRMANN JR 1980,489 (492 ff.); BORNHÖVD VersR 1979,399 (400 ff.); DERS. JR 1978,50 (52 f.)

[456] STAUDINGER/SCHÄFER § 833 Rz.69 ff.; PALANDT/THOMAS § 833 Rz.1; SOERGEL/ZEUNER § 833 Rz.25; MEDICUS, BR, Rz.636; LANGE § 10 XIV 1; LARENZ, SR I, § 31 I b); DERS., SR II, § 77 II; DEUTSCH NJW 1978, 1998 (2001); DERS. JuS 1987,674 (677 f.); DUNZ JZ 1987, 63 (67); HAASE JR 1974,238 (239); SCHMID JR 1976,274 (277);

hinaus auch die dogmatische Ansiedlung des Problems der bewußten Selbstgefährdung beim Schutzzweck der Norm. Deutsch kommentiert das Urteil des Bundesgerichshofs vom 13.11. 1973[457], mit dem das Gericht seine Rechtsprechung zum Reitsport eingeleitet hat[458], mit folgenden Worten[459]: "An dieser Stelle ist dem BGH zum ersten Mal die Synthese zwischen Handeln auf eigene Gefahr und Einschränkung des persönlichen Schutzbereichs der Haftungsnorm gelungen"[460].

Die positive Einschätzung der Rechtsprechung durch die Lehre hat allerdings ihre Grenzen. Vielen Autoren geht die Rechtsprechung nicht weit genug. Kritisiert wird, daß die Rechtsprechung von der Haftungsbegrenzung unter dem Blickwinkel des Handelns auf eigene Gefahr beim Reiter nur in Ausnahmefällen Gebrauch macht[461]. Der Reiter genieße - so diese Ansicht - grundsätzlich nicht den Schutz der Tierhalterhaftung[462]. Es sei nicht gerechtfertigt, den Reiter grundsätzlich in den Genuß der Gefährdungshaftung des Tierhalters kommen zu lassen und nur fallgruppenweise die Haftung einzuschränken[463]. Vielmehr sei demjenigen, der ein Pferd reite und dabei zu Schaden komme, ein Anspruch aus Gefährdungshaftung grundsätzlich zu versagen. Er habe die mit dem Reiten verbundene Gefahr bewußt und freiwillig in Kauf genommen und sei am ehesten in der Lage, ihnen zu begegnen. Insoweit

---

SCHLUND JR 1982,332; SCHRADER NJW 1975,676 (677); zur Gegenmeinung siehe oben Fußn.453.

457 BGH NJW 1974,234 = VersR 1974,356.

458 Siehe dazu oben S.69 ff.

459 DEUTSCH NJW 1978,1998 (2001).

460 DEUTSCH NJW 1978,1998 (2001); DEUTSCH bekräftigt diese Ansicht auch noch einmal in einem neueren Aufsatz zur Tierhalterhaftung in JuS 1987,674 (677 f.).

461 DEUTSCH NJW 1978,1998 (2001); DERS. JuS 1987,674 (677 f.).; LARENZ, SR II, § 77 II; DUNZ JZ 1987,63 (65); SOERGEL/ZEUNER § 833 Rz.25; LANGE § 3 IX 9. Fußn.217; SCHRADER NJW 1975,676 (677).

462 DEUTSCH NJW 1978,1998 (2001).

463 Zustimmung zur "Ausnahmenlösung" der Rechtsprechung signalisieren dagegen STAUDINGER/SCHÄFER § 833 Rz.69 ff.; MEDICUS, BR, Rz.636; PALANDT/THOMAS § 833 Rz.1; SCHLUND JR 1982,332 f.

müsse er sich das Risiko, das sonst den Halter treffe, selbst zurechnen lassen[464].

c. Bei der Haftung wegen Verletzung einer Verkehrssicherungspflicht

Neben den beiden eben skizzierten Teilbereichen findet das Handeln auf eigene Gefahr bzw. die bewußte Selbstgefährdung wenig Berücksichtigung. Zwar wird in der Kommentarliteratur zu § 254 BGB immer erwähnt, daß auch die Teilnahme an gefährlichen Veranstaltungen und das unbefugte Eindringen in einen fremden Bereich[465] bewußte Selbstgefährdungen darstellen[466]. Es wird sogar vereinzelt darauf aufmerksam gemacht, daß gerade in diesen Fällen, wo es um die Haftung für die Verletzung einer Verkehrspflicht geht, ein Ausschluß der Haftung in Betracht komme[467]. Man vermißt aber weitergehende Stellungnahmen vor allem zu der Frage, auf welche Weise die bewußte Selbstgefährdung haftungsausschließend wirken kann. Es ist praktisch nur Mertens, der auf die bewußte Selbstgefährdung insoweit aufmerksam macht, als er den Umfang und die Intensität von Verkehrspflichten u.a. daran ausrichten will, in welchem Maße die Verkehrsteilnehmer vorhandene Gefahren selbst erkennen und ob sie ihnen begegnen können[468]. Den Grund für die stiefmütterliche Behandlung der bewußten Selbstgefährdung in den genannten Bereichen sehe ich darin,

---

464 LARENZ, SR II, § 77 II.

465 Die Literatur steht z.T. einer Berücksichtigung des Handelns auf eigene Gefahr in den Fällen, in denen die Verletzung einer Verkehrssicherungspflicht zur Haftung führt, kritisch gegenüber. So lehnt SCHWAB JZ 1967,13 (14 f.) eine Lösung für die Fälle des unbefugten Eindringens über das Handeln auf eigene Gefahr grundsätzlich ab; kritisch auch SCHRÖDER AcP 179 (1979), 567 (569).

466 STAUDINGER/MEDICUS § 254 Rz.146 f.; MÜNCHENER KOMMENTAR/GRUNSKY § 254 Rz.37; SOERGEL/MERTENS § 254 Rz.55 ff.

467 So z.B. STAUDINGER/MEDICUS § 254 Rz.146; siehe auch Lange § 10 XIV 1.

468 MÜNCHENER KOMMENTAR/MERTENS § 823 Rz.190 f.; Mertens VersR 1980,397 (401).

daß allgemein in den für dieses Thema interessanten Fällen zwischen typischen und atypischen Gefahren abgegrenzt wird. Es war schon oben angesprochen worden, daß sich hinter den Fällen, in denen von einer typischen Gefahr die Rede ist, oft Fälle einer bewußten Selbstgefährdung verbergen. Die Literatur ist darauf aber bis jetzt nicht eingegangen. Sie hat sich lediglich darauf beschränkt, dem von der Rechtsprechung vorgezeichneten Weg zuzustimmen[469].

---

[469] STAUDINGER/SCHÄFER § 823 Rz.380 ff. u.423 ff.; RGRK/STEFFEN § 823 Rz.228 ff.; speziell für Skipisten: HAGENBUCHER S.87 ff.

D. Zusammenfassung und Ausblick

Sowohl die Darstellung der Rechtsprechung als auch der Blick in die Literatur haben gezeigt, daß die bewußte Selbstgefährdung des Geschädigten verschiedene Rechtsfolgen haben kann. Während ein Teil der mit "bewußter Selbstgefährdung" umschriebenen Verhaltensweisen als Mitverschulden zu bewerten ist, zieht ein anderer Teil einen Haftungsausschluß nach sich. Diese unterschiedlichen Rechtsfolgen sind mit Blick auf die begriffliche Klarheit bei der Umschreibung der in Frage stehenden Verhaltensweisen problematisch. Die bewußte Selbstgefährdung des Geschädigten wird in den meisten Fällen mit dem Stichwort "Handeln auf eigene Gefahr" umschrieben. Diese Bezeichnung löst, da in ihr ein Rechtsinstitut mit einer bestimmten Rechtsfolge gesehen wird, aber Verwirrung aus, weil der bewußten Selbstgefährdung keine einheitliche Rechtsfolge beigelegt werden kann. Die Unklarheiten der Bezeichnung "Handeln auf eigene Gefahr" erhöhen sich noch, wenn man sieht, daß die mit dem Handeln auf eigene Gefahr verbundene vermeintlich einheitliche Rechtsfolge in der Literatur unterschiedlich gesehen wird. Einige Autoren bringen das Handeln auf eigene Gefahr automatisch mit der Rechtsfolge "Schadensteilung nach § 254 BGB" in Zusammenhang[470]. Dagegen sind andere der Ansicht, daß das Handeln auf eigene Gefahr gerade nicht die nach § 254 BGB zu behandelnden Konstellationen, sondern die Fälle bezeichne, in denen die Haftung des Schädigers ganz entfalle[471]. Um diese Unsicherheiten zu vermeiden, sollte man in der Zukunft den Begriff "Handeln auf eigene Gefahr" vermeiden[472]. Es genügt nach meiner Auffassung, das rechtsfolgenneutrale Schlagwort "bewußte Selbstgefährdung" zu verwenden und dann zu prüfen, welche Rechtsfolge sich aus diesem Verhalten des Geschädigten ergibt.

---

470 So z.B. SOERGEL/MERTENS § 254 Rz.49, 51; PALANDT/HEINRICHS § 254 Rz.76; MÜNCHENER KOMMENTAR/GRUNSKY § 254 Rz.34; GERHARDT S.138.

471 So insbesondere DUNZ JZ 1987,63 (66 f.); auf dieses unterschiedliche Verständnis des Begriffs "Handeln auf eigene Gefahr" weist auch SOERGEL/MERTENS § 254 Rz.51 hin.

472 So auch LANGE § 10 XIV 1.; kritisch zum Begriff "Handeln auf eigene Gefahr" auch WEIDNER S. 37 f.

Zweiter Teil

Dogmatische Einordnung

Der Bereich der Mitfahrt in einem fremden Kraftfahrzeug ist der einzige Sachverhalt, in dem die bewußte Selbstgefährdung konsequent beim Mitverschulden berücksichtigt wird. Außerhalb dieses klassischen Falls der bewußten Selbstgefährdung spielt das Mitverschulden als Rechtsfolge einer bewußten Selbstgefährdung kaum eine Rolle. Die bewußte Selbstgefährdung löst vor allem bei der Haftung im Rahmen von gefährlichen Veranstaltungen und bei der Tierhalterhaftung in einer Vielzahl von Fällen einen Haftungsausschluß aus. Die Untersuchung der Rechtsprechung hat darüber hinaus gezeigt, daß ein einheitlicher dogmatischer Rahmen für die Behandlung dieser Fälle nicht besteht. So wird die bewußte Selbstgefährdung bei der Haftung des Veranstalters gefährlicher Veranstaltungen im Rahmen der Bestimmung der Verkehrspflichten[1], bei der Haftung von Sportlern untereinander im Rahmen der Einwendung aus Treu und Glauben[2] und bei der Tierhalterhaftung im Rahmen der Ermittlung des Schutzzwecks der Norm[3] berücksichtigt. Ein ähnliches Bild hat auch die Betrachtung der wissenschaftlichen Stellungnahmen zur Bedeutung der bewußten Selbstgefährdung ergeben. Die Lehre geht auf die bewußte Selbstgefährdung zumeist nur bezogen auf einzelne Fallgestaltungen ein. Entsprechend unterschiedlich sind auch die Ansichten über den systematischen Standort der bewußten Selbstgefährdung. Ähnlich wie in der Rechtsprechung steht die Eingliederung der bewußten Selbstgefährdung je nach Fallgruppe bei den Verkehrspflichten[4], bei der Lehre vom Schutzzweck der Norm[5] und bei der Einwendung aus § 242 BGB[6]

---

1 BGH NJW-RR 1986,1029; VersR 1985,64; VersR 1982,492; OLG Nürnberg NJW-RR 1988,993; OLG Düsseldorf VersR 1990,319.

2 BGHZ 63,140; BGH VersR 1975,155.

3 BGH NJW 1986,2883; VersR 1988,609.

4 Vgl. etwa MERTENS VersR 1980,397 (399 f.)

5 So z.B. DEUTSCH NJW 1978,1998 (2001); DERS. JuS 1987,674 (677 f.).; LARENZ, SR II, § 77 II; DUNZ JZ 1987,63 (65).

6 FÜLLGRAF VersR 1983,705 (710); JAUERNIG/TEICHMANN § 254 Anm. 5 b. dd); PALANDT/THOMAS § 823 Rz.122.

im Vordergrund. Daneben spielen in der Diskussion um die dogmatische Stellung der bewußten Selbstgefährdung auch die Einwilligung[7], die Gedanken der Sozialadäquanz[8] und des erlaubten Risikos[9] eine Rolle. Welches der genannten haftungsbegrenzenden Elemente dem Gedanken der bewußten Selbstgefährdung am ehesten Rechnung trägt, ist Gegenstand der nachfolgenden Untersuchung. Sie geht von den eben genannten, für die bewußte Selbstgefährdung in Betracht zu ziehenden Begriffen und Rechtsinstituten[10] aus. Deren Funktionen und Anwendungsbereiche werden in ihrer Bedeutung für die bewußte Selbstgefährdung untersucht. Dabei wird es in einigen Fällen zum besseren Verständnis nötig sein, kurz auch auf historische Entwicklungen einzugehen.

---

[7] LARENZ, SR II, § 71 I c) 1.; GRUNSKY S.24 ff.; FIKENTSCHER Rz.497.

[8] Namentlich NIPPERDEY NJW 1957,1777 ff.; ENNECCERUS/NIPPERDEY § 209 V.

[9] Vgl. etwa KRÄHE S.168 ff. u. S.188 ff.; HUBER in FS Wahl S.301 ff.

[10] Der z.T. noch in der älteren Rechtsprechung aus der bewußten Selbstgefährdung konstruierte stillschweigende Haftungsverzicht wird im Rahmen dieser Arbeit nicht mehr zu dem Kreis der in Betracht zu ziehenden Rechtsinstitute gerechnet. Der stillschweigende Haftungsverzicht als Rechtsfolge der bewußten Selbstgefährdung des Geschädigten hat heute weder im Schrifttum noch in der Rechtsprechung irgendeine Bedeutung. Es soll daher hier der Hinweis auf die eingehende Darstellung der Problematik bei HITZFELD, Das Handeln auf eigene Gefahr als Rechtsgeschäft, Diss. 1961, genügen.

A. Abgrenzung zu anderen Haftungsbegrenzungselemeneten

I. Die rechtfertigende Einwilligung

Bei der Handlungsweise, die mit dem Schlagwort "bewußte Selbstgefährdung" umrissen wird, liegt es nahe, zunächst an eine rechtfertigende Einwilligung des Geschädigten zu denken. Derjenige, der sich bewußt in Gefahr begibt, könnte durch dieses Verhalten deutlich gemacht haben, er nehme nicht nur die Gefahr selbst, sondern auch die aus dieser Gefahr heraus entstandenen Rechtsgutverletzungen in Kauf.

1. Kurze historische Einführung

Die Rechtsfigur der rechtfertigenden Einwilligung ist heute, obwohl sie keinen positiven Ausdruck im BGB gefunden hat, allgemein anerkannt[11]. Schon Zitelmann hat bereits kurz nach Inkrafttreten des BGB auf ihre Notwendigkeit und ihre Funktion hingewiesen. Jede Person habe innerhalb gewisser Schranken die Macht, ihre Rechtsverhältnisse selbst zu gestalten. Daher müsse sie auch in der Lage sein, anderen die Erlaubnis zu erteilen, in ihre Rechtsgüter eingreifen zu können[12].

In Praxis und Literatur hat sich in der Folgezeit die Rechtsfigur der rechtfertigenden Einwilligung verfestigt. Ihr Inhalt besteht darin, daß der Inhaber eines Rechtsguts einem anderen erlaubt, in dieses Rechtsgut eingreifen zu dürfen[13]. Grundlage für die Anerkennung einer rechtfertigenden Einwilligung ist das dem BGB zugrundeliegende Prinzip der Privatautonomie. Der einzelne, solange er frei über das jeweilige Rechtsgut verfügen kann, soll und kann nicht weiter geschützt werden, als er es selbst verlangt[14]. Damit ist

---

[11] z.B. STAUDINGER/SCHÄFER § 823 Rz.455 ff.

[12] ZITELMANN AcP 99, 1 (48).

[13] LARENZ, SR II, § 71 I 1.

[14] ESSER § 53 5.; MEINERS S.88 f.

auch klar, daß die rechtfertigende Einwilligung nicht der Privilegierung des Schädigers dient, sondern den Interessen des Betroffenen, der über seine Rechtsgüter frei verfügen kann[15].

Die rechtfertigende Einwilligung wird von der Konstruktion her als Rechtfertigungsgrund eingestuft, der der deliktischen Handlung des Schädigers die Widerrechtlichkeit nimmt, so daß ein Schadensersatzanspruch nicht entsteht[16]. Unklar und umstritten ist allerdings, in welchen Situationen der Rechtfertigungsgrund "Einwilligung" angenommen werden kann[17].

2. Die Einwilligung als Konstruktion für den Haftungsausschluß durch bewußte Selbstgefährdung in Rechtsprechung und Literatur

Eine dieser unklaren Situationen, in der eine Einwilligung des Verletzten in Betracht gezogen werden könnte, ist die bewußte Selbstgefährdung des Geschädigten. Zurückzuführen ist die Unklarheit bei der Anwendung der Einwilligung auf Fälle der bewußten Selbstgefährdung auf die vornehmlich im Strafrecht geführte Diskussion um den Gegenstand bzw. das Bezugsobjekt der Einwilligung.

a. Die Einwilligung als Rechtsfolge der bewußten Selbstgefährdung im Strafrecht

Schon in der älteren strafrechtlichen Literatur herrschte Streit darüber, ob sich die Einwilligung auf die Handlung, auf den Erfolg oder auf Handlung und Erfolg beziehen müsse. Soweit der Erfolg als Bezugspunkt für die Einwilligung ange-

---

[15] ARZT S.48; GEILEN S.195.

[16] STAUDINGER/SCHÄFER § 823 Rz.455.

[17] Eine zusammenfassende Darstellung der Probleme bei der Einwilligung findet sich bei JESCHECK § 34.

sehen wurde, waren sogar einige Autoren der Ansicht, eine Einwilligung bei Fahrlässigkeitsdelikten sei gar nicht möglich[18]. Inzwischen ist man sich indes auch in der strafrechtlichen Literatur darüber einig, daß grundsätzlich auch beim Fahrlässigkeitsdelikt die Rechtfertigung der Tat über eine Einwilligung möglich ist[19]. Nach wie vor umstritten ist aber, worauf sich die Einwilligung bei der fahrlässigen Tat beziehen muß, also ob lediglich Handlung oder ob Handlung und Erfolg Gegenstand der Einwilligung sein müssen.

Die herrschende Ansicht sowohl in der Rechtsprechung[20] als auch in der Literatur[21] versteht die Einwilligung so, daß der Verletzte lediglich in die Handlung des Täters eingewilligt haben oder zumindest mit dem in der Handlung des Täters liegenden Risiko einverstanden gewesen sein müsse. Der durch diese Handlung verursachte Erfolg brauche vom Einwilligenden nicht gewollt zu sein[22]. Auf dieser Basis werden in der strafrechtlichen Rechtsprechung und Literatur Verletzungen von Personen, die sich bewußt selbst gefährden, gerechtfertigt[23]. So ist die Rechtswidrigkeit bei Sportverletzungen[24],

---

[18] SCHMIDT JZ 1954,369 (373 f.); KOHLHAAS DAR 1960,348 f.

[19] SCHÖNKE/SCHRÖDER/LENCKNER Vorbem. § 32 ff. Rz.92 ff.; LEIPZIGER KOMMENTAR/HIRSCH Vor § 32 Rz.106 f., jeweils mit umfangreichen weiteren Nachweisen.

[20] RGSt 57,172 ff.; BGHSt 6,232 (234 f.); BGH MDR 1959,856; OLG Celle MDR 1969,69 (70); BayObLG NJW 1961,2072 (2073); 1968,665; JR 1963,27 (28); OLG Frankfurt MDR 1970,694 (695); KG JR 1954,428 (429 f.)

[21] LEIPZIGER KOMMENTAR/HIRSCH Vor § 32 Rz. 94 f. u. 107; SCHÖNKE/SCHRÖDER/LENCKNER Vorbem. §§ 32 ff. Rz.102; ESCHWEILER S.24 ff.; DÖLLING GA 1984,71 (80 ff.).; SCHAFFSTEIN in FS Welzel S.557 (565 ff.); MAURACH S.553 f.; Welzel S.97; JESCHECK § 56 II 3.; HANSEN S.107 ff.; MEZGER GS 89 (1924),207 ff.; a.A. FRISCH S.21 ff.; ROXIN § 11 Rz.98 u. § 24 Rz.101; OTTO in FS Tröndle S.157 (170); GEPPERT ZStW 83 (1971),947 (973 ff.); BURGSTALLER S.162; SCHMIDT JZ 1954,369 (372); Zipf S.74 ff.

[22] LEIPZIGER KOMMENTAR/HIRSCH Vor § 32 Rz.107.

[23] LEIPZIGER KOMMENTAR/HIRSCH Vor § 32 Rz.94 u. § 226a Rz.8; SCHÖNKE/SCHRÖDER/LENCKNER Vorbem. §§ 32 ff. Rz.102; SYSTEMATISCHER KOMMENTAR/RUDOLPHI § 1 Rz.81a; ESCHWEILER S.24 ff.; DÖLLING GA 1984,71 (80 ff.); QUILLMANN S.30; SCHAFFSTEIN in FS Welzel S.557 (565 ff.); HANSEN S.107 ff.

oder bei der Teilnahme an einer Kraftfahrzeugfahrt[25] durch das Vorliegen einer rechtfertigenden Einwilligung, gefolgert aus der bewußten Selbstgefährdung des Geschädigten, regelmäßig ausgeschlossen. Bei Sportverletzungen wird der Anwendungsbereich überwiegend sogar nicht nur auf die Verletzungen beschränkt, die bei regelgerechter Spielweise eingetreten sind. Durch eine Einwilligung sollen auch die Verletzungen gedeckt sein, die auf einer leicht fahrlässigen Regelwidrigkeit aus Übereifer, Erregung, technischer Unvollkommenheit oder mangelnder Körperbeherrschung beruhen[26].

Gegen diese Ansicht wenden sich die Autoren, die nicht nur die Handlung, sondern auch den Erfolg als notwendigen Bezugspunkt für die Einwilligung ansehen[27]. Für das Strafrecht wird zwar die Einwilligung im Fahrlässigkeitsbereich nicht mehr gänzlich ausgeschlossen. Notwendig sei aber auf jeden Fall neben der Handlung der Erfolg als Gegenstand der Einwilligung[28]. Damit schließen diese Autoren die Sportverletzungen und Fahrgastschäden bei der Kraftfahrzeugfahrt vom Grundsatz her aus dem Bereich der Einwilligung aus[29]. In den

---

[24] BayObLG NJW 1961,2072; OLG Braunschweig NdsRpfl 1960, 233; LEIPZIGER KOMMENTAR/HIRSCH § 226a Rz.12; SCHÖNKE/SCHRÖDER/STREE § 226a Rz.16; DREHER/TRÖNDLE §226a Rz.7; siehe auch SCHROEDER in Schroeder/Kauffmann S.21 (28 ff.).

[25] Siehe nur LEIPZIGER KOMMENTAR/HIRSCH § 226a Rz.13 mit umfangreichen Nachweisen der Rechtsprechung.

[26] BayObLG NJW 1961,2072 (2073); LEIPZIGER KOMMENTAR/HIRSCH § 226a Rz.12; SCHÖNKE/SCHRÖDER/STREE § 226a Rz.16; Dreher/Tröndle § 226a Rz.7; dagegen zu Recht DÖLLING ZStW 96 (1984),36 (43 f.) mit dem Hinweis, daß für eine Einwilligung, auch wenn sich diese nur auf die Handlung beziehen müsse, das bewußte Eingehen eines Risikos allein nicht ausreiche. Hinzukommen müsse, daß das Opfer die Verletzungshandlung billige, dem Täter also die Vornahme der Handlung erlaube.

[27] ROXIN § 11 Rz.98; FRISCH S.21 ff.; GEPPERT ZStW 83 (1971),947 (973 ff.); BURGSTALLER S.162; Schmidt JZ 1954,369 (371 ff).; NOLL S.119 ff.; ZIPF S.20 ff., der sogar die Einwilligung nur auf den tatbestandlichen Erfolg bezieht.

[28] ROXIN § 24 Rz.101; GEPPERT ZStW 83 (1971),947 (974).

[29] Exemplarisch FRISCH S.23 ff.

Fällen der Sportverletzungen und bei Kraftfahrzeugunfällen willige der Verletzte nicht in den Erfolg ein. Der Verletzte habe zwar das Risiko erkannt, durchweg den Erfolg aber nicht "gewollt". Nur weil jemand ein Risiko eingehe, willige er noch nicht in mögliche durch die Verwirklichung des Risikos eintretende Verletzungen ein. Eher sei das Gegenteil der Fall: Der Risikobereite hoffe gerade, daß ihm nichts passieren werde[30].

b. Die Einwilligung als Rechtsfolge der bewußten Selbstgefährdung im Zivilrecht

Im Zivilrecht scheint für die Rechtsprechung nach 1933 die im Strafrecht herrschende Ansicht[31] Grundlage für die Konstruktion des Handelns auf eigene Gefahr als rechtfertigende Einwilligung[32] gewesen zu sein. Mit seinem Grundsatzurteil vom 14.03.1961[33] hat sich aber der Bundesgerichtshof gegen diese Ansicht ausgesprochen. Zwar nimmt der Bundesgerichtshof in diesem Urteil weder direkt zum Bezugspunkt der Einwilligung Stellung noch setzt er sich mit der herrschenden Ansicht im Strafrecht auseinander. Das Gericht macht aber deutlich, daß eine Einwilligung nur zuzulassen sei, "wenn wirklich das Verhalten des Geschädigten ohne künstliche Unterstellung als Einwilligung in die als möglich vorgestellte Rechtsgutverletzung aufgefaßt werden kann"[34]. Als künstliche Unterstellung sieht es der Bundesgerichtshof hierbei an, wenn man das sorglose Verhalten des Fahrgastes als eine Einwilligung in die Körperverletzung zu deuten versuche[35]. Es wird somit ganz selbstverständlich davon ausgegangen, daß die Einwilligung allein in die Handlung nicht ausreicht und

---

[30] ROXIN § 11 Rz.98; FRISCH S.21 ff.; GEPPERT ZStW 83 (1971),947 (971 ff.).

[31] Siehe S.105 Fußn.20 u. 21.

[32] RGZ 141,262 ff.; BGHZ 2,159 ff.; BGH VersR 1952,420 (421).

[33] BGHZ 34,355.

[34] BGHZ 34,355 (363).

[35] BGHZ 34,355 (361).

es für eine Rechtfertigung auch der Einwilligung in den Erfolg bedarf.

Von diesem Standpunkt ist die Rechtsprechung in der Folgezeit nur ausnahmsweise abgewichen. So hat es der Bundesgerichtshof für möglich gehalten, daß im Rahmen der Tierhalterhaftung das Handeln auf eigene Gefahr - und zwar ein Handeln auf eigene Gefahr in dem Sinne, daß der Reiter sich nicht nur der normalen, sondern einer besonderen Reitgefahr ausgesetzt hat - als Einwilligung in die Rechtsgutverletzung gedeutet werden könne.

> BGH vom 13.11.1973[36]: Der Bundesgerichtshof stellt hier zunächst fest, die Ausführungen des Grundsatzurteils zum Handeln auf eigene Gefahr vom 14.03. 1961[37], wonach der Einfluß der bewußten Selbstgefährdung auf die Schadenshaftung nicht unter dem Gesichtspunkt des Handelns auf eigene Gefahr, sondern nach § 254 BGB zu beurteilen sei, träfen auf den vorliegenden Sachverhalt nicht zu. In diesem Fall stünde eine Verschuldenshaftung, hier dagegen eine Gefährdungshaftung des Beklagten in Rede. Zudem habe der Senat bei jener Entscheidung den Gesichtspunkt des Handelns auf eigene Gefahr weiterhin für die Fälle offengelassen, in denen das Verhalten des Geschädigten ohne künstliche Unterstellung als Einwilligung in die als möglich vorgestellte Rechtsgutverletzung aufgefaßt werden könne. Darunter fielen unter besonderen Umständen auch Reitunfälle.
>
> Etwas deutlicher das LG Stade vom 19.05.1983[38]: Die Haftung der Beklagten sei ausgeschlossen, weil der Kläger durch die Teilnahme an der Reitjagd die damit einhergehenden Gefahren bewußt in Kauf genommen habe. Damit sei eine Einwilligung in die als möglich vorgestellte Rechtsgutverletzugen verbunden.

In den meisten anderen Entscheidungen zur bewußten Selbstgefährdung hat die Rechtsprechung eine Einwilligung, gefolgert

---

[36] BGH NJW 1974,234 (235).

[37] BGHZ 34,355.

[38] LG Stade NdsRpfl 1983,156.

aus der bewußten Selbstgefährdung des Geschädigten, nicht mehr angenommen[39].

Insbesondere bei der Fallgruppe der Mitfahrt in einem fremden Kraftfahrzeug hat sich die Rechtsprechung nach dem Grundsatzurteil konsequent von der Einwilligungskonstruktion abgewandt. Sie hat in der Folgezeit grundsätzlich das Einverständnis mit der Gefahr nicht mehr mit dem Einverständnis in die Verletzung gleichgesetzt[40]. Bei der Mitnahme eines Fahrgastes wird von den Gerichten nach 1961 z.T. die Frage nach dem Vorliegen einer rechtfertigenden Einwilligung im Falle der bewußten Selbstgefährdung des Fahrgastes sogar nicht einmal mehr erwogen. Wie das Urteil des Bundesgerichtshofs vom 20.12.1966[41] exemplarisch zeigt, wird vielmehr direkt festgestellt: "Ob eine bewußte oder fahrlässige Selbstgefährdung des Geschädigten zu einem Wegfall der an sich gegebenen Schadensersatzansprüche führt oder eine bloße Minderung angemessen ist, beurteilt sich nach § 254 BGB"[42].

Für die Fälle, in denen ein Veranstalter gegenüber Zuschauern und Teilnehmern oder in denen ein Grundstückseigentümer gegenüber Unbefugten haftet, gilt im übrigen dasselbe. Die Konstruktion des Handelns auf eigene Gefahr als Einwilligung spielte bei diesen Fällen - das zeigt die Untersuchung der älteren Rechtsprechung durch Stoll[43] - schon in der Vergangenheit nur eine untergeordnete Rolle[44]. Zumeist verwiesen die Gerichte hier zur Begründung des Haftungsausschlusses schlicht auf das Handeln auf eigene Gefahr oder auf eine Inkaufnahme der Gefahr, ohne darüber hinaus noch eine präzise

---

39 Siehe dazu die Darstellung der Rechtsprechung im ersten Teil unter B.

40 BGH VersR 1962,252 (253); VersR 1964,1047; VersR 1967, 288; VersR 1967,379, VersR 1969,424 (425); NJW 1978,421 (422); OLG Koblenz VersR 1980,238; OLG Zweibrücken VersR 1978,1030; OLG Köln VersR 1970,914; OLG Hamburg VersR 1970,188 (189); OLG München VersR 1962,772.

41 BGH VersR 1967,288.

42 BGH VersR 1967,288.

43 STOLL, Handeln auf eigene Gefahr, S.57 ff., 81 ff.

44 Eine Einwilligung hatte z.B. das LG Köln VersR 1958,332 bei einem Zuschauer, der beim Rosenmontagszug durch ein aus dem Zug herausgeworfenes Bonbon am Auge verletzt worden war, angenommen.

dogmatische Einordnung vorzunehmen[45]. In den Urteilen nach 1961 wird die Einwilligung im Zusammenhang mit der bewußten Selbstgefährdung dann überhaupt nicht mehr in Betracht gezogen[46].

c. Speziell: Die Einwilligung bei der Haftung für Sportverletzungen

Etwas anders stellt sich nur die Rechtsprechung zur Haftung bei Sportverletzungen dar. Der Bundesgerichtshof hat mit dem Urteil vom 14.03.1961 der Einwilligung im Bereich der Selbstgefährdung nicht gänzlich die Berechtigung versagen wollen. Er weist ausdrücklich darauf hin, daß eine Rechtfertigung in Betracht komme, wenn das Verhalten des Geschädigten ohne künstliche Unterstellung als Einwilligung in die als möglich vorgestellte Rechtsgutverletzung aufgefaßt werden könne. So könne die freiwillige Teilnahme an einer gefährlichen Sportart auch weiter als Einverständnis mit der Verletzung verstanden werden[47].

Mit diesem Hinweis schien der Bundesgerichtshof die ältere Rechtsprechung zu Sportverletzungen[48] bestätigen zu wollen. Bei näherem Hinsehen fällt allerdings auf, daß der Bundesgerichtshof eine solche Bestätigung der älteren Rechtsprechung zu Sportverletzungen nicht im Sinn hatte. Er wollte die freiwillige Teilnahme an einer Sportveranstaltung nur dann als Einwilligung verstanden wissen, wenn es sich dabei um gefährliche Sportarten handelte. Nun ließe sich mit Fug und Recht behaupten, Sportarten wie Handball, Fußball oder Eishockey seien aufgrund der Vielzahl der auftretenden Verlet-

---

[45] z.B. RG Recht 1910, Nr.2534; OLG Tübingen VersR 1952, 436; OLG Celle VersR 1955,190; 1958,129; LG Hannover VersR 1952,216; LG Hamburg HansRGZ 1939 B Nr.124 Sp.362.

[46] Siehe hierzu die Darstellung der Rechtsprechung im ersten Teil unter B.II.1.

[47] BGHZ 31,355 (363).

[48] RGZ 130,162 (168 f.); OLG Neustadt MDR 1956,548 (549); BayObLG NJW 1961,2072 (2073); JR 1961,72 (73); OLG Braunschweig NdsRpfl 1960,233 (234).

zungen allemal gefährliche Sportarten[49], so daß die Einwilligung doch die Regel sei. Aber diese Sportarten meint der Bundesgerichtshof nicht. Aus der ausdrücklichen in Bezug genommenen Entscheidung des Bundesgerichtshofs in Strafsachen[50] geht hervor, daß das Gericht als gefährliche Sportarten nur solche ansieht, die regelmäßig Leib und Leben des Sportlers gefährden; wie etwa der Boxsport, das Autorennen oder die waghalsige Felsenkletterei[51]. Der Bundesgerichtshof hat dementsprechend nachfolgend zwar die These, bei gefährlichen Sportarten könne die freiwillige Teilnahme als Einverständnis mit der Verletzung gewertet werden, nicht grundsätzlich aufgegeben[52]. Aber das Gericht hat auch für den Bereich des Sport anerkannt, daß es in der Regel eine künstliche Unterstellung bedeute, wenn man annehme, der Verletzte habe in seine Verletzung eingewilligt. In seiner am 05.11. 1974[53] veröffentlichten Leitentscheidung zur Haftung des Sportlers - im konkreten Fall zur Haftung eines Fußballspielers - heißt es: "Gewiß wird sich kaum sagen lassen, daß der Teilnehmer an einem Fußballwettspiel in seine Verletzung

[49] So z.B. das KG in OLGZ 1973,324: Das KG hält bei Verletzungen im Rahmen eines Fußballspiels eine Einwilligung des Geschädigten für möglich, wobei es, vorausgesetzt es handelt sich um eine regelgerechte sportliche Betätigung, genügen soll, daß der Verletzte mit der gefährlichen Tätigkeit einverstanden ist; ähnlich auch das OLG München in NJW 1970,2297: Das OLG sieht eine Einwilligung in die Verletzung beim Tennisspiel als möglich an, da der Tennissport in gewissem Umfang zu den gefährlichen Sportarten zu rechnen sei. Gegen die Einstufung des Tennisspiels als gefährliche Sportart wendet sich zu Recht das OLG Braunschweig in VersR 1991,1066. Auch das LG Wuppertal in VersR 1969,337 sah in einem Fall, in dem es ebenfalls um eine Verletzung beim Tennisspiel ging, keinerlei Anlaß, trotz des spielgerechten Verhaltens des Beklagten auf eine Einwilligung einzugehen. Das LG verneint die Haftung des Beklagten mangels Verschulden. Bemerkenswert ist auch noch eine Entscheidung des OLG Celle in VersR 1980,874. Das Gericht hielt sogar in dem Fall, daß zwei Gelände-Motorradfahrer in einer Sandkuhle sich gegenseitig ihr Können beweisen wollten, es nicht für erforderlich, den Gesichtspunkt einer rechtfertigenden Einwilligung zu erwähnen, obwohl es den Unfall als Sportunfall ansah.

[50] BGHSt 4,88.

[51] So auch STAUDINGER/MEDICUS § 254 Rz.139.

[52] BGHZ 63,140 (144).

[53] BGHZ 63,140 (144).

einwillige ... Beim Fußballspiel soll der Spieler ... möglichst nicht verletzt werden. Dennoch eine Einwilligung zu unterstellen, wäre in der Tat, wie der Senat in BGHZ 34,355, 363 erklärt hat, eine künstliche Unterstellung und nur bei ausgesprochen gefährlichen Sportarten in Betracht zu ziehen (BGHZ 39,156,161: gefährliche Autorennen, waghalsige Felsenkletterei; ferner bei Box- und Ringkämpfen u. dgl.; ...). Ein Fußballspieler indes hofft vielmehr und erwartet auch ..., es werde zu keinen Verletzungen kommen".

Die Frage der Einwilligung des Verletzten wird in den folgenden Entscheidungen eher selten gestellt. Wo die Möglichkeit einer Einwilligung noch diskutiert wird, wird sie im Ergebnis verneint[54], und zwar regelmäßig mit dem Hinweis, es handele sich bei der betreffenden Sportart nicht um eine besonders gefährliche i.S.d. vom Bundesgerichtshof in dem Urteil vom 05.11.1974[55] genannten Sportarten[56]:

> OLG Karlsruhe vom 01.12.1977[57]: Eine Einwilligung in erlittene Verletzungen könne nicht angenommen werden, weil die Bergtour der Parteien nicht zu den besonders gefährlichen Sportveranstaltungen gerechnet werden könne. Der Aufstieg habe an keiner Stelle die Schwierigkeitsgrade I und II überschritten.

> OLG Hamburg vom 03.07.1979[58]: Ob eine Schleppjagd als so gefährliche Veranstaltung anzusehen sei, daß jedermann im Falle seiner Teilnahme mit einer Verletzung

---

[54] OLG Köln NJW 1962,1110; OLG Karlsruhe NJW 1978,705; OLG Hamburg VersR 1982,708; OLG München VersR 1989,598; OLG Koblenz VersR 1989,1102.

[55] BGHZ 63,140.

[56] OLG Karlsruhe NJW 1978,705;OLG Hamburg VersR 1982,708; OLG München VersR 1989,598; in diesem Zusammenhang fällt die Entscheidung des OLG München in NJW 1970,2297 aus dem Rahmen. Das OLG sieht eine Einwilligung in die Verletzung beim Tennisspiel als möglich an, da der Tennissport in gewissem Umfang den gefährlichen Sportarten zuzurechnen sei; dagegen zu Recht OLG Braunschweig VersR 1991,1066. Auch das AG Rosenheim VersR 1989,1207 (abgedruckt sind nur die Leitsätze) hält eine Einwilligung im Rahmen des Sports für möglich.

[57] OLG Karlsruhe NJW 1978,705.

[58] OLG Hamburg VersR 1982,708.

rechne oder rechnen müsse, sei zweifelhaft. (Das OLG brauchte darüber nicht abschließend zu entscheiden).

OLG München vom 22.03.1989[59]: Die Beteiligung an einem Eishockeyspiel führe bei aller Härte und Kampfbetontheit dieses Sports nicht zu einem Haftungsausschluß wegen Einwilligung in die Verletzung, wie er für gefährliche Autorennen und waghalsige Felskletterei sowie Box-und Ringkämpfe erwogen werde. Eishockey sei eher mit anderen Wettkampfspielen wie Fußball zu vergleichen.

Die etwas zögerliche Abkehr der Rechtsprechung von der Einwilligung im Bereich der Sportverletzungen spiegelt sich auch in der Literatur wider. Einige Autoren sind auch heute noch der Auffassung, der geschädigte Sportler könne keinen Schadensersatz verlangen, da die Rechtswidrigkeit der Verletzung infolge einer Einwilligung weggefallen sei[60]. Innerhalb dieser Ansicht besteht im einzelnen aber Uneinigkeit darüber, wann eine Einwilligung des Verletzten angenommen werden kann. Während die einen entsprechend der Auffassung der Rechtsprechung die Einwilligung nur bei gefährlichen Sportarten, zu denen das Fußballspiel nicht gezählt wird, für möglich halten[61], sind andere der Meinung, grundsätzlich habe bei Verletzungen, die bei regelgerechtem Spiel geschehen sind, die Haftungsfreistellung des Schädigers ihren Grund in der Einwilligung des Verletzten[62]. Einige lassen daüber hinaus eine Einwilligung bei leichten Regelverstößen zu[63] oder schließen sie bei schweren Verletzungen aus[64].

Ansonsten geht die übrige zivilistische Literatur mit der Rechtsprechung in der Ablehnung der Einwilligung als Rechts-

---

59 OLG München VersR 1989,598.

60 LARENZ, SR II, § 71 I c) 1.; GRUNSKY S.24 ff.; FIKENTSCHER Rz.497; auch HELLGARDT S.47 hält eine Einwilligung für möglich.

61 So FRIEDRICH NJW 1966,755 (756).

62 GRUNSKY S.24 ff.; LARENZ, SR II, § 71 I c) 1.

63 WEIMAR ZfV 1954,441.

64 REICHERT S.214; FRIEDRICH NJW 1966,755 (756).

folge der bewußten Selbstgefährdung konform[65]. Es bleibt daher festzuhalten, daß die Einwilligung zwar als Folge einer bewußten Selbstgefährdung nicht völlig beseitigt, aber ohne praktische Bedeutung ist. Denn der Bundesgerichtshof und auch, von wenigen Ausnahmen abgesehen[66], die Instanzgerichte haben die rechtfertigende Einwilligung im Bereich der bewußten Selbstgefährdung nicht mehr als Grund dafür angenommen, daß die Haftung eines Schädigers entfällt.

3. Ablehnung der Einwilligung als dogmatische Konstruktion für den Haftungsausschluß durch bewußte Selbstgefährdung

Mit der Feststellung, daß die Rechtsprechung die Einwilligungslösung konsequent ablehnt, ist noch nichts darüber gesagt, ob aus bewußt selbstgefährdendem Verhalten wirklich auf keine Einwilligung geschlossen werden kann. Dies erfordert, daß man dem Bundesgerichtshof in seiner Einschätzung, selbstgefährdendes Verhalten nicht als Einwilligung aufzufassen, auch inhaltlich zustimmt. Die zivilistische Rechtsprechung geht wie selbstverständlich davon aus, daß die Annahme einer rechtfertigenden Einwilligung begrifflich die Einwilligung in die Rechtsgutverletzung voraussetzt. Bezugspunkt für die Einwilligung soll demnach nicht nur die Handlung des Verletzers sein. Darüber hinaus muß sich der Verletzte auch noch mit der Verletzung einverstanden erklärt haben[67].

Dieser Ansicht der zivilrechtlichen Rechtsprechung und Lehre steht die auch schon oben angesprochene Auffassung[68] im Strafrecht entgegen, Gegenstand der Einwilligung bei Fahr-

---

[65] LANGE § 10 XIV 1.; SOERGEL/MERTENS § 254 Rz.51; STAUDINGER/SCHÄFER Vorbem. zu § 823 Rz.72; RGRK/Steffen Vor § 823 Rz.67; ESSER/SCHMIDT § 35 I 3 a.

[66] OLG München NJW 1970,2297; LG Stade NdsRpfl 1983,156; AG Rosenheim VersR 1989,1207.

[67] BGHZ 31,355 (361); 63,140 (144)

[68] Siehe oben S.105 f.

lässigkeitstaten sei allein die Handlung[69]. Zu überlegen ist nun, ob die herrschende Ansicht aus dem Strafrecht in das Zivilrecht übertragen werden kann[70]. Das setzt die Zustimmung zur herrschenden Meinung im Strafrecht voraus.

Die Autoren, die für eine Rechtfertigung durch Einwilligung eine Einwilligung in die Handlung ausreichen lassen, berufen sich zunächst auf ein praktisches Bedürfnis[71]. Die "Erfolgstheorie" könne die rechtfertigende Wirkung bei Fahrlässigkeitstaten nicht erklären[72] und außerdem werde in den eingetretenen Erfolg kaum jemand einwilligen[73]. Solche Argumente können aber bei der Bestimmung des Gegenstandes der Einwilligung nicht herangezogen werden. Den Maßstab für die Abgrenzung des Gegenstandes der Einwilligung können nicht Opportunitätsgesichtspunkte bilden. Allein der Umstand, daß nur die "Handlungstheorie" einen praktischen Anwendungsbereich für die Einwilligung schafft, ist nicht geeignet, den Gegenstand der Einwilligung festzulegen[74].

Die herrschende Lehre hat sich mit dieser Begründung auch nicht begnügt. Die These, die Einwilligung müsse lediglich auf die Handlung des Täters bezogen sein, wird heute vornehmlich aus der Unrechtsdogmatik des fahrlässigen Delikts gewonnen[75]. Aufgabe der hinter den Tatbeständen fahrlässiger Delikte stehenden Verbote sei es, sorgfaltswidrige Handlungen zu verbieten. Die Norm als Bestimmungsnorm enthalte Ver-

---

69 LEIPZIGER KOMMENTAR/HIRSCH Vor § 32 Rz. 94 f. u. 107; SCHÖNKE/SCHRÖDER/LENCKNER Vorbem. §§ 32 ff. Rz.102 m.w.N. insbesondere zur zustimmenden Rechtsprechung; ESCHWEILER S.24 ff.; DÖLLING GA 1984,71 (80 ff).; SCHAFFSTEIN in FS Welzel S.557 (565 ff.); MAURACH S.553 f.; WELZEL S.97; JESCHECK § 56 II 3.; HANSEN S.107 ff.; Mezger GS 89 (1924),207 ff.; BayObLG NJW 1961,2072; OLG Braunschweig NdsRpfl 1960,233.

70 Eine solche Übertragung befürwortet HELLGARDT S.46 f. für den Sportbereich.

71 MEZGER, GS 89 (1924),207 (209); JESCHECK § 56 II 3.; ähnlich auch HILLENKAMP JuS 1977,166 (171).

72 MEZGER, GS 89,207 (209).

73 JESCHECK § 56 II 3.

74 GEPPERT ZStW 83,947 (971).

75 LEIPZIGER KOMMENTAR/HIRSCH Vor § 32 Rz.107; ESCHWEILER S.25; Dach S.47 ff.; SCHAFFSTEIN in FS Welzel S.557 (565 ff.); ähnlich auch KG JR 1954,428.

bote, die an den Rechtsunterworfenen gerichtet seien. Gegenstand eines Verbotes könne jedoch nicht ein Erfolg, sondern nur ein Verhalten sein[76]. Der Erfolg sei lediglich Auswirkung des Handlungsunrechts, nicht aber ein Teil desselben. Da sich somit das Verbot bei Fahrlässigkeitsdelikten allein auf die sorgfaltswidrige Handlung bezöge, dürfe die Einwilligung, die ihrem Wesen nach die verbotene Handlung erlaube, nur auf die Handlung bezogen werden[77].

Diese Ausführungen zur Unrechtsdogmatik vermögen mit Blick auf die Bestimmung des Gegenstandes der Einwilligung nicht zu überzeugen. Die herrschende Lehre berücksichtigt durch das Abstellen allein auf den Handlungsunwert nur einen Teilaspekt des Unrechts eines fahrlässigen Delikts. Sie geht auf die Beziehung zwischen Handlungs- und Erfolgsunwert nicht ein. Das Grundanliegen des Strafrechts besteht - daran ändert auch die Lehre vom Handlungsunwert nichts - in dem Schutz der Güter[78]. Man darf zwar nicht verkennen, daß dieser Rechtsgüterschutz nicht absolut ist. Gerade beim fahrlässigen Verletzungsdelikt wird deutlich, daß das Rechtsgut nicht in allen Situationen geschützt wird. Damit der Schutz eingreifen kann, bedarf es zusätzlich einer Pflichtwidrigkeit. Der Schutz stellt sich mithin so dar, daß das Recht erst dadurch konkret geschützt wird, daß man die Voraussetzungen definiert, unter denen eine Beschädigung sanktioniert wird. Dies darf aber nicht dazu führen, daß darüber der beabsichtige Rechtsgüterschutz vergessen wird. Bei Verletzungsdelikten ist nicht nur das Verhalten schlechthin, sondern immer auch der Erfolg Gegenstand der Norm[79]. Denn ein strafrechtliches Unrecht bei Verletzungsdelikten ist nur denkbar, wenn der mißbilligte Erfolg auch tatsächlich eingetreten ist.

Das strafrechtliche Unrecht in Form einer pflichtwidrigen Rechtsgutverletzung besteht also aus Handlungs- und Erfolgsunwert mit der Folge, daß ein selbständiger von einem

---

[76] ESCHWEILER S.25.

[77] LEIPZIGER KOMMENTAR/HIRSCH Vor § 32 Rz.107.

[78] MARX S.71.

[79] GEPPERT ZStW 83,947 (973 f.); SCHÜNEMANN JA 1975,435 (512) mit einem umfassenden Überblick über die Problematik der Stellung des Erfolgs beim Fahrlässigkeitsdelikt (S.442 ff.).

unwerten Erfolg unabhängiger Handlungsunwert nicht denkbar ist[80]. Besteht aber diese notwendige Verbindung zwischen Handlung und Erfolg, bedarf es, damit der Täter straflos bleibt, nicht nur der Einwilligung in das strafrechtlich mißbilligte Verhalten, sondern gleichzeitig auch der Einwilligung in die Verletzung des tatbestandlich geschützten Rechtsgutes[81].

Dieses Ergebnis wird durch die Existenz der Bestimmung des § 216 StGB bestätigt. Nach dem Konzept der herrschenden Lehre müßte sich die rechtfertigende Wirkung der Einwilligung unabhängig vom eingetretenen Erfolg immer dann einstellen, wenn der Verletzte allein in die Handlung eingewilligt hat. Sie müßte also "erfolgsindifferent"[82] sein. Demgegenüber legt das Gesetz fest, daß in bestimmten Fällen, z.B. im Falle einer Tötung, die Einwilligung unwirksam ist. Mithin läßt der Gesetzgeber die Handlung als alleinigen Einwilligungsgegenstand nicht ausreichen[83].

Der herrschenden Lehre im Strafrecht kann somit nicht zugestimmt werden. Dies hat zur Folge, daß eine Übertragung dieser Ansicht ins Zivilrecht nicht in Betracht kommt.

Mit der Feststellung, die Einwilligung müsse auch den Erfolg umfassen, ist aber noch keine Klarheit darüber geschaffen, ob die Einwilligung für die bewußte Selbstgefährdung als Lösungsmöglichkeit in Betracht kommen kann. Bejaht man auch, daß der Erfolg von der Einwilligung umfaßt sein muß, so ist damit noch nicht gleichzeitig gesagt, daß das in der bewußten Selbstgefährdung liegende Verhalten nicht auch den Erfolg mit einbezieht. Denn unter Umständen ließe sich argumentieren, daß die in der bewußten Selbstgefährdung liegende Einwilligung in die Handlung die Einwilligung in den Erfolg

---

80 Marx S.71; GEPPERT ZStW 83,947 (974); SCHÜNEMANN JA 1975,435 (512).

81 GEPPERT ZStW 83,947 (974); SCHÜNEMANN JA 1975,435 (723 f.); NOLL S.119 ff.

82 GERHARDT S.66.

83 GEERDS S.55; GERHARDT S.66.

zwangsläufig nach sich ziehe[84]; oder anders formuliert, daß der sich bewußt Selbstgefährdende mit der Einwilligung in das Risiko konkludent in die Verletzung einwillige, zumindest aber diese in Kauf nehme.

Diese Argumentation verkennt allerdings die innere Beziehung, die der in die gefährliche Handlung Einwilligende zur Tat des Schädigers hat. Bei den inneren (oder psychischen) Voraussetzungen einer Einwilligung lassen sich - ähnlich wie beim Vorsatz - ein intellektuelles und ein voluntatives Element unterscheiden[85]. Das intellektuelle Element, das dem "Wissens"-Erfordernis beim Vorsatz entspricht und dementsprechend nur voraussetzt, daß der Einwilligende eine zutreffende Vorstellung von den möglichen Folgen der Tat hat, kann ohne weiteres bei der bewußten Selbstgefährdung des Verletzten bejaht werden[86].

Demgegenüber bereitet die Annahme des voluntativen Elementes erhebliche Schwierigkeiten. Das voluntative Element besteht in der inneren Haltung des Einwilligenden zu dem Vorhaben des Täters[87]. Für eine Einwilligung, die schließlich eine bewußte innere Annahme des Geschehens bedeutet[88], reicht eine innere Haltung in Form eines bloßen Geschehenlassens oder widerspruchlosen Duldens nicht aus. Darüber herrscht weitgehend Einigkeit[89]. Streitig ist dagegen, welche Qualität das voluntative Element darüber hinaus haben muß[90]. Dieser Streit braucht hier aber nicht weiter verfolgt zu werden. Selbst wenn man für die Einwilligung ein Wollen des Erfolges in der Art genügen läßt, wie es beim Täter für den dolus eventualis ausreicht[91], und damit die geringsten An-

---

[84] So KEßLER S.19 ff.; KLEE GA 1949,248; BÜHRING S.50; FUCHS DAR 1956,149 (151); HARTUNG NJW 1954,1225; NOLL S.119 f.; in ähnlicher Richtung kann auch hier und da die Rechtsprechung verstanden werden: BGHSt 7,112 (114), OLG Köln NJW 1966,895 (896).

[85] HANSEN S.38 ff; GEPPERT ZStW 83,947 (976).

[86] Näher dazu MEINERS S.91.

[87] MEINERS S.91.

[88] GEPPERT ZStW 83,947 (977).

[89] Vgl. etwa HANSEN S.42; Ensthaler S.77; WELZEL S.95.

[90] Siehe dazu GEPPERT ZStW 83,947 (977 f.).

[91] Dazu SCHÖNKE/SCHRÖDER/CRAMER § 15 Rz.72 ff.

forderungen an das voluntative Element stellt, kann eine Inkaufnahme des Erfolges durch die bewußte Selbstgefährdung nicht angenommen werden. Denn es ist nicht richtig, allein von dem Eingehen einer gefährlichen Situation darauf zu schließen, der Betroffene nehme auch die daraus entstehenden Verletzungen billigend in Kauf. Sowohl der, der die Fahruntüchtigkeit des Fahrers erkannt hat und dennoch die Fahrt mit dem Angetrunkenen antritt, als auch der, der sich an einer gefährlichen Sportart wie z.B. das Fußball-, Handball- oder Eishockeyspiel beteiligt, nimmt zwar die durch die Trunkenheit oder die Gefährlichkeit des Sports entstehende erhöhte Gefährdung seiner Rechtsgüter in Kauf, hofft aber regelmäßig, es werde nicht zu einer Beeinträchtigung dieser Rechtsgüter kommen. Das Handeln trotz Erkenntnis der Verletzungsmöglichkeit bedeutet nicht schon Einwilligung[92]; vielmehr wird der Betroffene gerade darauf vertrauen, trotz des Risikos "heil aus der Sache herauszukommen"[93]. Gerade diese innere Einstellung des Verletzten vor Eintritt der Verletzung ist es, die eine Ableitung der inneren Voraussetzungen für eine Einwilligung aus dem tatsächlichen Willen verhindern. Wer auf den Nichteintritt eines Erfolges vertraut, handelt nicht, um noch einmal den Vorsatzbegriff zu bemühen, mit dolus eventualis, sondern lediglich bewußt fahrlässig. Läßt sich aber aus dem tatsächlichen Willen die Inkaufnahme der Verletzung nicht entnehmen, ist die Bejahung der Inkaufnahme der Verletzung durch die herrschende Lehre nichts anderes als eine künstliche Unterstellung oder anders ausdrückt eine lebensfremde, den psychologischen Realitäten widersprechende Fiktion[94]. Dies hat der Bundesgerichtshof richtig erkannt[95].

Nach alledem kann allein aus der bewußten Selbstgefährdung des Verletzten nicht grundsätzlich auf eine Einwilligung, die die Rechtswidrigkeit des schädigenden Handelns beseitigt, geschlossen werden. Entsprechend der herrschenden Lehre im Zivilrecht ist eine Einwilligung des Verletzten nur

---

92 ESCHWEILER S.27.

93 KRÄHE S.93; GERHARDT S.76 ff.; SCHMIDT JZ 1954,369 (372).

94 ZIPF S.75; zur Unzulässigkeit einer solchen Fiktion: GERHARDT S.80 ff.

95 BGHZ 34,355 (363).

dann anzunehmen, wenn darin keine künstliche Unterstellung liegt. In den Fällen bewußter Selbstgefährdung wird dies im Grundsatz nur bei bestimmten Sportarten möglich sein. Bei diesen Sportarten kann es sich aber nicht, wie es in der Literatur manchmal anklingt[96], pauschal um Sportarten handeln, die mit der Eigenschaft "gefährlich" belegt werden. Denn auch bei diesen war ja festgestellt worden, daß der Sportler die Beeinträchtigung seiner Rechtsgüter nicht zwangsläufig in Kauf nimmt.

Unter den Sportarten, die als "gefährlich" gelten, gibt es aber auch solche, bei denen Verletzungen nicht nur wie bei den meisten Mannschaftssportarten bei Gelegenheit der Sportausübung passieren, sondern bei denen es gerade darum geht, allein durch körperliches Einwirken auf den Gegner einen Kampf für sich zu entscheiden[97]. Zu denken ist dabei an Sportarten wie Boxen, Ringen oder an verschiedene orientalische Kampfsportarten. Der Sinn dieser Sportarten liegt vornehmlich darin, seinen Gegner durch Attacken auf den Körper zu bezwingen. Es ist bei dieser sportlichen Betätigung unausweichlich, daß es zu wechselseitigen Verletzungen kommt. Es kann dann nicht zweifelhaft sein, daß der Sportler schon allein durch seine Beteiligung an dieser Sportart in die Verletzungen eingewilligt hat, die er anläßlich deren Ausübung erleidet[98]. Er weiß schließlich, daß er nur mit Glück ohne Verletzungen durch seinen Gegner davonkommen wird. Entscheidendes Kriterium für das Vorliegen einer Einwilligung bei Sportverletzungen ist damit nicht die Gefährlichkeit der jeweiligen Sportart. Vielmehr kommt es darauf an, daß die jeweilige Sportdisziplin in einer Weise ausgeübt wird, in der Einwirkungen auf den Körper des Gegners das Wesen dieses Sports ausmachen, und dadurch Verletzungen zwangsläufig entstehen müssen.

In diese Richtung scheint sich auch die Rechtsprechung zu bewegen. Zwar taucht immer noch der Begriff der Gefährlichkeit der Sportart in den Entscheidungen der Gerichte auf, aber daß aus der Gefährlichkeit dann auf eine Einwilligung geschlossen wird, ist nicht erkennbar. Diese Zurückhaltung

---

[96] STAUDINGER/SCHÄFER Vorbem. zu § 823 ff. Rz.72.

[97] RGRK/STEFFEN Vor § 823 Rz.72.

[98] So auch KRÄHE S.100 ff.; RGRK/STEFFEN Vor § 823 Rz.72.

läßt sich nur dadurch erklären, daß es trotz der Gefährlichkeit einer Sportart in der Regel immer noch eine Unterstellung bedeutet, daß der Verletzte die Verletzung in Kauf genommen habe. Die Rechtsprechung sollte daher konsequenterweise auf den Begriff der Gefährlichkeit verzichten.

II. Die Sozialadäquanz und das erlaubte Risiko

Im Zusammenhang mit den Sachverhalten, in denen eine bewußte Selbstgefährdung des Geschädigten vorliegt, tauchen häufig die Begriffe "Sozialadäquanz"[99] und "erlaubtes Risiko"[100] auf. Diese Begriffe stammen aus dem Strafrecht und sind dort in sachlicher und terminologischer Hinsicht heftig umstritten[101]. Aber auch im Zivilrecht sind Sozialadäquanz und erlaubtes Risiko schillernde Begriffe, deren Anwendungsbereiche und Rechtsfolgen noch nicht klar herausgearbeitet sind[102].

1. Die Sozialadäquanz

a. Historische Entwicklung

Die in der strafrechtlichen Literatur von Welzel[103] entwikkelte Lehre von der Sozialadäquanz hat als erster Nipperdey

---

[99] Vgl. etwa NIPPERDEY NJW 1957,1777 ff.; ESSER § 53 2.; FRITZWEILER S.61 ff. u. 69 ff.

[100] Vgl. etwa KRÄHE S.168 ff. u. S.188 ff.; HUBER in FS Wahl S. 301 ff.; auch in der Rechtsprechung tauchte jüngst in zwei Entscheidungen der Begriff des "erlaubten Risikos" auf: LG Nürnberg-Fürth VersR 1990,96 (näher zu diesem Urteil oben S.51 Fußn.244); AG Brackenheim VersR 1990, 1286 (1287).

[101] Dazu im einzelnen und zum neuesten Stand der Lehre ROXIN § 10 Rz.33 ff. (Sozialadäquanz) und § 11 Rz.55 ff. (erlaubtes Risiko).

[102] Zu den verschiedenen Verständnismöglichkeiten beider Rechtsinstituten siehe zusammenfassend ESSER/SCHMIDT, § 25 IV.

[103] WELZEL S.55 ff.; ihm folgen, wenn auch in unterschiedlichen systematischen Ausformungen : DREHER/TRÖNDLE vor § 32 Rz.12; JESCHECK § 25 IV; SCHMIDHÄUSER 6/102; ZIPF ZStW 82 (1970),633 ff.; PETERS in FS Welzel S. 415 (425 ff.); SCHAFFSTEIN ZStW 72 (1960),369 ff.; kritisch dagegen: ROXIN in FS Klug, Bd. II, S.303 ff.; LEIPZIGER KOMMENTAR/HIRSCH Vor § 32 Rz.26; SCHÖNKE/SCHRÖDER/LENCKNER Vorbem. § 32 Rz.69 f.; DÖLLING GA 1984,70 (75 ff.); zusammenfassend ROXIN § 10 Rz.33 ff.

für das Zvilrecht in einem arbeitsrechtlichen Gutachten im Jahre 1953 aufgenommen[104]. Nipperdey sah im Anschluß an Welzel die Handlungen, die sich im Rahmen der allgemeinen Ordnung hielten und somit sozialadäquat seien, als nicht tatbestandsmäßig an. Dies hätte zur Folge, daß sie als unerlaubte Handlungen erst gar nicht in Betracht kämen. Solche sozialadäquaten Handlungen seien z.B. der Leistungswettbewerb, die lege artis durchgeführte Heilbehandlung oder die Drohung mit einem verkehrsmäßigen Übel. Den Gedanken der Sozialadäquanz hat Nipperdey in der Folgezeit weiter verfolgt, die sozialadäquaten Handlungen aber nicht mehr als bereits tatbestandsausschließend, sondern als nicht widerrechtlich eingestuft, ohne daß sich hierbei noch die Frage nach einem besonderen Rechtfertigungsgrund stelle[105]. Die rechtliche Grundlage sah Nipperdey dabei in dem objektiven Fahrlässigkeitsmaßstab des § 276 Abs. 1 Satz 2 BGB, den er für die unvorsätzliche Tatverwirklichung als Ausdruck der Sozialadäquanz betrachtete[106].

In der Rechtsprechung findet sich der Begriff der Sozialadäquanz erstmals in dem Beschluß des Großen Senats des Bundesgerichtshofs vom 04.03.1957[107]. Dort hat der Bundesgerichtshof für Schädigungen im Straßen- und Eisenbahnverkehr ausgesprochen, es gehe nicht an, ein den Ge- und Verboten der Verkehrsordnung Rechnung tragendes Verkehrsverhalten mit dem negativen Werturteil der Rechtswidrigkeit zu versehen, nur weil der eingetretene Erfolg äußerlich den Tatbestand des § 823 Abs. 1 BGB erfülle. Hieraus hat der Bundesgerichtshof dann folgenden Grundsatz entwickelt: Bei verkehrsrichtigem, ordnungsgemäßem Verhalten eines Teilnehmers am Straßen- und Eisenbahnverkehr liege eine rechtswidrige Schädigung nicht vor[108].

---

[104] NIPPERDEY, Die Ersatzansprüche für die Schäden, die durch den von den Gewerkschaften gegen das geplante Betriebsverfassungsgesetz geführten Zeitungsstreik vom 22.- 29. Mai 1952 entstanden sind, zitiert nach DEUTSCH, FS Welzel S.237, 238 Fußn.40.

[105] ENNECCERUS/NIPPERDEY § 209 V.; NIPPERDEY NJW 1957,1777 (1779).

[106] ENNECCERUS/NIPPERDEY § 209 V.

[107] BGHZ 24,21 ff. = NJW 1957,785 ff.

[108] BGH NJW 1957,785 (786).

Die Lehre von der Sozialadäquanz hat nach dem Anstoß von Nipperdey und dem Beschluß des Bundesgerichtshofs im Zivilrecht viel Zustimmung gefunden[109], wird aber von der wohl herrschenden Lehre abgelehnt[110]. Die grundsätzliche Bedeutung der Sozialadäquanz für das Zivilrecht ist dabei nicht unbedingt streitig. Es steht eher die Frage im Vordergrund, ob die Sozialadäquanz im Rahmen der Rechtswidrigkeit[111] oder bei der Prüfung der Schuld[112] Berücksichtigung finden soll. Damit ist offengelegt, wo der Kernpunkt des Streits liegt, nämlich in der Auseinandersetzung[113] zwischen der klassischen Rechtswidrigkeitslehre[114] und der Lehre vom Handlungsunrecht[115]. Dieser Streit um die dogmatische Einordnung muß aber an dieser Stelle unberücksichtigt bleiben, da es im Rahmen der hier vorzunehmenden Untersuchung nicht um die Dogmatik der Sozialadäquanz, sondern um die Verbindung zwischen bewußter Selbstgefährdung und Sozialadäquanz geht. Erst wenn eine solche Verbindung festgestellt wird, hat es Sinn, auf den Streit um die Bedeutung der Sozialadäquanz einzugehen.

---

109 v.CAEMMERER, Wandlungen des Deliktsrechts, FS DJT, Bd. II, S.49 ff.; WIETHÖLTER S.21 ff.; ESSER § 53 2.; WEIDNER S.40 ff.; ESSER/Weyers § 55 II 3; FLUME JZ 1961, 605; MÜNZBERG S.47 ff., 67 ff.; FRITZWEILER S.61 ff., 69 ff.; SOERGEL/ZEUNER § 823 Rz.7.

110 PALANDT/HEINRICHS § 276 Rz.8 f.; LARENZ, SR I, § 20 IV; DERS., SR II, § 72 I c); MÜNCHENER KOMMENTAR/HANAU § 276 Rz.27; DEUTSCH, Fahrlässigkeit, S.239 ff. m.w.N.; STOLL AcP 162 (1963),203 (205); aus dem Sportbereich z.B. FÜLLGRAF VersR 1983,705 (708); KRÄHE S.81 ff.; HELLGARDT S.21 ff.; FRIEDRICH NJW 1966,755 (756 f.).

111 So NIPPERDEY in NJW 1957,1777 (1779) und die ihm folgenden Autoren in Fußn.109.

112 PALANDT/THOMAS § 823 Rz.33; DEUTSCH, Fahrlässigkeit, S.239 ff.

113 Siehe dazu ausführlich LARENZ, SR II, § 72 I c).

114 STAUDINGER/SCHÄFER § 823 Rz.1; PALANDT/THOMAS § 823 Rz.33; RGRK/STEFFEN § 823 Rz.114 ff.; LARENZ, SR II, § 72 I c) m.w.N.; aus dem Sportbereich MEINERS S.46 ff.; Petev VersR 1976,320 ff.; FÜLLGRAF VersR 1983,705 (708); FRIEDRICH NJW 1966,755 (756 f.).

115 ENNECCERUS/NIPPERDEY § 209 VII B 2.; MÜNZBERG S.53 ff.; v.CAEMMERER in FS DJT, Bd.II, S.49 ff.; ESSER § 53; aus dem Sportbereich FRITZWEILER, S.61 ff.; Zimmermann VersR 1980,497 (498 f.).

b. Der Anwendungsbereich der Sozialadäquanz im Zivilrecht

aa. Harmlose Rechtsgutverletzungen

Als Beispielsfälle der Sozialadäquanz werden zunächst Einschränkungen der Persönlichkeit, der Freiheit und des Eigentums genannt, die im täglichen Leben eintreten, ohne daß sie als rechtswidrig zu werten sind, weil sie allgemein hingenommen und gar nicht als Verletzung der eigenen Rechtssphäre empfunden werden. Solche Handlungen seien Beeinträchtigungen durch Verkehrsgedränge, Freiheitsbeschränkungen im modernen Reiseverkehr, ortsübliche Immissionen bei Grundstücken oder körperliche Belästigungen in überfüllten öffentlichen Verkehrsmitteln[116]. Diese Handlungen seien allesamt völlig harmlos oder würden zumindest von der Allgemeinheit einfach hingenommen. Die Lehre von der Sozialadäquanz greift dies auf und schließt daraus, die Rechtsordnung wolle und könne derartige Handlungen nicht verbieten. Die Rechtsordnung verlange nicht, daß diese Handlungen unterblieben, sondern fordere nur die Einhaltung des sozialadäquaten Maßes der Rechtsgütergefährdung. Erst wenn dieses überschritten werde, könne die fragliche Handlung mit einem Unwerturteil belegt werden[117].

bb. Regelgerechte Sportverletzungen

Die Sportregeln spielen bei der Haftung des schädigenden Sportlers eine entscheidende Rolle[118]. Es besteht Einigkeit darüber, daß der Sportler, der die dem jeweiligen Sport eigenen Regeln beachtet hat, keinem Schadensersatzanspruch des Geschädigten ausgesetzt sein soll[119]. Die Begründung dieses Ergebnisses ist dagegen umstritten. Einen Weg zeigt die

---

116 NIPPERDEY NJW 1957,1777 (1778); REINHARDT, Karlsruher Forum 61,6 (9).

117 NIPPERDEY NJW 1957,1777 (1778).

118 Siehe oben S.52 ff.

119 Für alle STAUDINGER/SCHÄFER Vorbem. zu § 823 ff. Rz.77.

Lehre von der Sozialadäquanz. Nach der herkömmlichen Rechtswidrigkeitslehre handelt der Sportler, der den Gegner oder einen anderen Sportler trotz Beachtung der dem jeweiligen Sport eigenen Regeln verletzt hat, rechtswidrig, da sich die Rechtswidrigkeit schon aufgrund des eingetretenen Erfolgs einstellt[120]. Dagegen wird vielfach die Annahme eines rechtswidrigen Verhaltens bei Beachtung der Spielregeln als sachlich unbefriedigend angesehen. Insbesondere Nipperdey hat es für einen Widerspruch gehalten, dem Sportler, der sich an die Sportregeln gehalten hat, rechtswidriges Verhalten vorzuwerfen[121].

Nipperdey hat als erster nach einer Auflösung dieses Widerspruchs gesucht und diese in der Lehre von der Sozialadäquanz gefunden. Zwar seien es grundsätzlich die vom Staat gesetzten Regelungen, die das sozialadäquate Verhalten bestimmten, aber der allgemeine Begriff der Sozialadäquanz umfasse nicht nur die gesetzlichen, sondern auch die Regeln, die im Rahmen der sozialethischen Ordnung des Gemeinschaftslebens entwickelt worden seien. Dabei könne es sich auch um von Sportverbänden aufgestellte Spielregeln oder um im Sport allgemein anerkannte Grundregeln handeln. Wer Sport treibe und dabei verletzt werde, könne daher nur bei einem Verhalten Ersatz seines Schadens verlangen, das die Sportregeln verletze und damit sozialinadäquat, sprich rechtswidrig sei[122]. Es sei nicht anders als in dem vom Großen Zivilsenat entschiedenen Fall[123]: "Hat der Verletzer alle "Spielregeln" eingehalten, sich also "verkehrsrichtig" (sozialadäquat) verhalten, so hat er trotz der von ihm verursachten Körperverletzung rechtmäßig gehandelt und haftet nicht"[124].

---

[120] RGRK/STEFFEN Vor § 823 Rz.72; JAUERNIG/TEICHMANN § 254 Anm. 5 b) dd).; MEINERS S.46 ff.; DEUTSCH VersR 1974, 1045 (1048); PETEV VersR 1976,320 (323); FÜLLGRAF VersR 1983, 705 (708 f.); FRIEDRICH NJW 1966,755 (756 f.) m.w.N. für die ältere Literatur in Fußn.8.

[121] NIPPERDEY NJW 1957,1777 ff.

[122] NIPPERDEY NJW 1957,1777 (1778 f.)

[123] Gemeint ist das Grundsatzurteil des BGH zum "verkehrsrichtigen Verhalten" in BGHZ 24,21 ff. = NJW 1957,785 ff.

[124] NIPPERDEY NJW 1957,1777 (1779).

Die Äußerungen Nipperdeys und auch das angesprochene Grundsatzurteil des Bundesgerichtshofs zum "verkehrsrichtigen Verhalten" haben in der Literatur für die dogmatische Lösung von regelgerechten Sportverletzungen große Bedeutung erlangt. Die Stimmen, die die Konstruktion des Handelns auf eigene Gefahr als rechtfertigende Einwilligung auch für den Sportbereich für gekünstelt und lebensfremd hielten, sahen in der Lehre von der Sozialadäquanz einen Weg, regelgerechtes Verhalten auch dann, wenn es dadurch zu einer Verletzung des Gegenspielers gekommen sein sollte, nicht mit dem Rechtswidrigkeitsurteil zu belegen[125]. Aber auch heute, wo die bewußte Selbstgefährdung nur noch vereinzelt mit der Einwilligung in Verbindung gebracht wird, hat diese Ansicht nichts an ihrer Bedeutung verloren[126].

cc. Teilnahme am Straßenverkehr und der Betrieb industrieller Anlagen

Der Begriff der Sozialadäquanz hat des weiteren in der Literatur große Bedeutung bei sog. gefährlichen Tätigkeiten oder Betrieben erlangt. Als Beispiele werden Steinbrüche, Bergwerke, Chemiefabriken, der gesamte öffentliche Verkehr, der ärztliche Heileingriff u.a. genannt[127]. Die gefährlichen Tätigkeiten und Betriebe bilden ein Gefahrenpotential, aus dem immer wieder - auch unvermeidbare - Rechtsgutverletzungen entstehen. Nun kann man aber gefährliche Betriebe und Tätigkeiten, auch wenn sie eine allgemeine Gefährdung mit sich

---

125 NIPPERDEY NJW 1957,1777 (1779); FRITZWEILER S.61 ff.; FLUME JZ 1961,605; GERHARDT S.44 ff.

126 SOERGEL/ZEUNER Vor § 823 Rz.64; MERTENS in Münchener Kommentar § 823 Rz.344 und in Soergel § 254 Rz.59; FRITZWEILER S.61 ff, 69 ff.; TEICHMANN JA 1979,293 (294), der aber in Jauernig § 254 Anm. 5 b) dd) die gegenteilige Ansicht vertritt; ZIMMERMANN VersR 1980,497 ff.; MERTENS VersR 1980,397 (400); dagegen wenden sich neben den unter Fußn.110 auf S.122 zitierten Autoren speziell aus der sportrechtlichen Literatur KRÄHE S.55 ff.; MEINERS S.46 ff.; FÜLLGRAF VersR 1983,705 (708 f.); DEUTSCH VersR 1974,1045 (1047 f.); FRIEDRICH NJW 1966,755 (756 f.); vgl. auch LANGE § 10 XV 2.

127 NIPPERDEY NJW 1957,1777 (1778).

bringen, nicht einfach verbieten. Größtenteils handelt es sich bei den Betrieben, wie z.B. bei der chemischen Industrie, um nützliche oder sogar lebenswichtige Einrichtungen. Auch Straßen- und Luftverkehr sind trotz ihrer Gefährlichkeit aus unserem Dasein, in dem persönliche Mobilität eine große Rolle spielt und sogar als Lebensqualität angesehen wird, nicht mehr wegzudenken.

An diesem Punkt setzt nun die Lehre von der Sozialadäquanz an. Wolle die Rechtsordnung in einem freiheitlichen Staat eine potentielle Gefährdung nicht schlechthin verbieten, so könne sie lediglich verlangen, daß bei den betreffenden Handlungen Regeln, die zur Unfallverhütung dienen und Rechtsgutverletzungen auf ein Minimum reduzieren sollen, beachtet werden. Komme es trotz Einhaltung dieser Regeln zu Beinträchtigungen von Rechtsgütern des einzelnen, so könnten diese nicht mehr mit dem Urteil der Rechtswidrigkeit belastet werden. Diese Rechtsgutverletzungen widersprächen nicht der Rechtsordnung, sondern müßten bei wertender Betrachtung durch die Zulassung der Tätigkeit in Kauf genommen werden. Sie seien erlaubtes Risiko einer erlaubten Betätigung. Unvermeidbare Rechtsgutverletzungen lägen mithin im Rahmen der sozialen Ordnung des Gemeinschaftslebens. Das Verhalten des Verletzenden sei deshalb adäquat und daher nicht rechtswidrig[128].

2. Das erlaubte Risiko

Dem Gedanken der Sozialadäquanz verwandt ist die Rechtsfigur des erlaubten Risikos. Ihre eigentliche Domäne liegt im Strafrecht[129]. Sie verfügt aber auch im Zivilrecht über einige Anhänger[130].

---

128 NIPPERDEY NJW 1957,1777 (1778).

129 Anerkennung findet dieses Rechtsinstitut bei SCHÖNKE/SCHRÖDER/LENCKNER Vorbem. §§ 32 ff. Rz.107b; JESCHECK § 36 I; ROXIN § 11 Rz.55 ff.; JAKOBS 7/35 ff.; MAIWALD in FS Jescheck S.405 ff.; ablehnend dagegen LEIPZIGER KOMMENTAR/HIRSCH Vor § 32 Rz.33; Kienapfel, 1966.

130 MÜNZBERG S.350 ff; HUBER in FS Wahl S.301 ff.; KRÄHE S.113 f.; siehe auch LG Nürnberg-Fürth VersR 1990,96.

In gleichem Maße wie bei der Sozialadäquanz herrscht über die systematische Stellung und Bedeutung dieses Rechtsinstituts noch Unklarheit[131]. Gemeinsam scheint jedoch allen Unterschieden zum Trotz die Überlegung zu sein, daß bestimmte gefährliche Handlungen wegen ihrer sozialen Notwendigkeit und Anerkennung von der Rechtsordnung erlaubt sein müssen. Damit rückt das erlaubte Risiko, wie die soeben referierten Äußerungen Nipperdeys zeigen, ganz eng in die Nähe der Sozialadäquanz[132]. Diese These bestätigt sich, wenn man die Fälle betrachtet, in denen das erlaubte Risiko zum Tragen kommen soll. In den Bereich des erlaubten Risikos fallen nach der Ansicht Roxins, der hier stellvertretend für alle anderen steht, der gesamte öffentliche Verkehr, der Betrieb von Industriewerken, die Ausübung risikobehafteter Sportarten[133], ärztliche Heilbehandlungen gemäß der lex artis u.ä.[134]. Damit decken sich im wesentlichen die Anwendungsbereiche von Sozialadäquanz und erlaubtem Risiko. Das gilt zumindest für die Fälle, in denen eine bewußte Selbstgefährdung des Geschädigten vorliegt. Für die weitere Untersuchung erübrigt es sich mithin, Sozialadäquanz und erlaubtes Risiko gesondert zu behandeln. Festzustellen bleibt nur, daß in der Literatur einige Fälle bewußter Selbstgefährdung über die Rechtsinstitute der Sozialadäquanz und des erlaubten Risikos gelöst werden. Im folgenden sollen daher beide Rechtsinstitute gemeinsam auf ihre dogmatische Verbindung zur bewußten Selbstgefährdung untersucht werden.

---

[131] Dies betont unter Darstellung der in der Literatur vertretenen Ausformungen des erlaubten Risikos auch ROXIN § 11 Rz.55. Auf ihn und auf die Darstellung bei JAKOBS 7/35 ff. soll hier verwiesen werden.

[132] Aus diesem Grund löst z.B. ROXIN in seinem Lehrbuch § 10 Rz.38 die bei der Sozialadäquanz unter b) und c) genannten Fälle über das erlaubte Risiko; vgl. auch ENGISCH in FS DJT, Bd I, S.401 (415 ff.); auch ESSER/SCHMIDT § 25 IV b) halten das "erlaubte Risiko" für einen Parallelbegriff zur "Sozialadäquanz".

[133] Auch KRÄHE S.188 ff. sieht in den gefährlichen Sportarten einen Anwendungsfall des "erlaubten Risikos"; er verwendet aber das erlaubte Risiko nicht als eigenständiges Rechtsinstitut, sondern konstruiert einen Zusammenhang zwischen diesem Rechtsbegriff und der Lehre vom Schutzzweck der Norm (S.168 ff.); näher dazu unten S. 201 ff.; vgl. auch LG Nürnberg-Fürth VersR 1990,96; AG Brackenheim VersR 1990,1286 (1287).

[134] ROXIN § 11 Rz.57.

3. Die Verbindung von Sozialadäquanz/erlaubtem Risiko und bewußter Selbstgefährdung

Da die Lehren von der Sozialadäquanz und dem erlaubten Risiko in einigen Fällen bewußter Selbstgefährdung zu dem Ergebnis führen, daß die Haftung des Schädigers ausgeschlossen ist, könnte man den Schluß ziehen, in diesen beiden Rechtsinstituten sei die dogmatische Lösung des Haftungsausschlusses durch bewußte Selbstgefährdung zu finden. Im Strafrecht wird von den Autoren, die der Einwilligungslösung bei riskantem Verhalten des Geschädigten skeptisch gegenüberstehen, vorwiegend der Lösungsweg über diese beiden Rechtsinstitute eingeschlagen[135]. Trotzdem läßt sich eine dogmatische Verbindung zwischen den Rechtsinstituten "Sozialadäquanz/erlaubtes Risiko" und bewußter Selbstgefährdung nicht herstellen. Dies gilt unabhängig davon, wie man zu beiden Rechtsinstituten steht.

Gegen eine solche Verbindung spricht zunächst der Anwendungsbereich der bewußten Selbstgefährdung. Zwar decken sich in einigen Fällen die Anwendungsbereiche beider Haftungsbegrenzungselemente. Der Wirkungskreis der bewußten Selbstgefährdung geht aber, wie z.B. die Haftungsfreistellung des Schädigers bei geringfügigen Verstößen gegen Sportregeln beweist, weiter. Obwohl in Fällen geringfügiger Regelverletzungen die Handlung des Sportlers bei der Ausübung einer gefährlichen Sportart sozial inadäquat[136] und das erlaubte Risiko überschritten ist, braucht er für den infolge der Re-

---

[135] Für Sozialadäquanz z.B. ZIPF S.77 ff.,S.93 ff. (Sport); SCHMIDHÄUSER 6/102; Roeder S.41 f.; für erlaubtes Risiko z.B.: ROXIN § 11 Rz.57; BINDING, Normen IV, S.438 ff.; zu weiteren, entweder mit den hier behandelten Haftungsbegrenzungselementen verwandten oder nur für das Strafrecht bedeutsamen Rechtsinstituten, die die Einwilligung in riskantes Handeln zurückdrängen wollen, siehe QUILLMANN S.65 ff.

[136] Im Anschluß an ROEDER S.42 ist allerdings ZIPF S.94 ff. der Ansicht, daß auch geringfügige Regelverletzungen sozialadäquat sein können; wie hier aber die Vertreter der Lehre von der Sozialadäquanz im Zivilrecht (vgl. etwa NIPPERDEY NJW 1957,1777 (1778), FRITZWEILER S.66 ff.).

gelverletzung entstandenen Schaden nicht einzustehen. Für den Geschädigten hat sich hier nur eine Gefahr verwirklicht, die bei gefährlichen Sportarten stets bestand und die er auch bewußt eingegangen war.

Darüber hinaus bliebe bei einer Verbindung der bewußten Selbstgefährdung mit den genannten Rechtsinstituten der überaus wichtige Bereich der Gefährdungshaftung unberücksichtigt. Denn für die Haftung aus Gefährdung können Erwägungen wie Sozialadäquanz und erlaubtes Risiko schon wegen des Selbstverständnisses dieser Haftungsform keine Rolle spielen.

Die Rechtsinstitute Sozialadäquanz und erlaubtes Risiko knüpfen an das Verhalten des Schädigers an. Ausgehend davon, daß in unserer Gesellschaft ein Leben ohne Gefährdung durch andere nicht möglich ist und deshalb auch gefährliches Verhalten in einem bestimmten Rahmen erlaubt sein muß, wird im Rahmen der Verschuldenshaftung der kontrollierte und sorgsame Umgang mit der Gefahr verlangt. Erst wenn sich derjenige, der die Gefahr setzt oder kontrolliert, nicht mehr sorgfältig verhält, muß der Schädiger haften. Umgekehrt entfällt eine Haftung für den entstandenen Schaden bei sorgfältigem Verhalten des Schädigers. Dieser Haftungsaussschluß bei sorgsamem Umgang mit Gefahren wird bei den oben genannten Gefahren von den Vertretern der Lehren von der Sozialadäquanz und dem erlaubten Risiko damit begründet, das Verhalten des Schädigers sei sozialadäquat gewesen oder habe sich im Rahmen des erlaubten Risiko gehalten.

Demgegenüber stellt die Gefährdungshaftung nicht auf das Verhalten des Schädigers ab. Der Gefährdungshaftung liegt als Prinzip das Einstehen für eine übermäßige Gefahr zugrunde[137]. Sie nimmt keine Rücksicht darauf, ob das Verhalten des Schädigers rechtswidrig oder schuldhaft war[138]. Es kommt bei der Gefährdungshaftung allein darauf an, daß der Schädiger eine Gefahr geschaffen oder kontrolliert hat. Verwirklicht sich diese Gefahr in einen Schaden, haftet der Schädiger[139]. Überlegungen, die das Verhalten des Schädigers

---

[137] Medicus, BR, Rz.604.

[138] Medicus, BR, Rz.604.

[139] Deutsch, Haftungsrecht I, § 22 I. 1.

betreffen, also auch die Überlegung, ob das Verhalten des Schädigers sozialadäquat oder erlaubt war, werden mithin bei der Gefährdungshaftung nicht angestellt.

Neben der mehr "praktischen" Argumentation auf der Grundlage des Anwendungsbereichs der bewußten Selbstgefährdung unterliegt der Schluß auf eine Verbindung zwischen der bewußten Selbstgefährdung und den Rechtsinstituten "Sozialadäquanz" und "erlaubtes Risiko" auch dogmatischen Bedenken. "Sozialadäquanz" und "erlaubtes Risiko" auf der einen und "bewußte Selbstgefährdung" auf der anderen Seite setzen für die Haftungsbegrenzung an völlig unterschiedlichen Punkten an.

Während bei der Sozialadäquanz und dem erlaubten Risiko die Frage der Haftungsbegrenzung aus der Sicht des Schädigers angegangen wird, ist es bei der bewußten Selbstgefährdung die Sicht des Geschädigten, aus der heraus sich das Problem der Haftungsbegrenzung stellt. Entscheidend dafür, daß ein Verhalten sozialadäquat oder erlaubt ist und der Schädiger in bezug auf die Schädigung des Betroffenen deliktisch nicht relevant handelt, ist nicht das Verhalten des Geschädigten, sondern das Verhalten des Schädigers. Bei der Sozialadäquanz und dem erlaubten Risiko geht es um die Beurteilung der Frage, ob die betreffende Handlung des Schädigers sich "im Rahmen der normalen, geschichtlich gewordenen Ordnung des Lebens bewegt"[140] oder das erlaubte Risiko eingehalten wurde und das Verhalten deshalb keiner Haftungsnorm unterfällt, nicht aber darum, wie sich das Verhalten des Geschädigten auswirkt. Soweit mit der Vornahme dieser Handlung gewisse Risiken verbunden sind, wie dies z.B. bei der Teilnahme am Straßenverkehr und beim Sport der Fall ist, wird durch die Zulassung dieses Verhaltens das allgemeine Risiko angehoben. Sich im Rahmen dieses sozialadäquaten oder erlaubten Risikos bewegende Handlungen lassen denn auch den Deliktstatbestand für das erhöhte Risiko erst gar nicht zur Entstehung gelangen, ohne daß es bei der Entscheidung über die generelle Zulassung des fraglichen Verhaltens im Wege der Sozialadäquanz oder des erlaubten Risikos auf das Verhalten des Geschädigten ankommt.

Wie sehr bei der Sozialadäquanz und beim erlaubten Risiko die Handlungen des Schädigers im Vordergrund stehen, zeigt

---

[140] NIPPERDEY NJW 1957,1777.

eine nähere Betrachtung des sowohl für die bewußte Selbstgefährdung als auch für die Rechtsinstitute Sozialadäquanz und erlaubtes Risiko typischen Anwendungsfalls der Sportverletzungen. Zur Erläuterung eignet sich der Sachverhalt, der der ersten Fußballentscheidung des Bundesgerichtshofs aus dem Jahre 1957[141] zugrunde lag. Ein Stürmer war so freigespielt worden, daß er alleine auf den ihm entgegenkommenden Torhüter zulief. Der Stürmer legte sich den Ball etwas zu weit vor. Er versuchte diesen Ball durch einen Grätschsprung zu erreichen, obwohl er sah, daß der Ball für ihn nun fast unerreichbar war. Der Stürmer prallte daraufhin mit dem Torhüter zusammen und verletzte sich erheblich. Stellt man hier auf die Sozialadäquanz oder das erlaubte Risiko der Torhüterhandlung ab, kommt es allein darauf an, ob der Torhüter die dem Fußballspiel eigenen Regeln eingehalten hat. Das Typische bei der Feststellung, daß hier der Torhüter wegen seines sozialadäquaten oder erlaubten Verhaltens nicht zu haften braucht, liegt nicht in der Tatsache, daß der Verletzte sich bewußt selbst gefährdete, sondern ist in dem Umstand zu sehen, daß sich der Verletzer sozialadäquat und somit erlaubt verhalten hat[142]. Die Sozialadäquanz wird dabei durch die einzuhaltenden Verkehrs- oder Sportregeln bestimmt. Die Sportregeln sind indes nicht Ausfluß dessen, was der Geschädigte infolge seiner bewußten Selbstgefährdung in Kauf zu nehmen hat, sondern diese Regeln bestimmen nur, was derjenige, der eine gewisse Gefährdung heraufbeschwört, zu tun oder besser zu unterlassen hat. Die Haftung des Schädigers entfällt, wenn man auf die Sozialadäquanz oder das erlaubte Risiko abstellt, also nicht deshalb, weil sich der Geschädigte bewußt selbst gefährdete, sondern weil die Handlung des Schädigers "als solche" sozialadäquat war oder im Rahmen des erlaubten Risikos lag[143].

Daß Verhaltensweisen des Schädigers, in denen auch eine bewußte Selbstgefährdung des Geschädigten liegt, dem Deliktsbereich im Wege der Sozialadäquanz oder des erlaubten Risikos entzogen werden, beruht daher nicht auf der bewußten

---

[141] BGH VersR 1957,290.

[142] GERHARDT S.58.

[143] So auch FLUME JZ 1961,605, der allerdings nicht auf die Rechtsinstitute der Sozialadäquanz und des erlaubten Risikos abstellt, sondern dies allgemein für die Rechtswidrigkeit feststellt.

Selbstgefährdung. Denn unerheblich war bei der ganzen Beurteilung, daß der Stürmer trotz der Unerreichbarkeit des Balles doch noch um diesen gekämpft hat und so seine Gesundheit bewußt selbst gefährdete. Dieser Umstand kann und darf zur Beurteilung der Sozialadäquanz bzw. des erlaubten Risikos der Handlungsweise des Torhüters nicht berücksichtigt werden.

Diese Interpretation der Sozialadäquanz und des erlaubten Risikos wird durch die Äußerungen Roxins zum erlaubten Risiko[144] bestätigt: "Prototyp des erlaubten Risikos ist das Autofahren unter Einhaltung aller Regeln des Straßenverkehrs. Es kann nicht geleugnet werden, daß der Straßenverkehr für Leben, Gesundheit und Sachgüter ein relevantes Risiko bildet; die Unfallstatistik beweist das unwiderleglich. Gleichwohl erlaubt der Gesetzgeber den Straßenverkehr (im Rahmen bestimmter Sorgfaltsregeln), weil überwiegende Interessen des Gemeinwohls das verlangen. Anders als beim Rechtfertigungsgrund des Notstands (§ 34 (StGB Anm. d. Verf.)) bedarf es hier aber keiner Güterabwägung im konkreten Fall, die nach der Gewichtigkeit der im Widerstreit stehenden Interessen, der Nähe der Gefahr usw. zu jeweils unterschiedlichen Ergebnissen führen kann. Vielmehr beruht die Gestattung des Autofahrens auf einer Globalabwägung, die (bei Einhaltung aller Verkehrsvorschriften) schon den Deliktstyp nicht zur Entstehung kommen läßt. Eine Autofahrt ist also erlaubt, auch wenn sie im individuellen Fall keine hochstehenden Interessen verfolgt (etwa aus Langeweile unternommen wird) oder sogar mißbilligenden Zwecken dient (z.B. der Vorbereitung eines Delikts), so daß eine Abwägung nach Rechtfertigungsgrundsätzen gegen Gestattung eines solchen Verhaltens ausfallen müßte. Da die Einhaltung des erlaubten Risikos eine Zurechnung zum objektiven Tatbestand verhindert, ist also die Verursachung einer Rechtsgüterverletzung, die trotz Einhaltung aller Verkehrsregeln zustandekommt, keine Tatbestandshandlung. ... Wenn also A trotz Einhaltung der verkehrsmäßigen Sorgfalt von B angefahren wird und A dabei zu

---

[144] ROXIN § 11 Rz.56; diese Äußerungen betreffen zwar nur das erlaubte Risiko, sie charakterisieren aber in gleicher Weise den Grundgedanken der Sozialadäquanz und lassen sich daher - zumindest was die grundsätzliche Aussage anbelangt - ohne weiteres auch auf die Sozialadäquanz übertragen.

Tode kommt, hat B dessen Tod zwar verursacht, aber er hat ihn nicht im Sinne der §§ 212, 222 (StGB Anm. des Verf.) getötet. Erst die Überschreitung des erlaubten Risikos schafft eine Gefahr, deren Verwirklichung den Erfolg als Tabestandshandlung zurechenbar macht".

Auch Roxin sieht mithin den Grund dafür, daß sozialadäquates oder erlaubtes Verhalten deliktisch irrelevant ist, nicht darin, daß diesem Verhalten eine bewußte Selbstgefährdung des Geschädigten gegenüber steht. Ausschlaggebend ist vielmehr, daß das Verhalten des Schädigers an sich oder grundsätzlich, und zwar unabhängig von den Handlungen Dritter und auch unabhängig von den Folgen dieser Handlung, als erlaubt angesehen wird. Bei der Beurteilung, ob das schädigende Verhalten des Täters gebilligt werden kann, ist sogar eine Güterabwägung unter Berücksichtigung des Verhaltens des Geschädigten nicht angebracht. Vom System der Lehren von der Sozialadäquanz und dem erlaubten Risiko her ist dies auch konsequent. Das Verhalten des Geschädigten darf bei der Entscheidung, ob ein bestimmtes Verhalten sozialadäquat ist, gar keine Bedeutung haben, da es hierbei nicht um Einzelfallentscheidungen geht. Sozialadäquanz und erlaubtes Risiko beschreiben Risiken, die allgemein von jedermann, der in die entsprechende Situation kommt, zu tragen sind.

Zusammenfassend ist festzustellen, daß die Rechtsinstitute "Sozialadäquanz" und "erlaubtes Risiko" keine dogmatische Lösungsmöglichkeit für den Haftungsausschluß durch bewußte Selbstgefährdung darstellen.

III. Die Verkehrspflichten[145]

Der bewußten Selbstgefährdung kam insbesondere dann eine haftungsausschließende Bedeutung zu, wenn es um die Haftung für die Verletzung einer Verkehrspflicht ging. Bei der Suche nach dem systematischen Standort der bewußten Selbstgefährdung darf daher eine Überprüfung, ob nicht die Verkehrspflichten den geeigneten dogmatischen Rahmen für die bewußte Selbstgefährdung bilden, nicht fehlen. Angesichts des umfangreichen Erscheinungsbildes der Verkehrspflichten ist es zunächst erforderlich, sich kurz mit der historischen Entwicklung dieser Rechtsfigur zu beschäftigen, um dadurch einen einfacheren Zugang zu dem inzwischen unübersehbaren Anwendungsbereich und zu den verschiedenen Funktionen der Verkehrspflichten zu bekommen.

1. Historische Entwicklung

Die früheste Ausformung einer Verkehrssicherungspflicht im modernen Recht findet sich im Strafrecht, und zwar in der Vorschrift des § 367 RStGB. Dort hieß es in Ziff. 12: "Bestraft wird, wer auf öffentlichen Straßen, Wegen, Plätzen, auf Höfen und in Häusern und überhaupt an Orten, an welchen Menschen verkehren, Brunnen, Keller, Gruben, Öffnungen oder Abhänge dergestalt unverdeckt oder unverwahrt läßt, daß dar-

[145] Zu den Begriffen "Verkehrspflicht" und "Verkehrssicherungspflicht": Mit "Verkehrspflichten" wird die Gesamtheit der Pflichten umschrieben, die jemand, der im Verkehr eine Gefahrenquelle schafft oder andauern läßt, nach Lage der Dinge ergreifen muß, damit andere nicht zu Schaden kommen. Innerhalb dieser Verkehrspflichten bilden die "Verkehrssicherungspflichten" eine eigene Sachverhaltsgruppe. Von "Verkehrssicherungspflichten" wird gesprochen, soweit ein über einen Gegenstand des unbeweglichen Vermögens Verfügungsberechtigter zur Sicherung eines Herrschafts-, Organisations- oder Sachbereichs verpflichtet ist; näher zu diesem Begriffspaar v.BAR S.44 ff.

aus Gefahr für andere entstehen kann". Diese Vorschrift wird als Quelle der Verkehrssicherungspflicht angesehen[146].

In die zivilrechtliche Rechtsprechung fand der Gedanke der Verkehrssicherungspflicht erstmals Eingang durch zwei Entscheidungen des Reichsgerichts aus den Jahren 1902 und 1903. Der Entscheidung vom 30.10.1902[147] lag ein Fall zugrunde, bei dem es durch einen umgestürzten morschen Baum an einem öffentlichen Weg zu einem Schaden gekommen war. Im Gegensatz zur Vorinstanz, deren Ergebnis aufgrund der gesetzlichen Grundlage[148] sicher besser begründbar war[149], hat das Reichsgericht die Haftung des Eigentümers oder Besitzers eines solchen Baumes unter Hinweis auf § 836 BGB bejaht. § 836 BGB enthalte den generellen Rechtssatz, jeder müsse "für die Beschädigung durch seine Sachen insoweit aufkommen, als er dieselbe bei billiger Rücksichtnahme auf die Interessen des anderen hätte verhüten müssen"[150]. Das zweite Urteil des Reichsgerichts vom 23.02.1903[151] hatte den inzwischen geradezu klassisch gewordenen Fall der Haftung für die Verletzung einer Verkehrssicherungspflicht zum Gegenstand: Der Kläger war abends auf einer dem öffentlichen Verkehr dienenden, schadhaften, unbeleuchteten und schneeglatten Treppe gestürzt, die im Eigentum der Gemeinde stand. Das Reichsgericht begründete die Haftung der Gemeinde so: "Wer einen Weg dem Publikum zum freien Gemeingebrauch gestellt hat, und hierzu unterhält, hat für den Schaden, der durch mangelhafte Instandhaltung oder Nichtbeseitigung von Verkehrshindernissen verursacht wird, aufzukommen"[152].

Die Bedeutung dieser beiden Entscheidungen liegt darin, daß das Reichsgericht den schon bestehenden Gefahrsteuerungspflichten aus Vertrag, Gesetz oder vorangegangenem gefährdendem Tun eine weitere Pflicht hinzugefügt hat. Es hat so einen neuen, sehr großen Bereich einer deliktischen Haftung

---

[146] Näher v.BAR JZ 1979,332 (333).

[147] RGZ 52,373.

[148] Dazu die Mot. II S.816.

[149] So auch v.BAR JZ 1979,332 (333).

[150] RGZ 52,373 (379).

[151] RGZ 54,53.

[152] RGZ 54,53 (59).

für ein Unterlassen des Schädigers geschaffen[153] und damit eine Lücke im Haftungssystem geschlossen[154]. Nachfolgend setzte sich diese einmal begonnene Rechtsprechung schnell durch. Das Reichsgericht stellte in vielen, den beiden Grundurteilen folgenden Entscheidungen den heute noch gültigen und in der Rechtsprechung des Bundesgerichtshofs[155] immer wiederkehrenden Grundsatz auf, jeder, der durch die Eröffnung eines Verkehrs auf seinem Grundstück, durch die Teilnahme am Verkehr oder auf andere Weise eine Gefahrenquelle schaffe, sei verpflichtet, diejenigen Vorkehrungen zu treffen, die zur Abwendung der daraus Dritten drohenden Gefahren notwendig seien[156]. Mit dieser Definition ist die schon angesprochene Verkehrssicherungspflicht gemeint, d.h. die Pflicht, die einem Verfügungsberechtigten zur Sicherung seines Herrschafts-, Organisations- oder Sachbereichs auferlegt ist, wobei die Verantwortlichkeit an die Sache, von der die Gefahr ausgeht, selbst anknüpft[157]. Um allerdings alle Schutzpflichten für den gesamten Verkehr zu erfassen, erwies sich diese Definition als zu eng. Mit der technischen Entwicklung ging die Erhöhung der Gefahren für die Menschen einher. Dadurch erhöhte sich deren Schutzbedarf vor diesen neuen Gefahren. Rechtsprechung und Schrifttum erkannten diese Entwicklung schon früh und schufen Pflichten, die unabhängig von der von einer Sache ausgehenden Gefahr dem Bürger Schutz bieten sollten. Inzwischen erfassen die Schutzpflichten solch unterschiedliche Gefahren wie die, die von Industrieprodukten für die Verbraucher[158], die von der Industrie für die Umwelt[159], die von Maschinen für Dritte[160], die von

---

[153] v.BAR S.16 ff.

[154] v.CAEMMERER S.71.

[155] BGHZ 5,378 (380); 14,83 (85); 60,54 (55); 62,265 (270); 65,221 (224); BGH NJW 1966,1456 (1457); VersR 1985,839.

[156] Vgl. nur RGZ 121,404 (407).

[157] Siehe oben Fußn.145.

[158] BGHZ 51,91; 80,186.

[159] BGH NJW 1976,46; vgl. hinsichtlich der Beseitigung von Umweltmüll BGHZ 63,119.

[160] z.B. Waschmaschinen in Etagenwohnungen, OLG Hamm NJW 1985,332; OLG Düsseldorf NJW 1975,171.

Feuerwerken für Zuschauer[161] oder die von einem normalen Haushalt für Dritte[162] ausgehen.

Da es nun nicht mehr allein um gegenständlich begrenzte Gefahren ging, war es erforderlich, die neuen Gefahrsteuerungsgebote begrifflich von den Verkehrssicherungspflichten abzugrenzen. In den Fällen, in denen es um den Schutz des allgemeinen Rechtsverkehrs vor allen Gefahren mit Ausnahme der Sachgefahren geht, spricht man heute allgemein von Verkehrspflichten. Der Begriff "Verkehrspflichten" geht auf eine Entscheidung des Reichsgerichts vom 19.09.1921[163] zurück. Dort erkannte das Gericht erstmals besondere Berufspflichten an und wies darauf hin, daß man diese Pflichten in einem umfassenden Sinne Verkehrspflichten nennen könne[164].

2. Der Anwendungsbereich

Für die Untersuchung, inwieweit Übereinstimmungen und Gegensätze zwischen den Vorstellungen der bewußten Selbstgefährdung und der Fragestellung der Verkehrssicherungspflichten bestehen, muß zunächst eine inhaltliche Auseinandersetzung mit diesen Pflichten stattfinden. Ausgangspunkt für diese inhaltliche Auseinandersetzung ist die Frage nach den Anwendungsfällen der Verkehrspflichten. Nun ist es müßig zu versuchen, einen vollständigen Überblick über die Anwendung der Verkehrspflichten zu geben, da Verkehrspflichten in nahezu allen Lebensbereichen und beinahe in jedem Gebiet des Schadensersatzrechts bestehen[165]. Die folgende Darstellung will den Anwendungsbereich der Verkehrspflichten insoweit auszuleuchten, als er die bewußte Selbstgefährdung betrifft.

---

[161] BGH NJW 1986,52; NJW 1965,197.

[162] Vgl. OLG Düsseldorf VersR 1976,1133.

[163] RGZ 102,372.

[164] RGZ 102,372 (375).

[165] Insoweit ist auf die Zusammenstellungen in der Kommentarliteratur zu verweisen, vgl. insbesondere STAUDINGER/SCHÄFER § 823 Rz.311 ff. und RGRK/STEFFEN § 823 Rz.137 ff.

a. Die Verkehrssicherungspflichten

Die erste in diesem Zusammenhang bedeutsame Sachverhaltsgruppe ist die der Verkehrssicherungspflichten oder Verkehrspflichten im engeren Sinne. Verkehrssicherungspflichten sind solche Pflichten, die dem über einen Gegenstand des unbeweglichen Vermögens Verfügungsberechtigten zum Schutz von Leben, Gesundheit und Eigentum anderer Personen auferlegt werden[166]. Angesprochen sind damit die Pflichten, die den Grundeigentümer oder Verfügungsberechtigten zur Unterhaltung und Sicherung eines Gebäudes und eines Grundstücks treffen. Vornehmlich handelt es sich hier um Sicherungspflichten für Zugänge und Treppen. Besondere Gefahrenquellen, die grundsätzlich zu sichern sind, stellen auch Keller- und Lichtschächte dar. Darüber hinaus ist der Eigentümer oder der Verfügungsberechtigte auch für Gefahren verantwortlich, die von Gegenständen ausgehen, die Teil des Grundstücks oder Gebäudes sind, wie z.B. Bäume oder technische Anlagen (Rolltreppen, Aufzüge etc.)[167].

Wichtig ist in diesem Zusammenhang, daß es sich in diesen - hier nur angedeuteten - Fällen, um eine Verantwortlichkeit handelt, die an die Gefährlichkeit der Sache anknüpft. Es ist die Sache selbst und nicht etwa die Tätigkeit eines Dritten, die hier die Gefahr auslöst. Nicht das Eingreifen Dritter läßt die Gefahrenquelle entstehen, sondern die eigene räumliche Sphäre birgt gegenständliche Risiken in einem nicht tolerierten Maß[168].

In den so umschriebenen Bereich der Verkehrssicherungspflichten fallen als Untergruppe auch solche unbeweglichen Sachen, bei denen sich schon aus der Benutzung im Rahmen

---

[166] v.BAR S.45.

[167] Siehe dazu im einzelnen mit umfangreichen Nachweisen aus der Rechtsprechung STAUDINGER/SCHÄFER § 823 Rz.331 ff. und MÜNCHENER KOMMENTAR/MERTENS § 823 Rz.208 ff., eine neuere Darstellung der Rechtsprechung findet sich bei RIEDMAIER VersR 1990, 1315 (1316 ff.) und PALANDT/THOMAS § 823 Rz.64 ff.

[168] v.BAR S.45.

ihrer bestimmungsgemäßen Funktion erhöhte Gefährdungen ergeben[169]. Es wird auch dann von Verkehrssicherungspflichten gesprochen, wenn es um die Sicherung von Sportanlagen[170] wie z.B. Sporthallen[171], Rodelbahnen[172], Skipisten[173] und Straßen bei Straßenradrennen[174] geht. Auch die Sicherung von Kinder-[175], namentlich Abenteuerspielplätzen[176], Trimm-Dich-Pfaden[177], Tennishallen[178], Schwimmbädern[179] und Saunaanlagen[180] werden vom Rahmen der Verkehrssicherungspflichten erfaßt. Die Rechtsprechung beschäftigte sich mit folgenden erhöhten Gefährdungen, die sich hier bei der bestimmungsgemäßen Benutzung aus der Sache ergeben hatten: In Sporthallen die Möglichkeit der Verletzung bei einem Fall gegen die Be-

---

169 MÜNCHENER KOMMENTAR/MERTENS § 823 Rz.215.

170 Allgemein zu Verkehrssicherungspflichten bei Sportstätten BÖRNER "Sportstätten-Haftungsrecht" 1985.

171 BGH VersR 1980,67; OLG Düsseldorf VersR 1983,274; LG Heidelberg VersR 1980,367.

172 OLG München VersR 1979,1014; (Ski- und Rodelgelände)

173 BGH NJW 1971,1093; NJW 1973,1379; VersR 1982,346 = NJW 1982,762; VersR 1985,64 = NJW 1985,620; OGH VersR 1991, 207; OLG München VersR 1973,1170 = NJW 1974,189; VersR 1978,831; VersR 1978,725; LG Waldshut-Tiengen VersR 1980,755; allgemein zu den Verkehrssicherungspflichten auf Skipisten HAGENBUCHER S.34 ff.

174 BGH NJW-RR 1986,1029 (Revisionsentscheidung zu OLG Karlsruhe VersR 1986,662).

175 BGH NJW 1977,1965; OLG Hamm VersR 1989,1210 (nur Leitsätze); LG Aachen VersR 1992,513; LG Braunschweig NJW-RR 1990,471.

176 BGH VersR 1978,739 = NJW 1978,1626; VersR 1978,762 = NJW 1978,1628; Einzelheiten dazu bei GAISBAUER VersR 1977,505 ff.

177 OLG Karlsruhe VersR 1975,381; speziell zu Verkehrssicherungspflichten auf Trimm-Dich-Pfaden GAISBAUER VersR 1979,9 ff.

178 OLG München VersR 1988,739; LG Darmstadt VersR 1992, 1107.

179 BGH VersR 1989,155 (Strandbad); VersR 1982,492; VersR 1980,863 = NJW 1980,1159; VersR 1978,561 = NJW 1978, 1629; OLG Hamm VersR 1990,672 = NJW-RR 1989,736; VersR 1978,1147; OLG Köln VersR 1989,159; NJW-RR 1990,864; OLG Zweibrücken VersR 1977,483; OLG München VersR 1972, 472; OLG Celle VersR 1969,1049; LG Koblenz VersR 1992, 1021; LG Aachen VersR 1990,103.

180 BGH VersR 1963,814; OLG Frankfurt VersR 1973,625.

grenzungswand[181]; in Schwimmbädern und Saunaanlagen die Rutschgefahr infolge Feuchtigkeit[182], die Gefahren beim Springen[183] und die Gefahren bei der Benutzung von Rutschen[184]; bei Skipisten die Führung der Strecke und die Geländeunebenheiten[185]; auf Rodelbahnen die vereinzelten Eisstellen[186]; auf Straßen, wenn darauf Radrennen stattfinden, die Gefahr eines Sturzes[187]. Bei Kinder- und Abenteuerspielplätzen liegt die erhöhte Gefährdung insbesondere in der Benutzung der auf dem Spielplatz aufgestellten Geräte. Zu nennen sind hier Drehpilze[188], Rutschbahnen[189], Trampoline[190] oder Spielkarusselle[191].

Für diese Untergruppe innerhalb der Verkehrssicherungspflichten ist nicht nur charakteristisch, daß schon bei der "Benutzung" der unbeweglichen Sachen im Rahmen ihrer bestimmungsgemäßen Funktion eine erhöhte Gefährdung gegeben ist[192]. Darüber hinaus sind demjenigen, der in diesen Gefahrenbereich eintritt, die Gefährdungen auch regelmäßig bekannt[193]. Die Rechtsprechung macht dies besonders bei Ski-

---

181 OLG Düsseldorf VersR 1983,274.

182 BGH VersR 1963,814; OLG Hamm NJW-RR 1989,736; OLG Frankfurt VersR 1973,625; OLG München VersR 1980,724; VersR 1975,383 LG Koblenz VersR 1992,1021.

183 BGH NJW 1980,1159; OLG Celle VersR 1969,1049; OLG Stuttgart VersR 1961,1026.

184 OLG Köln VersR 1989,159; AG Friedberg NJW-RR 1989,738.

185 BGH VersR 1982,346 = NJW 1982,762; NJW 1973,1379; OLG München VersR 1973,1170 = NJW 1974,189.

186 OLG München VersR 1979,1014.

187 BGH NJW-RR 1986,1029.

188 BGH VersR 1987,891; LG Aachen VersR 1992,513.

189 OLG Koblenz VersR 1980,1051; OLG München VersR 1974, 200; OLG Köln JMBl NRW 1970,299.

190 OLG Karlsruhe VersR 1978,970.

191 OLG Düsseldorf VersR 1979,442.

192 Es sei hier darauf hingewiesen, daß bei Kindern auf Kinder- und Abenteuerspielplätzen dieser Aspekt hintenanstehen muß, da andere Wertungen im Vordergrund stehen, siehe dazu im einzelnen GAISBAUER VersR 1977,505 ff.

193 Dies gilt für Kinder bei den Gefährdungen, die von Spielgeräten auf Spielplätzen ausgehen, nur eingeschränkt. Zumeist wird die Haftung des Verkehrssiche-

unfällen deutlich. Der Skiläufer wisse, daß eine völlig gefahrlose Abfahrt nicht möglich sei. Selbst auf einer markierten Piste könne er nicht darauf vertrauen, keinerlei Hindernissse vorzufinden[194]. Dies gelte vor allem für Gefahren, die sich aus der Führung der Strecke und deren Geländeunebenheiten ergäben. Gerade deren Überwindung stelle einen wesentlichen Bestandteil des sportlichen Skilaufs dar. Derartige, mit der Abfahrt zwangläufig verbundene Gefahren müßten daher für die Verkehrssicherungspflicht ausscheiden, da der Skifahrer sie bewußt in Kauf nehme[195].

Aber auch in den anderen genannten Fällen betonen die Gerichte die bewußte Selbstgefährdung des Geschädigten[196]. So urteilt z.B. der Bundesgerichtshof in dem schon oben hervorgehobenen[197] Fall zum Straßenradrennen: "Daß es bei einem Straßenradrennen, insbesondere auf abschüssiger Straße in einer Kurve zu Stürzen kommen kann und stürzende Teilnehmer mit dem Kopf auf die Straße fallen oder gegen am Straßenrand befindliche harte Gegenstände (Bordsteinkanten, Straßenbäume, Verkehrsschilder, Leitplanken o.ä.) stoßen können, ist den Rennfahrern bewußt ..."[198].

Neben den Sachverhalten in Zusammenhang mit gefährlichen Veranstaltungen gehört der Gruppe der Verkehrssicherungspflichten auch der Fall an, daß jemand unbefugt ein fremdes Grundstück oder eine fremde Anlage betritt. In diesen Fällen geht es meist um die Haftung eines Grundstückseigentümers gegenüber Personen, die unbefugt das Grundstück betreten und

---

rungspflichtigen in diesen Fällen mit dem Hinweis auf eine zu hohe Gefährdung bejaht; siehe etwa OLG Karlsruhe VersR 1978,970; OLG München VersR 1974,200; Vereinzelt kommt aber auch zum Ausdruck, daß bei überschaubaren und kalkulierbaren Risiken eine Haftung entfallen kann; so z.B. LG Aachen VersR 1992,513.

194 BGH NJW 1973,1379 (1380).

195 BGH NJW 1971,1093 (1094); OLG München VersR 1973,1170 (1171) = NJW 1974,189 (190); LG Waldshut-Tiengen VersR 1980,755.

196 z.B. BGH NJW-RR 1986,1029; VersR 1978,739; VersR 1978,561; OLG Hamm VersR 1990,672; OLG Düsseldorf VersR 1983,274; OLG Köln VersR 1989,159; OLG München VersR 1979,1014; LG Darmstadt VersR 1992,1107.

197 Siehe oben S.44.

198 BGH NJW-RR 1986,1029 (1030).

sich dort - z.B. weil sie in einen nicht gesicherten Schacht gefallen waren[199] - verletzt hatten. Die Tendenz der früheren Rechtsprechung ging dahin, im Falle des unbefugten Betretens oder Verweilens im Gefahrenbereich eine Haftung des Verkehrssicherungspflichtigen grundsätzlich abzulehnen[200], allerdings ausnahmsweise auch Unbefugte in den Verkehrsschutz einzubeziehen[201]. Bei der Ablehnung der Haftung sah die Rechtsprechung das unbefugte Verhalten des Verletzten als selbständigen Enthaftungsgrund an, wobei sie zur dogmatischen Begründung der Ausgrenzung von Unbefugten aus den Schutzpflichen des Grundeigentümers teilweise auf die Rechtsfigur des Handelns auf eigene Gefahr zurückgriff[202]. Als Beispiel mag hier das Urteil des OLG Celle vom 3.10. 1957[203] dienen. Ein Fuhrunternehmer war in eine unbeleuchtete Fabrikhalle gegangen, um dort Leute zum Abladen zu suchen. Dabei war er in eine Grube gefallen und hatte sich verletzt. Das OLG wies die Klage mit der Begründung ab, der Fuhrunternehmer habe sich sehr unvorsichtig verhalten. Sein Handeln gehe daher auf eigene Gefahr[204].

Die jüngere Rechtsprechung[205] hat dagegen mit der wohl überwiegenden Zahl der Stimmen in der Lehre[206] den Grundsatz,

---

[199] RG JW 1908,744 Nr.13.

[200] RGZ 87,128 (129); RG JW 1908,744 Nr.13; 1912,796 Nr.13; OLG Bremen VersR 1955,28; LG Darmstadt VersR 1960,71 (72).

[201] RGZ 103,263; siehe zu den Ausnahmen im einzelnen STOLL, Handeln auf eigene Gefahr, S.89 ff.

[202] OLG Celle VersR 1958,129; LG Berlin VersR 1955,605; LG Essen VersR 1955,127 (128); AG München VersR 1955,128.

[203] OLG Celle VersR 1958,129.

[204] OLG Celle VersR 1958,129.

[205] BGH VersR 1956,794 (795); VersR 1965,515; VersR 1967, 801 (802); VersR 1975,87; 1983,249; NJW 1966,1456 f.; NJW 1975,108; JZ 1973,631 (632); OLG Köln VersR 1992, 1241; OLG Braunschweig VersR 1985,576 (577).

[206] D.SCHWAB JZ 1963,13 ff; v.BAR S.182 ff.; LANG S.82 f.; SCHRÖDER AcP 179 (1979),567 ff.; MÜNCHENER KOMMENTAR/ MERTENS § 823 Rz.185 ff., 191a; BRÜGGEMEIER S.321 f.; anders dagegen STAUDINGER/SCHÄFER § 823 Rz.326; im einzelnen bestehen hinsichtlich der dogmatischen Begründungen dieses Ergebnisses Unterschiede bei der herrschenden Meinung, siehe dazu MÜNCHENER KOMMENTAR/ MERTENS § 823 Rz.28 Fußn.28.

daß eine Verkehrssicherungspflicht Unbefugten gegenüber nicht besteht, weitgehend[207] aufgegeben[208]. Sie schließt den unbefugten Verkehr nicht mehr generell aus dem Schutzbereich der Verkehrssicherungspflichten aus. Die Rechtsprechung betont zwar auf der einen Seite, es bestehe nicht schlechthin eine Pflicht zur Sicherung des unbefugten Verkehrs[209]. Sie macht aber auch deutlich, die Schaffung einer Gefahrenlage könne zur Verkehrssicherung gegenüber Unbefugten führen[210]. Konsequenz dieser jüngeren Rechtsprechung ist, daß allein die Tatsache des unbefugten Betretens oder Verweilens nicht mehr die Grundlage dafür bildet, eine Haftung des Verkehrssicherungspflichtigen auszuschließen. Vielmehr kommt es stets auf die konkreten Umstände des Einzelfalls, auf die Bewertung der Gefahrenlage und des Verhaltens des Geschädigten an. So stellt der Bundesgerichtshof in seinem Urteil vom 19.05.1967 fest, auch gegenüber Personen, die eine Gefahrenquelle unbefugt betreten hätten, bestehe eine Verkehrssicherungspflicht, wenn nach den Umständen mit dem Betreten durch

---

[207] Eine wieder mehr an die ältere Rechtsprechung anknüpfende Ansicht vertritt neuerdings das OLG Karlsruhe VersR 1992,1490. Ein 14jähriger Junge hatte sich beim Spielen auf dem Bahngelände, das er unbefugt betreten hatte, verletzt. Das Gericht ging hier von dem Grundsatz aus, es bestehe keine Verkehrssicherungspflicht gegenüber Personen, die sich unbefugt in einen Gefahrenbereich begeben. Diese Beschränkung gelte aber nicht gegenüber Kindern. Das OLG bejahte somit im Ergebnis mit Rücksicht auf diese Ausnahme die Haftung der beklagten Deutschen Bundesbahn.

[208] Diese Einschätzung teilt MERTENS in Münchener Kommentar § 823 Rz.28 Fußn. 28 und Rz.185; anders dagegen STAUDINGER/SCHÄFER § 823 Rz.326, der auch die jüngere Rechtsprechung dahin interpretiert, daß grundsätzlich keine Verkehrssicherungspflicht gegenüber Personen bestehe, die die Grundflächen und Räumlichkeiten unbefugt betreten hätten oder dort unbefugt verweilten, oder die die Einrichtungen unbefugt benutzten.

[209] BGH JZ 1973,631 (632); VersR 1975,87.

[210] BGH VersR 1956,794 (795); VersR 1965,515; VersR 1967, 801 (802); NJW 1966,1456 f.; OLG Köln VersR 1992,1241; OLG Braunschweig VersR 1985,576 (577); dabei wird insoweit im Anschluß an die ältere Rechtsprechung immer wieder betont, daß gerade bei "unbefugtem Kinderspiel" das Kriterium "unbefugt" nicht ausreicht, um eine Verkehrssicherungspflicht des Grundeigentümers zu verneinen, so z.B. BGH JZ 1973,631 (632); VersR 1975,87; NJW 1975,108; VersR 1983,249.

Unbefugte gerechnet werden müsse und der Verfügungsberechtigte die ihm zumutbaren Maßnahmen hiergegen nicht getroffen habe[211]. Durch das Abstellen auf den Einzelfall lassen sich feste Regeln für die Haftung gegenüber Unbefugten indes nicht aufstellen[212].

Die Wandlung der Rechtsprechung hat für die Berücksichtigung der bewußten Selbstgefährdung in der Fallgruppe "Unbefugtes Betreten fremder Grundstücke" Bedeutung. Die Formulierung, derjenige, der unbefugt ein Grundstück betrete oder auf diesem unbefugt verweile, handele auf eigene Gefahr, ist kaum mehr zu finden. Soweit ersichtlich gibt es nur zwei Urteile, die im Bereich des Betretens fremder Grundstücke und Anlagen den Gedanken der bewußten Selbstgefährdung aufgreifen[213]. Demzufolge ist die Bedeutung der bewußten Selbstgefährdung als Grund für den Haftungsausschluß in der Fallgruppe des unbefugten Betretens fremder Grundstücke stark zurückgegangen. Dies gilt um so mehr, als sogar in dem zuletzt vom OLG Düsseldorf entschiedenen Fall die bewußte Selbstgefährdung nur als Hilfsbegründung für die Ablehnung der Haftung des Verkehrssicherungspflichtigen verwendet wird[214].

b. Die Verkehrspflichten bei der Durchführung gefährlicher Veranstaltungen

Die zweite für unsere Problemstellung interessante Sachverhaltsgruppe ist die der Durchführung gefährlicher Veranstaltungen. Diese Gruppe ist mit der vorhergehenden eng verknüpft. Es geht hier um die gleichen Fälle, allerdings mit dem Unterschied, daß die erhöhten Gefahren nicht mit den Räumlichkeiten in Zusammenhang stehen, in denen die Veranstaltung stattfindet. Der Gefahrenherd ergibt sich vielmehr aus dem Charakter der Veranstaltung selbst.

---

[211] BGH VersR 1967,801 (802); ähnlich auch OLG Köln VersR 1992,1241 und OLG Braunschweig VersR 1985,576 (577).

[212] So auch LANG S.83.

[213] BGH VersR 1964,323; OLG Düsseldorf VersR 1990,319.

[214] OLG Düsseldorf VersR 1990,319; näher dazu oben S.51.

Verkehrspflichten obliegen auch den Ausrichtern von Veranstaltungen. Die Verkehrspflicht besteht regelmäßig darin, die Sicherheit für Publikum und Teilnehmer zu gewährleisten. Gefährliche Veranstaltungen bergen unterschiedliche Gefahren in sich. In Betracht kommen einmal Gefahren, die von Sachen ausgehen, die die Teilnehmer bei der Veranstaltung benutzen. Aber auch die Teilnehmer selbst können ein Gefahrenpotential für die Zuschauer darstellen[215]. Bei bestimmten Veranstaltungen bestehen diese Gefahren nicht nur ausnahmsweise, sondern schon der normale Ablauf der Veranstaltung bringt die erhöhten Gefahren für Zuschauer und Teilnehmer mit sich.

Die besonderen Gefahren, die sich aus dem normalen Ablauf ergeben und von beweglichen Sachen ausgehen, werden zumeist durch Sportgeräte hervorgerufen, die in das Publikum geraten und dort zu Verletzungen führen. Bekannt geworden sind Fälle, in denen Zuschauer durch einen Fußball[216], durch eine Diskuswurfscheibe[217] oder, was die Rechtsprechung besonderes beschäftigt hat, durch einen Eishockeypuck[218] verletzt wurden. Aber auch die Verletzung eines Zuschauers durch ein Pferd bei einem besuchsoffenen Reitertraining[219] gehört ebenso hierher wie die Verletzung, die durch einen von der Strecke abgekommenen Rennwagen[220] verursacht wurde.

Obwohl in all' diesen Fällen die besondere, sich aus dem normalen Ablauf ergebende Gefahr bekannt war, hat die Recht-

---

[215] v.BAR S.57.

[216] LG Trier VersR 1964,879.

[217] OLG MÜnchen VersR 1982,1105.

[218] Hier hatte zunächst das LG Freiburg eine Pflicht des Veranstalters zum Schutz der Zuschauer und damit eine Haftung des Veranstalters abgelehnt (LG Freiburg VersR 1981,1138). Der BGH und das OLG München haben in nachfolgenden Entscheidungen (BGH VersR 1984,164 = NJW 1984,801; OLG München VersR 1982,1152) jedoch angenommen, daß auch eine Pflicht des Veranstalters zum Schutz derjenigen Besucher, die sich an den Längsseiten des Spielfeldes aufhielten, bestehe. Dagegen hat zuletzt das OLG Nürnberg in der schon oben auf S.49 f. herausgestellten Entscheidung vom 03.02.1988 (OLG Nürnberg NJW-RR 1988,993) eine Haftung des Veranstalters mit dem Hinweis über die Inkaufnahme der Risiken des Eishockeysports verneint.

[219] BGH MDR 1975,219.

[220] BGH NJW 1975,533.

sprechung die bewußte Selbstgefährdung des Zuschauers hier nur eingeschränkt berücksichtigt. In den Fällen, in denen es darum ging, daß der Zuschauer durch ein Sportgerät verletzt worden war, haben die Gerichte zumeist die Haftung des Veranstalters bejaht[221]. Lediglich in einem zuletzt entschiedenen Fall des OLG Nürnberg[222] war die Haftung des Veranstalters eines Eishockeyspiels verneint und diese Verneinung mit der bewußten Selbstgefährdung des Geschädigten begründet worden. Dort heißt es: "Wer sich auf der Spielerbank aufhält, sei es als Sportler, Funktionär[223] insbesondere Trainer oder Helfer, nimmt wie auf dem Spielfeld befindliche Personen die Risiken des Eishockeyspiels, insbesondere die, von einem Puck getroffen zu werden, in Kauf"[224].

Im Gegensatz dazu wird von den Gerichten regelmäßig die Haftung des Veranstalters abgelehnt, wenn der Zuschauer nicht durch ein Sportgerät, sondern durch den Teilnehmer selbst verletzt worden war[225]. Hier war es nicht das Sportgerät, das in den Zuschauerraum hineingeflog, sondern es war der Teilnehmer selbst, der unfreiwillig in den für Zuschauer gedachten Bereich gelangte und dadurch den Zuschauer verletzte. Solches ist z.B. geschehen bei einem Straßenradrennen, wo zwei Radrennfahrer zu Fall kamen. Andere stürzten über sie hinweg und einer dieser Fahrer flog oder rutschte auf den Geschädigten zu und traf ihn im Bereich des rechten Knies[226]. Auch bei einem Fußballspiel wurde eine Zuschauerin durch einen Spieler verletzt, der gestürzt war und vom

---

[221] BGH VersR 1984,164 = NJW 1984,801; MDR 1975,219; NJW 1975,533; OLG München VersR 1982,1152; VersR 1982,1105.

[222] OLG Nürnberg NJW-RR 1988,993; siehe dazu schon oben S.48; ähnlich das LG Trier VersR 1964,879 in einer Entscheidung aus dem Jahre 1960, siehe dazu näher S.49 Fußn.223.

[223] Der Geschädigte war Abteilungsleiter der Eishockeyabteilung des Beklagten.

[224] OLG Nürnberg NJW-RR 1988,993.

[225] OLG Karlsruhe VersR 1981,962; OLG Koblenz VersR 1981, 988; OLG Stuttgart vom 30.09.1986 - Az.: 6 U 45/86 -; zuvor auch schon die Vorinstanz LG Stuttgart vom 06.03. 1986 - Az.: 25 O 650/85 - (beide Entscheidungen z.T. abgedruckt in Reschke 24/29 Rz.5).

[226] OLG Stuttgart vom 30.09.1986 6 U 45/86 (z.T. abgedruckt in Reschke 24/29 Rz.5).

Spielfeld über die Tartanbahn auf sie zu rutschte[227]. Wie schon gesagt, die Rechtsprechung lehnt in diesen Fällen regelmäßig die Haftung des Veranstalters ab. Als Begründung für dieses Ergebnis spielt die bewußte Selbstgefährdung allerdings nur am Rande eine Rolle. Exemplarisch sei auf den eben geschilderten Fall aus dem Radsport verwiesen[228]. Das OLG lehnte den Schadensersatzanspruch mit der Begründung ab, der beklagte Verein habe als Veranstalter seine Verkehrssicherungspflicht gegenüber den Zuschauern nicht verletzt. Eine Verpflichtung, Maßnahmen zum Schutz der Zuschauer vor typischen vom Sportbetrieb ausgehenden Gefahren zu ergreifen, bestehe nur, wenn die naheliegende Möglichkeit einer Rechtsgutverletzung gegeben und die Gefahrenabwehr möglich und zumutbar sei. Die Rennstrecke sei an der Unfallstelle 7,50 m breit gewesen. Der beklagte Verein habe dafür Sorge getragen, daß sich die Zuschauer nur etwa 1 m hinter der Straßenfluchtlinie aufhalten konnten. Daher sei genügend Raum gewesen, um eine Gefährdung der Zuschauer durch stürzende Rennfahrer nach dem Erkennbaren auszuschließen[229].

Mehr Bedeutung hat die bewußte Selbstgefährdung, wenn es um Schäden geht, die der Teilnehmer an der gefährlichen Veranstaltung erleidet[230]. Für den Teilnehmer können sich erhöhte Gefahren insbesondere aus der Benutzung bestimmter Sachen ergeben. Solche Gefahrerhöhungen treten typischerweise bei der Benutzung von Vergnügungsanlagen auf Rummelplätzen wie z.B. bei Autoskootern[231], Schiffschaukeln[232], sog. Roto-

---

227 OLG Stuttgart vom 30.09.1986 6 U 45/86 (z.T. abgedruckt in Reschke 24/29 Rz.5).

228 OLG Stuttgart vom 30.09.1986 6 U 45/86 (z.T. abgedruckt in Reschke a.a.O. 24/29 Rz.5).

229 OLG Stuttgart vom 30.09.1986 6 U 45/86 (z.T. abgedruckt in Reschke 24/29 Rz.5).

230 Diese Schäden stehen in einem engen Zusammenhang mit den schon zuvor in der Fallgruppe der Verkehrssicherungspflichten, siehe S.138 ff., behandelten Schäden von Teilnehmern an einer gefährlichen Veranstaltung. Während allerdings in der zuvor behandelten Fallgruppe die Gefahren behandelt wurden, die mit den Räumlichkeiten, in denen die Veranstaltung stattfand, in Verbindung standen, wird hier auf die Gefahren eingangen, die sich aus der Veranstaltung selbst für die Teilnehmer ergeben.

231 Dazu BGH VersR 1977,334; OLG Celle VersR 1977,651; OLG Stuttgart VersR 1959,120.

ren[233] oder ähnlichen Geräten, aber auch bei der Veranstaltung eines privaten Silvesterfeuerwerks[234] auf. Auch hier ist die Kenntnis von der Gefahr typisch. Bei Vergnügungsanlagen macht sogar das Bewußtsein der Gefahr den Reiz für den Benutzer aus[235]. Soweit der Benutzer die Gefahren überschauen und auch beherrschen kann und soweit typischerweise keine schweren Verletzungen zu befürchten sind, kann hier der Veranstalter die Gefahrsicherung dem Benutzer überlassen. Deutlich hervorgehoben wird dies in den Autoskooterentscheidungen[236]. Der Reiz des Fahrens von Autoskootern liege darin, daß die Fahrer sich gegenseitig Hindernisse setzen, einander anstoßen und möglicherweise gegen die Außenwand drücken. Möge ein solches "Rempeln" auch die Möglichkeit eines Schadenseintritts beinhalten, so brauche der Betriebsinhaber doch für derartige Gefahren nicht einzustehen. Ihn treffe insoweit keine Verkehrssicherungspflicht, da diese Gefahren typischerweise mit der Benutzung von Autoskooterbahnen verbunden seien[237] und die Benutzer insofern auf eigene Gefahr handelten[238].

c. Verkehrspflichten in Regelwerken ohne Schutzgesetzcharakter

Den dritten und auch letzten Anwendungsfall der Verkehrspflichten mit Bezug zur bewußten Selbstgefährdung bilden die Verkehrspflichten, die v.Bar als Verkehrspflichten in Regelwerken ohne Schutzgesetzcharakter bezeichnet[239]. Mit den Fällen bewußter Selbstgefährdung stehen diese Verkehrspflichten insofern in Verbindung, als in der Literatur die sportlichen Regelwerke als Verkehrspflichten im Sport gedeu-

---

[232] OLG Tübingen VersR 1952,436.

[233] BGH VersR 1959,107.

[234] BGH NJW 1986,52; siehe dazu schon oben S.47.

[235] RGRK/STEFFEN § 823 Rz.234.

[236] BGH VersR 1977,334 (335); OLG Celle VersR 1977,651.

[237] BGH VersR 1977,334 (335).

[238] So ausdrücklich OLG Celle VersR 1977,651.

[239] v.BAR S.60.

tet werden[240]. Nach dieser Konzeption würde dann die Haftung des Sportlers sowohl bei gefährlichen als auch bei friedlichen Sportarten deshalb entfallen, weil der Schädiger keine Verkehrspflicht verletzt hat. Bei gefährlichen Sportarten wäre dann die Frage zu klären, inwiefern dieses Ergebnis überhaupt etwas mit der bewußten Selbstgefährdung zu tun hat.

3. Die Funktionen der Verkehrspflichten

Die Verkehrspflichten waren von der Rechtsprechung entwikkelt worden, um den Schutz der in § 823 Abs. 1 BGB genannten Rechte und Rechtsgüter zu erweitern. Dementsprechend wurde die Funktion der Verkehrspflichten zunächst auch nur in der Erweiterung der Unterlassenshaftung durch Aufstellung neuer, nicht ausdrücklich kodifizierter Handlungsgebote gesehen[241]. Dieses tradionelle Verständnis der Funktion der Verkehrspflichten trifft nach wie vor zu. Noch heute liegt in dem Schutz der Rechte und Rechtsgüter des § 823 Abs. 1 BGB vor Gefährdungen durch Unterlassen eine der wichtigsten Funktionen der Verkehrspflichten. Nachdem man erkannt hatte, daß Verkehrspflichten auch durch postives Tun verletzt werden können[242], geht die Bedeutung der Verkehrspflichten inzwischen aber weit über die Funktion der Erweiterung der Unterlassungshaftung hinaus.

Nach heutigem Verständnis sieht man in den Verkehrspflichten eine partielle Generalklausel[243] zum Schutz vor und zum Aus-

---

[240] DEUTSCH VersR 1974,1045, (1049); MERTENS VersR 1980,397 (400); zust. v.BAR S.61.

[241] so z.B. ENNECCERUS/LEHMANN, § 243 II 2.; ESSER § 204 1.

[242] Diese Erkenntnis ist v.CAEMMERER zu verdanken. In der Festschrift zum hundertjährigen Bestehen des Deutschen Juristentages, Bd. II, (1960), S.74 ff. hat v.CAEMMERER anhand mehrer Beispiele (siehe im einzelnen v.CAEMMERER a.a.O.) nachgewiesen, daß Verkehrspflichten auch durch positives Tun verletzt werden können.

[243] Dieser Ausdruck stammt von FIKENTSCHER[6] § 103 II 1. c) und wurde von v.BAR S.154 u. JuS 1988,169 (170) übernommen.

gleich von mittelbaren Rechts- und Rechtsgutverletzungen[244]. Hintergrund für dieses Verständnis ist die Erkenntnis, daß das Gesetz nicht jedes Verhalten, das die von ihm geschützten Rechtsgüter gefährdet, verbieten kann[245]. Ein gesetzlich festgelegter absoluter Güterschutz ist nach heutigen Maßstäben weder sinnvoll noch gewollt[246]. So läßt sich z.B. die Fertigung und das Inverkehrbringen industrieller Produkte (z.B. Kraftfahrzeuge oder Chemikalien) auch dann, wenn durch sie zwangsläufig Schäden entstehen, nicht grundsätzlich verbieten. Der Hersteller muß hier nach dem PHG für die durch seine Produkte angerichteten Schäden einstehen, wenn diese fehlerhaft waren. Eine Haftung des Herstellers für Schäden, die durch mangelfreie Produkte enstehen, wird man dagegen sicher nicht als sachgerecht ansehen können. Eine solche Haftung müßte aber bei einer konsequenten Anwendung der Konzeption des deliktischen Schadensersatzrechts im BGB bejaht werden. Verdeutlichen läßt sich dies am besten an dem Schulbeispiel des Automobilherstellers[247]: A stellt Kraftfahrzeuge her. Ihm ist natürlich bekannt, daß mit Kraftfahrzeugen immer wieder Menschen zu Schaden kommen und daß dies auch mit seinen Fahrzeugen passiert. X erwirbt aus A's Produktion ein Auto und verunglückt. Unter Zugrundelegung des traditionellen Prüfungsschemas und unter der Voraussetzung, daß die Tatbestandsmäßigkeit die Rechtswidrigkeit indiziert, ergibt sich für diesen Fall folgende Lösung: A hat den Tatbestand des § 823 Abs. 1 BGB verwirklicht: Rechtsgutverletzung (Körper des X) und Handlung (Produktion und Verkauf des Kraftfahrzeugs) liegen vor. Die Kausalität in Form der Äquivalenzkausalität ist ebenfalls gegeben; darüber hinaus ist das Verhalten des A auch adäquat kausal[248], da die Herstellung eines Kraftfahrzeugs nach der allgemeinen Lebenserfahrung nicht ungeeignet ist, Verletzungen bei dem Erwerber X hervorzurufen. Durch die Verwirklichung des objektiven Tatbestandes ist auch die Rechtswidrigkeit indi-

---

244 v.BAR JuS 1988,169 (170).

245 MERTENS/REEB JuS 1971,525 (526).

246 v.BAR S.155.

247 Siehe dazu MERTENS/REEB JuS 1971,525 (526 f.); MEDICUS, BR, Rz.646; v.BAR S.155.

248 A.A. WEITNAUER in FS Oftinger S.321 (341); wie hier MERTENS/REEB JuS 1971,525 (526); MEDICUS, BR, Rz.646; v.BAR S.155 ff.

ziert. Da A auch weiß, daß es bei dem Betrieb von Kraftfahrzeugen zu Verletzungen kommen kann, hat er zumindest fahrlässig gehandelt.

Dieses Ergebnis kann nicht richtig sein. Es wäre danach grundsätzlich so, daß die Hersteller von Industrieprodukten, von denen erhöhte Gefahren für die Rechtsgüter anderer Menschen ausgehen, wie das generell bei Automobilen, Maschinen oder sonstigen Anlagen der Fall ist, für die Schäden, die durch ihre Produkte entstehen, haften müßten. Einen Ausweg aus dieser Situation weisen die Verkehrspflichten in Verbindung mit der erstmals von Larenz vorgenommenen Unterscheidung zwischen mittelbaren und unmittelbaren Verletzungen[249]. Als unmittelbar bezeichnet Larenz die Eingriffe in fremde Rechte und Rechtsgüter, bei denen der Erfolg noch im Rahmen des Handlungsablaufes liegt. "Der 'Eingriff' in das Recht oder Rechtsgut braucht ... zwar nicht von dem Handelnden gewollt, er muß aber noch als Bestandteil der Handlung selbst anzusehen sein, die dadurch einen anderen Charakter erhält, als es der Vorstellung des Handelnden entsprach"[250]. Liegt dagegen der Erfolg nicht mehr im Rahmen des Handlungsablaufes, ist die Verletzung also "nur eine durch mancherlei Zwischenursachen vermittelte entfernte Folge eines bestimmten Verhaltens"[251], handelt es sich lediglich um einen mittelbaren Eingriff in das verletzte Recht oder Rechtsgut. Konsequenz der Einordnung als mittelbare Verletzung ist nach überwiegender Ansicht, daß der in diesen Fällen zweifellos erfüllte Tatbestand nicht automatisch zur Indikation der Rechtswidrigkeit führt[252]. So weist Medicus zu Recht darauf hin, es sei sinnlos, für alle an der Entwicklung, Produktion und Vertrieb von Kraftfahrzeugen beteiligten Personen "die Erfüllung des Tatbestandes des § 823 Abs. 1 BGB in indizier-

---

[249] LARENZ in FS Dölle S.169 ff.; vorher hatte schon v.CAEMMERER in FS DJT, Bd. II, S.74 ff. von allerdings viel weiter gefaßten mittelbaren Eingriffen gesprochen.

[250] LARENZ in FS Dölle S.169 (193).

[251] LARENZ, SR II, § 72 I c).

[252] LARENZ, SR II, § 72 I c); MEDICUS, BR, Rz.646; v.BAR JuS 1988,169 (170); DERS., Verkehrspflichten, S.154 ff.; STAUDINGER/SCHÄFER § 823 Rz.320; MERTENS/REEB JuS 1971,525 (526 f.); DEUTSCH, Haftungsrecht I, § 14 II 2.; STOLL AcP 162,203 (227 ff.) zustimmend wohl auch CANARIS in FS Larenz S.1 (80).

ter Rechtswidrigkeit anzunehmen"[253]. In den Fällen mittelbarer Rechtsverletzungen muß daher die Rechtswidrigkeit eines Verhaltens erst positiv dadurch festgestellt werden[254], daß man die Verletzung einer Verkehrspflicht bejaht[255].

Für das Beispiel des Automobilherstellers, das hier stellvertretend für die mittelbaren Verletzungshandlungen steht[256], bedeutet dies, daß dem Hersteller ein rechtswidriges Verhalten nur dann vorgeworfen werden kann, wenn auf seiner Seite eine Pflichtverletzung (z.B. ein Konstruktionsfehler) vorgelegen hat. Aufgedeckt ist damit auch die weitere Funktion der Verkehrspflichten. In den Fällen der mittelbaren Verletzungshandlungen geht es nicht wie bei der Unterlassenshaftung um eine Erweiterung der Haftung. Vielmehr haben die Verkehrspflichten hier die Aufgabe, die Verletzungshandlungen, die nach herkömmlichen Kriterien dem Verletzer an sich zugerechnet werden könnten, dem Deliktsbereich fernzuhalten. Die Haftung des mittelbaren Verletzers wird also begrenzt[257]. Die Verkehrspflichten sollen, wie Medicus es ausdrückt, "den Vorwurf der rechtswidrigen Erfüllung eines Deliktstatbestandes auf einen engeren Personen-

---

[253] MEDICUS, BR, Rz.646; so auch LARENZ in FS Dölle S.169 (194); v.BAR, s.155 ff.; v.CAEMMERER in FS DJT, Bd. II, S.77.

[254] Unklar ist innerhalb der h.L. der Ort, an dem die Verkehrspflichten zu prüfen sind. Die Verkehrspflichten werden in Zusammenhang mit den mittelbaren Rechtsverletzungen von der Mehrzahl der Autoren bei der Rechtswidrigkeit behandelt, vgl. nur LARENZ, SR II, § 72 I c), d); MEDICUS, BR, Rz.647, prüft dagegen die Verkehrspflichten gemeinsam mit der haftungsbegründenden Kausalität bei der Zurechnung des tatbestandsmäßigen unvorsätzlichen Verletzungserfolges zu einer bestimmten Person als dem Verletzer. Er verhindert dadurch das doppelte Auftauchen der Verkehrspflichten erstens beim Tatbestand in Hinblick auf den Handlungsbegriff, wenn es um die Haftung für ein Unterlassen geht, und zweitens bei der Rechtswidrigkeit, wenn mittelbare Verletzungshandlungen in Frage stehen (dazu MEDICUS a.a.O. Rz.642 f.).

[255] v.BAR JuS 1988,169 (170); LARENZ, SR II, § 72 I c).

[256] Näher zu dem ganzen Problemkreis LARENZ in FS Dölle S.169 ff. und v.BAR, S.154 ff.

[257] v.BAR JuS 1988,169 (171).

kreis beschränken, als er durch die Adäquanz bestimmt wird"[258].

4. Die bewußte Selbstgefährdung im Rahmen der Verkehrspflichten

Von dem Gedanken der Beschränkung des Personenkreises ist auch der Haftungsausschluß, der mit der bewußten Selbstgefährdung verbunden ist, geprägt. Auch bei der bewußten Selbstgefährdung geht es darum, die deliktsrechtliche Verantwortung des Schädigers auszuschließen. Dies geschieht aber nicht wie bei den Verkehrspflichten dadurch, daß der Personenkreis auf Seiten der anspruchsverpflichteten Schädiger begrenzt wird, sondern bei der bewußten Selbstgefährdung wird gerade umgekehrt der Personenkreis auf Seiten der anspruchsberechtigten Geschädigten beschränkt.

Allein schon diese grundverschiedenen Ansatzpunkte müßten an sich dazu führen, die Eignung der Verkehrspflichten als dogmatischen Rahmen für die bewußte Selbstgefährdung nachhaltig in Frage zu stellen. Man kann allerdings trotz dieser unterschiedlichen Ansatzpunkte für die Haftungsbegrenzung nicht übersehen, daß die Rechtsprechung eine Verbindung zwischen bewußter Selbstgefährdung und Haftung für die Verletzung einer Verkehrspflicht herstellt. Dogmatisch wird man diese Verbindung aber nicht aus einer zumindest ähnlichen Wirkungsweise beider Rechtsinstitute herleiten können. Wenn überhaupt, kann dies nur durch die Bestimmung des Inhalts der Verkehrspflichten geschehen.

Wesentliche Elemente bei der Bestimmung von Träger und Inhalt der Verkehrspflichten sind gleichberechtigt das Gefahrenerhöhungs-, das Gefahrbeherrschungs- und das Interessen-

---

[258] MEDICUS, BR, Rz.646; ähnlich die Formulierung bei MERTENS VersR 1980,397 (399), der dem Tatbestand in seiner judiziellen Pflichtverletzungskonzeption [kritisch dazu CANARIS in FS Larenz S.1 (79 f.)] die Funktion zuweist, den Kreis derjenigen Personen zu umgrenzen, die äußerstenfalls als Adressaten eines deliktischen Anspruchs in Betracht zu ziehen sind.

prinzip[259]. Diese Prinzipien bilden indes nur den Rahmen für die Festlegung der Verkehrspflichten. Dieser Rahmen bedarf, soweit für den konkreten Fall Verkehrspflichten nicht ausgeformt sind, noch der Ausfüllung durch spezielle Maßstäbe, anhand derer sich der zur Rechtsfindung Berufene bei der Statuierung der Verkehrspflichten orientieren kann[260]. Als ein solcher spezieller Maßstab könnte auch die bewußte Selbstgefährdung dienen. Dieser Maßstab könnte so aussehen, daß das Interesse am Bestand seiner Rechtsgüter bei demjenigen weniger wiegt, der diese Rechtsgüter bewußt und ohne Not einer Gefährdung aussetzt. Die Folge dieser Geringerbewertung wäre dann, daß der Gefährder sein gefahrenträchtiges Verhalten durchführen kann, ohne besondere Verkehrspflichten beachten zu müssen[261].

Ein solches Zusammenspiel von bewußter Selbstgefährdung und Verkehrspflichten kommt schon bei Stoll in seiner Untersuchung des Handelns auf eigene Gefahr zum Ausdruck[262]. Stoll geht gestützt auf die Bestandsaufnahme der älteren Rechtsprechung davon aus, daß z.B. von Teilnehmern und Zuschauern gefährlicher Veranstaltungen die gewöhnlichen, der Veranstaltung notwendig innewohnenden Gefahren, nicht aber die vermeidbaren Gefahren, die durch zumutbare Sicherungsvorkehrungen abgewendet werden könnten, übernommen würden[263]. Der Veranstalter hafte somit nicht für solche Gefahren, die der Veranstaltung notwendig innewohnten[264]. Dabei sieht Stoll die Begründung für den Ausfall der Haftung darin, daß der Verletzte hinsichtlich der typischen Gefahren auf eigene Gefahr handele. Zwar könne man der Haftung des Veranstalters nicht allein mit Hilfe einer Bewertung des Verhaltens des sich selbst gefährdenden Verletzten beikommen. Aber die

---

259 Siehe zu diesen Prinzipien im einzelnen v.BAR JuS 1988, 169 (170 f.), der nach der neueren Rechtsprechung auch noch den Schutz berechtigter Vertrauenserwartungen als weiteres bestimmendes Element ansieht; zur Inhaltsbestimmung von Verkehrspflichten siehe auch MÜNCHENER KOMMENTAR/MERTENS § 823 Rz.184.

260 Näher dazu MERTENS VersR 1980,397 (401 ff.).

261 So z.B. MERTENS/REEB JuS 1971,525 (528).

262 STOLL, Handeln auf eigene Gefahr, 1961; zust. MÜNZBERG S.305.

263 STOLL, Handeln auf eigene Gefahr, S.242.

264 STOLL, Handeln auf eigene Gefahr, S.242 ff.

Nichthaftung des Gefährders beruhe in den in Rede stehenden Fällen darauf, daß das erlaubte Risiko im Verhältnis zu Zuschauern und Teilnehmern der Veranstaltung erhöht sei. Diese übernähmen deshalb die gewöhnlichen Gefahren[265]. Als dogmatische Konsequenz für die Rechtsfigur des Handelns auf eigene Gefahr zieht Stoll den Schluß, das Handeln auf eigene Gefahr beginne dort, wo die Schutzpflichten der für die Gefahrenquelle verantwortlichen Personen aufhörten. In den Fällen der gewöhnlichen Gefahr hätten die Schutzpflichten im Verhältnis zu Zuschauern und Teilnehmern an der gefährlichen Veranstaltung nur ein begrenztes, unterdurchschnittliches Leistungsziel. Folglich sei das erlaubte Risiko im Verhältnis zu diesen Personen erhöht. In dieser Abschwächung der Sicherungspflichten sieht Stoll dann den Grundtypus des Handelns auf eigene Gefahr und bezeichnet dies als "echtes Handeln auf eigene Gefahr"[266].

Die Arbeit Stolls ist in der Literatur zwar anerkennend gewürdigt worden[267], eine eingehende Auseinandersetzung mit den Gedanken zum "echten Handeln auf eigene Gefahr" hat aber weder in der Literatur noch in der Rechtsprechung stattgefunden. Dies mag zum einen an dem etwas unglücklichen Begriff des "echten Handelns auf eigene Gefahr" liegen. Stoll wollte sich anscheinend nicht von dem Rechtsinstitut des Handelns auf eigene Gefahr lösen. Durch die Bezeichnung "echtes Handeln auf eigene Gefahr" hat er aber das Verständnis seiner Ansicht erschwert. So interpretiert D.Schwab die Äußerungen Stolls dahin, im Falle des "echten Handelns auf eigene Gefahr" erscheine das Handeln auf eigene Gefahr nicht eigentlich als Begründung für die Haftungsbegrenzung, sondern als Ausdruck einer objektiven, von der Sicht des Selbstgefährders losgelösten Verteilung des Risikos[268]. D.Schwab versteht Stoll also so, daß nach dessen Konzeption derjenige auf eigene Gefahr handele, demgegenüber die

---

265 STOLL, Handeln auf eigene Gefahr, S.247.

266 STOLL, Handeln auf eigene Gefahr, S.247 ff., 253.

267 Vgl. nur die Buchbesprechnung von DEUTSCH in RabelsZ 1966,755 ff.

268 D.SCHWAB JZ 1967,13 (14 f.); dessen Kritik sich zwar lediglich auf die Fallgruppe der Haftung gegenüber dem unbefugten Verkehr bezieht, die aber durchaus auch auf die hier behandelte Fallgruppe übertragen werden kann; zust. SCHRÖDER AcP 179,567 (569).

Pflichtenlage des Gefahrverantwortlichen gemindert erscheine. Dieses Verständnis scheint auf den ersten Blick richtig zu sein, da Anknüpfungspunkt für den Ausfall der Haftung in den fraglichen Fällen nicht das Handeln auf eigene Gefahr oder die bewußte Selbstgefährdung, sondern der Umstand ist, daß der Schädiger seine Pflichten nicht verletzt hat.

Trotzdem trifft D.Schwab mit dieser Kritik nicht den Kern der Stollschen Argumentation. Stoll geht zwar in den Fällen der Haftung für die Verletzung einer Verkehrssicherungspflicht grundsätzlich von der Pflichtenstellung des Gefährders aus, setzt diese Pflichtenstellung dann aber in Relation zur bewußten Selbstgefährdung des Geschädigten. Aus der Tatsache der bewußten Selbstgefährdung des Geschädigten folgert Stoll dann, daß die Schutzpflichten gegenüber dem Geschädigten in diesen Fällen ein begrenztes unterdurchschnittliches Leistungsziel hätten. Folglich sei das erlaubte Risiko im Verhältnis zu den Personen, die sich bewußt selbst gefährdeten, erhöht. Im Falle der bewußten Selbstgefährdung handele es sich um eine Ausnahmesituation, in welcher die Grenze zwischen pflichtwidriger Gefährdung und hinzunehmender Gefahr zum Nachteil gewisser schutzbedürftiger Personen verschoben werde. Diesen Personen dürfe in höherem Maße zugemutet werden, sich vor erkennbaren, typischen Gefahren selbst zu schützen[269]. Stoll will mit dem "echten Handeln auf eigene Gefahr" also keineswegs nur das Ergebnis des Ausfalls der Haftung festhalten. Er beschreibt vielmehr mit diesem Schlagwort eine Situation, in der die bewußte Selbstgefährdung des Geschädigten dazu geführt hat, daß die Sicherungspflichten des Schädigers gemindert sind. Die bewußte Selbstgefährdung liefert also die Begründung dafür, daß der Schädiger seine Verkehrssicherungspflichten nicht verletzt hat. Nach der Konzeption Stolls ist mit dem Schlagwort "echtes Handeln auf eigene Gefahr" gemeint, daß die bewußte Selbstgefährdung gerade den Grund für die Reduzierung der Schutzpflichten bildet, die dann letztlich den Haftungsausfall nach sich zieht[270].

---

[269] STOLL, Handeln auf eigene Gefahr, S.247.

[270] STOLL, Handeln auf eigene Gefahr, S.247.

Zum anderen geben auch die Ergebnisse, die die Rechtsprechung für die einschlägigen Fälle findet, wenig Anlaß zu einer Auseinandersetzung mit Stoll. Denn auch ohne direkte Bezugnahme auf das "echte Handeln auf eigene Gefahr" wird, wie die Analyse der Rechtsprechung gezeigt hat[271], die von Stoll aufgedeckte Verbindung zwischen Verkehrspflichten und bewußter Selbstgefährdung hergestellt. De facto haben also die systematischen Erkenntnisse Stolls Eingang in die Rechtsprechung gefunden.

Da das Zusammenspiel von bewußter Selbstgefährdung und Verkehrspflichten in der geschilderten Weise gut funktioniert und sich daher die bewußte Selbstgefährdung durchaus in die Dogmatik der Verkehrspflichten einordnen läßt, liegt der Schluß nahe, in den Verkehrspflichten den geeigneten dogmatischen Rahmen für die bewußte Selbstgefährdung zu sehen. Wie aber die Sporthaftungsfälle bei geringfügiger Verletzung einer Sportregel[272] zeigen, funktioniert dieses Zusammenspiel nicht in allen Fällen. Obwohl der schädigende Sportler, sieht man die Sportregeln als Verkehrspflichten an, unzweifelhaft gegen eine Verkehrspflicht verstoßen hat, braucht er nicht für den von ihm verursachten Schaden einzustehen[273]. Für den geschädigten Sportler hat sich hier lediglich die Gefahr verwirklicht, die ihm stets beim Sport drohte und genau das ist auch der Grund, warum der Verletzer in diesem Fall nicht zu haften braucht.

Darüber hinaus bliebe bei einer Eingliederung der bewußten Selbstgefährdung in den Rahmen der Dogmatik der Verkehrspflichten ein Anwendungsgebiet der bewußten Selbstgefährdung unberücksichtigt. Auch bei der Gefährdungshaftung des Tierhalters scheint es sachgerecht zu sein, dem Geschädigten gewisse Gefahren aufzubürden, denen er sich bewußt und ohne Not ausgesetzt hat. Diese Bürde kann dem Geschädigten aber nicht über die Instrumentarien der Verkehrspflichten, die ja

---

271 Siehe oben S.38 ff.

272 Vgl. oben S.57 ff.

273 BGH VersR 1976,591; VersR 1976,775; OLG Koblenz VersR 1991,1067; OLG Hamm VersR 1985,296; LG Stuttgart VersR 1988,600; OLG München VersR 1986,247; PALANDT/THOMAS § 823 Rz.122; STAUDINGER/SCHÄFER Vorbem. zu § 823 Rz.77; GRUNSKY JZ 1975,109 (111); DEUTSCH VersR 1974,1047 (1051); MEINERS S.159 ff.

nur bei der Verschuldenshaftung Anwendung finden, auferlegt werden. Der dogmatische Rahmen der Verkehrspflichten reicht also dann nicht aus, wenn man anerkennt, daß der Gedanke der bewußten Selbstgefährdung nach einer umfassenden, auch für die Gefährdungshaftung geltenden Berücksichtigung der Erkenntnis strebt, daß derjenige, der sich einer Gefahr bewußt aussetzt, nicht Ersatz des Schadens verlangen kann, der sich aus der Realisierung der Gefahr ergeben hat.

Für die Dogmatik der Verkehrspflichten wird man festhalten müssen, daß hier nicht nur die Handlung des Verletzers, sondern auch die Selbstgefährdung des Verletzten von Bedeutung sein kann. In diesem Sinne erfüllen die Verkehrspflichten auch innerhalb dieser Untersuchung eine wichtige Funktion. Bei dem Bemühen der Verkehrspflichten, im Rahmen der mittelbaren Verletzungshandlungen die Haftung zu begrenzen, bestimmt der Gesichtspunkt der bewußten Selbstgefährdung häufig die Antwort darauf, ob ein bestimmtes Verhalten in der Weise erlaubt ist, wie es vom Verletzer ausgeführt wird. Diese Funktion der bewußten Selbstgefährdung stellt einen überaus wichtigen, aber doch nur einen Ausschnitt aus dem Anwendungsbereich des Gedankens der bewußten Selbstgefährdung dar. Daneben hat die bewußte Selbstgefährdung auch dann noch Bedeutung, wenn eine Verkehrspflicht verletzt ist und wenn es um die Bedeutung der bewußten Selbstgefährdung bei der Gefährdungshaftung geht.

IV. Treu und Glauben

Wenn Rechtsprechung und Teile der Literatur bei den Verletzungen anläßlich der Ausübung einer gefährlichen Sportart die bewußte Selbstgefährdung als Fall eines venire contra factum proprium herausstellen[274] und auf dieser Grundlage dann einen Haftungsausschluß über § 242 BGB konstruieren[275], ist es notwendig, die dogmatische Verbindung der bewußten Selbstgefährdung zu dieser Rechtsfigur näher zu untersuchen.

Eine Rechtsausübung kann unzulässig sein, wenn sich der Berechtigte mit ihr in Widerspruch zu seinem eigenen Verhalten setzt. Der Treuebruch kann bei diesem Anwendungsfall des § 242 BGB in der sachlichen Unvereinbarkeit der Verhaltensweisen des Berechtigten[276], vor allem aber im Widerspruch zu einem geschaffenen Vertrauenstatbestand liegen[277]. Es handelt sich um ein Verhalten, das im Widerspruch zu einem begründeten Vertrauenstatbestand steht, wenn der Berechtigte durch sein früheres Verhalten bei einem Verpflichteten den Eindruck erweckt, er werde sein Recht nicht in dieser Form, nicht zu dieser Zeit oder überhaupt nicht geltend machen, und der Verpflichtete sich im Vertrauen darauf in einer Weise eingerichtet hat, daß ihm eine Anpassung an eine veränderte Rechtslage nach Treu und Glauben nicht mehr zugemutet werden kann[278]. Als charakteristische Anwendungsfälle dieser Form der unzulässigen Rechtsausübung haben sich z.B.

---

[274] BGHZ 34,355 (363); Münchener Kommentar/Roth § 242 Rz.303.

[275] Siehe oben S.54 ff.; BGHZ 63,140 (145); BGH VersR 1975, 155 (156); OLG Hamm VersR 1992,856 (857); JAUERNIG/TEICHMANN § 254 Anm. 5 b. dd); FÜLLGRAF VersR 1983, 705 (710); aus der älteren Literatur WANGEMANN MDR 1956, 385; Böhmer VersR 1957,205; a.A. dagegen STAUDINGER/MEDICUS § 254 Rz.140; GRUNSKY NJW 1975,109 (111).

[276] MÜNCHENER KOMMENTAR/ROTH § 242 Rz.289.

[277] PALANDT/HEINRICHS § 242 Rz.55; STAUDINGER/SCHMIDT § 242 Rz.554; LARENZ, SR I, § 10 II b); MÜNCHENER KOMMENTAR/ROTH § 242 Rz.289, 295 ff.; siehe auch BGHZ 32,279.

[278] BGHZ 94,344 (351 f.); BGH NJW 1985,2589 (2590); NJW 1986,2107.

die mißbräuchliche Erhebung der Verjährungseinrede[279] und die mißbräuchliche Berufung auf Formmängel[280] und auf das Fehlen der Vertretungsmacht[281] herausgebildet. Darüber hinaus wird nach ganz herrschender Meinung als besondere Ausprägung des Grundsatzes des venire contra factum proprium neben der Verwirkung[282] auch der Gedanke des Handelns auf eigene Gefahr bzw. der bewußten Selbstgefährdung angesehen[283]. Trotz der Einordnung der bewußten Selbstgefährdung als Unterfall eines venire contra factum proprium ist es aber fraglich, ob die für das Rechtsinstitut des venire contra factum proprium grundsätzlich eintretende Rechtsfolge des Haftungsausschlusses über § 242 BGB auch für den Fall der bewußten Selbstgefährdung gelten kann.

Vom Standpunkt der herrschenden Meinung zum Verhältnis der Vorschriften des § 254 BGB zu § 242 BGB müßte dies konsequenterweise verneint werden. Die überwiegende Ansicht in Rechtsprechung[254] und Literatur[285] geht davon aus, § 254 BGB sei eine spezielle Ausprägung oder, wie der Bundesgerichtshof sich ausdrückt, ein "kodifizierter Unterfall"[286] des allgemeinen Rechtsgedankens von der Unzulässigkeit des veni-

---

279 BGHZ 93,64 (66), BGH NJW 1988,2247 f.; näher dazu MÜNCHENER KOMMENTAR/v.FELDMANN § 194 Rz.10 ff.

280 BGHZ 92,164 (171 ff.); Einzelheiten bei MÜNCHENER KOMMENTAR/FÖRSCHLER § 125 Rz.53 ff.

281 BGH NJW 1966,1911; WM 1989,1068 (1069).

282 Näheres dazu bei LARENZ, SR I, § 10 II b).

283 BGHZ 34,355 (363); 63,140 (143 ff.); MÜNCHENER KOMMENTAR/ROTH § 242 Rz.297; JAUERNIG/VOLLKOMMER § 242 Anm. III 4 b. bb).

284 BGHZ 34,355 (363); 36,329 (342); 50,112 (115); 56,57 (65); 56,163 (169); BGH NJW 1972,334 (335); NJW 1982, 168; VersR 1982,191 (192).

285 Schmidt,R. S.109 ff.; DUNZ JZ 1961,406; DERS. NJW 1986, 2234 ff.; DEUTSCH, Haftungsrecht I, § 20 I 1.; PALANDT/HEINRICHS § 254 Rz.2; MÜNCHENER KOMMENTAR/ROTH § 242 Rz.297; RGRK/ALFF § 254 Rz.1; anderer Ansicht mit dem m.E. beachtlichen Hinweis, daß bei § 242 BGB ein bestehender Anspruch nicht geltend gemacht werden könne, während im Falle eines Mitverschuldens der Anspruch im Umfang der schuldhaften Eigenverursachung erst gar nicht enstehe: ESSER/SCHMIDT § 35 I 2.1; FLUME JZ 1961, 605; GREGER NJW 1985,1130 (1131); SOERGEL/MERTENS § 254 Rz.4.

286 BGH NJW 1980,1518 (1519).

re contra factum proprium. Da § 254 BGB keine allgemeine Rechtspflicht mit dem Inhalt statuiere, jedermann müsse mit der im Verkehr erforderlichen Sorgfalt eigene Schäden vermeiden, sanktioniere das Gesetz eine Selbstschädigung erst bei der Geltendmachung eines Schadensersatzanspruches[287]. Wer hinsichtlich seiner eigenen Person die nötige Aufmerksamkeit vermissen lasse, dennoch aber Schadensersatz in vollem Umfang begehre, setze sich mit dieser Forderung in Widerspruch zu eigenem früheren Verhalten. Ihm falle aus diesem Grund bei einer Ersatzforderung in voller Höhe unzulässige Rechtsausübung zur Last[288]. Dieser Gedanke komme in der Vorschrift des § 254 BGB zum Ausdruck[289].

Die Einordnung der bewußten Selbstgefährdung bei § 254 BGB führt dazu, daß auf dem Boden dieser Ansicht ein unmittelbarer Rückgriff auf § 242 BGB bei der bewußten Selbstgefährdung nicht möglich ist[290]. Die bewußte Selbstgefährdung ist als Sonderfall des venire contra factum proprium vom Wortlaut und Zweck des § 254 BGB vollständig gedeckt. Soweit diese Vorschrift das venire contra factum proprium erfaßt, ist auch die dort normierte Rechtsfolge maßgebend. Der Gesetzgeber hat ausdrücklich und unmißverständlich zu verstehen gegeben, daß ein gegensätzliches Verhalten, soweit es unter § 254 BGB fällt, dadurch sanktioniert werden soll, daß die Ersatzpflicht und deren Umfang von den besonderen Umständen des Einzelfalls abhängig zu machen sind. Damit ist klar zum Ausdruck gebracht, daß ein gegensätzliches Verhalten nicht generell den Ersatzanspruch aufhebt, sondern, soweit es in den Anwendungsbereich des § 254 BGB fällt, auch zu einer Schadensminderung führen kann[291]. Es verbietet sich folglich, bei derartigen Fällen die spezielle gesetzliche Norm des § 254 BGB, die auch nur Ausfluß des § 242 BGB ist,

---

[287] SCHMIDT,R., S.109.

[288] STOLL, Handeln auf eigene Gefahr, S.316; DEUTSCH, Haftungsrecht I, § 20 I 1.

[289] STOLL, Handeln auf eigene Gefahr, S.316.

[290] STOLL, Handeln auf eigene Gefahr, S.315 f.; GERHARDT S.101 ff.; HITZFELD S.142 f.; mißbilligend auch WIEAKKER S.32 Fußn.69.

[291] GERHARDT S.102.

zu umgehen und unmittelbar auf den Verstoß gegen Treu und Glauben als Generalnorm abzustellen[292].

Die Anwendung des § 242 BGB bei der bewußten Selbstgefährdung ist darüber hinaus aus einem weiteren Grund zweifelhaft. Füllgraf, der die Rechtsprechung des Bundesgerichtshofs zur Haftung bei regelgerechten Sportverletzungen ausdrücklich unterstützt[293], weist selbst darauf hin, daß es sich bei § 242 BGB um eine "Notbremse" handelt[294]. Notbremsen kommen aber nur dann zur Anwendung, wenn die eigentlichen Bremsen versagen. Für den Rückgriff auf die Einwendung "Treu und Glauben" bedeutet dies, daß diese, wie auch alle anderen Einwendungen, erst dann zum Zuge kommen kann, wenn der Haftungstatbestand erfüllt ist, wenn also die Haftungsbegrenzungselemente auf der Tatbestands-, der Rechtswidrigkeits- und der Verschuldensebene nicht eingegriffen haben. Davon kann in den Fällen der bewußten Selbstgefährdung aber keine Rede sein. Selbst wenn man einmal von einer einheitlichen dogmatischen Betrachtung der bewußten Selbstgefährdung absieht, lassen sich die Fälle der bewußten Selbstgefährdung, das hat das vorherige Kapitel gezeigt, durchaus mit den herkömmlichen Instrumentarien erfassen. Dies gilt namentlich für die Fälle der bewußten Selbstgefährdung, die gerade die Grundlage für den Haftungsausschluß über § 242 BGB bilden, die Sportverletzungen[295]. Hier bedarf es des

---

292 STOLL, Handeln auf eigene Gefahr, S.316; HITZFELD S.143; Die Rechtsprechung mißachtet dieses Verbot im Bereich der Haftung für Sportverletztungen bei regelgerechtem Verhalten, ohne sich mit der Problematik auseinanderzusetzten; vgl. BGHZ 63,140. Sie setzt sich damit über ihre selbst herausgearbeitete Systematik hinweg. Der Hinweis, nur so könne das Verbot des Selbstwiderspruchs ernst genommen werden [(BGHZ 63,140 (145)] vermag angesichts der Möglichkeit, die Haftung auch über § 254 BGB auszuschließen, nicht zu überzeugen.

293 FÜLLGRAF VersR 1983,705 (710 f.).

294 FÜLLGRAF VersR 1983,705 (710).

295 BGHZ 63,140 (145); BGH VersR 1975,155 (156); OLG Hamm NJW-RR 1992,856 (857); FÜLLGRAF VersR 1983, 705 (710); JAUERNIG/TEICHMANN § 254 Anm. 5 b. dd); MÜNCHENER KOMMENTAR/MERTENS § 823 Rz.345; es ist in diesem Zusammenhang darauf hinzuweisen, daß in den genannten Urteilen der BGH sich überhaupt nicht mit der Frage auseinandergesetzt wird, ob denn die Haftung möglicherweise schon auf anderen Ebenen ausgeschlossen werden könnte.

Rückgriffs auf die Einwendung des § 242 BGB nicht. Denn unabhänigig davon, welcher dogmatische Standpunkt eingenommen wird, fehlt jedenfalls das Verschulden mangels Verletzung der im Verkehr erforderlichen Sorgfalt. Dies gilt sowohl in den Fällen, in denen die Sportverletzungen ohne Regelverstoß eingetreten sind[296] als nach richtiger Ansicht auch dort, wo ein geringfügiger Regelverstoß vorlag[297]. Zudem wird sich im folgenden Kapitel zeigen, daß die doch sehr unterschiedlichen Fälle, in denen die bewußte Selbstgefährdung zu einem Haftungsausschluß führt, einheitlich mit dem haftungsbegrenzenden Kriterium des Schutzzwecks der Norm erfaßt werden können. Schon aus diesem Grund kann daher der Gedanke des venire contra factum proprium nicht greifen.

---

[296] So zu Recht STAUDINGER/MEDICUS § 254 Rz.140; GRUNSKY NJW 1975,109 (110 f.); SOERGEL/MERTENS § 254 Rz.59; gegen die Lösung über § 242 BGB auch LANGE § 10 XV 3.

[297] BGH VersR 1976,591 = NJW 1976,957 (958); VersR 1976,775 = NJW 1976,2161 (2162); OLG Saarbrücken VersR 1992,248; OLG Frankfurt NJW-RR 1991,418 (419); OLG Koblenz VersR 1991,1067; OLG Hamm NJW-RR 1991,149 (150); LANGE § 10 XV 4.; PALANDT/THOMAS § 823 Rz.122.

B. Der Haftungsausschluß durch bewußte Selbstgefährdung als Unterfall der Lehre vom Schutzzweck der Norm

In Rechtsprechung und Rechtslehre bestehen eine Vielzahl von Anzeichen, die die bewußte Selbstgefährdung mit dem Gedanken des Schutzzwecks der Norm in Verbindung bringen. Es ist vor allem ein Teil des strafrechtlichen Schrifttums[298], das die Fälle bewußter Selbstgefährdung über die Lehre vom Schutzzweck der Norm löst.

Im Zivilrecht ist die Verbindung zwischen bewußter Selbstgefährdung und Schutzzweck der Norm am auffälligsten bei der Gefährdungshaftung des Tierhalters, und dort speziell bei der Haftung eines Pferdehalters gegenüber einem Reiter. Herrschende Meinung und Rechtsprechung schließen hier bei Vorliegen einer bewußten Selbstgefährdung die Haftung des Tierhalters aus[299]. Die Rechtsprechung nimmt eine solche haftungsausschließende bewußte Selbstgefährdung allerdings erst dann an, wenn der Geschädigte sich mit der Übernahme des Pferdes einer besonderen Gefahr aussetzt, die über die normalerweise mit dem Reiten verbundene Gefahr hinausgeht[300]. Demgegenüber läßt es ein großer Teil der Lehre schon genügen, daß sich der Verletzte bewußt und aus freien Stücken in die Gefahr begibt und im Falle des Reitsports sogar in selbständiger Stellung die volle Herrschaft über das Tier übernimmt[301].

Neben dem Gefährdungshaftungsbereich klingen auch dann, wenn es um bewußte Selbstgefährdung und Haftung für die Verletzung von Verkehrspflichten geht, Schutzzweckgedanken an.

---

298 ROXIN § 11 Rz.98; SCHÜNEMANN JA 1975,435 (723); BURGSTALLER S.170; OTTO in FS Tröndle S.157 (170 f.).

299 BGH NJW 1974,234; NJW 1977,2158; NJW 1986,2883; VersR 1978,515; VersR 1982,348; VersR 1982,366; VersR 1988, 609; VersR 1992,371; VersR 1992,1145; DEUTSCH NJW 1978, 1998 (2001); DERS. JuS 1987,674 (677 f.); LARENZ, SR, II, § 77 II; DUNZ JZ 1987,63 (65, 67); MEDICUS, BR, Rz.636; LANGE § 3 IX 9.; SOERGEL/ZEUNER § 833 Rz.25.

300 Vgl. nur BGH NJW 1974,234 (235); NJW 1977,2158.

301 DEUTSCH NJW 1978,1998 (2001); DERS. JuS 1987,674 (677 f.).; LARENZ, SR II, § 77 II; DUNZ JZ 1987,63 (65); SOERGEL/ZEUNER § 833 Rz.25; LANGE § 3 IX 9. Fußn.217; SCHRADER NJW 1975,676 (677).

Hier ist es vor allem der Bereich des Betretens fremder Grundstücke und Anlagen, der von Schutzbereichserwägungen geprägt ist[302]. In der Rechtslehre wird die Lehre vom Schutzzweck der Norm auch teilweise für den Sportbereich nutzbar gemacht. So geht Krähe davon aus, die Haftungsproblematik bei Sportverletzungen sei bei der Zurechnung anzusiedeln . Das mit dem Fußballspiel verbundene erhöhte Risiko beeinflusse die Auslegung des Schutzzwecks der deliktischen Anspruchsgrundlage des § 823 Abs. 1 BGB[303]. Außerdem kommt in der Literatur vereinzelt zum Ausdruck, es handele sich bei der Berücksichtigung der bewußten Selbstgefährdung grundsätzlich um eine Bewertung der Schadenszuordnung am Schutzzweck der Norm[304].

Auch nach meiner Auffassung trägt das Kriterium des Schutzzwecks der Norm dem Gedanken der bewußten Selbstgefährdung am ehesten Rechnung. Der eigentliche Grund dafür, daß in bestimmten Fällen einer bewußten Selbstgefährdung eine Haftung des Schädigers nicht in Betracht kommt, ist darin zu sehen, daß durch die bewußte Selbstgefährdung des Geschädigten der Schutzzweck der Haftungsnorm nicht mehr erfüllt ist und daher der Schaden dem Schädiger nicht zugerechnet werden kann.

I. Historische Entwicklung

Die Normzwecklehre stammt ursprünglich aus dem Bereich des § 823 Abs. 2 BGB. Schon die Materialien zum BGB legten für die Haftung aus § 823 Abs. 2 BGB fest, daß aus dem Inhalt des verletzten Rechtsgutes zu ermitteln sei, welche Interessen durch dasselbe geschützt werden sollen[305]. Diesem Hinweis entsprechend hat die Rechtsprechung seit jeher den Normzweckgedanken im Bereich des § 823 Abs. 2 BGB angewandt[306]. Für eine Haftung aus § 823 Abs. 2 BGB verlangt die Rechtsprechung im einzelnen, daß sich der Anwendungsbereich der

---

302 Hierzu ausführlich D.SCHWAB JZ 1967,13 ff.

303 KRÄHE S.148 ff.

304 RGRK/STEFFEN Vor § 823 Rz.69.

305 Vgl. Protokolle II,571.

306 RGZ 63,324; 73,30; 82,206.

jeweils maßgebenden Vorschrift auf die Person des Geschädigten[307], das verletzte Rechtsgut[308] und auf die konkrete Art der Beeinträchtigung des geschützten Rechtsgutes[309] erstreckt.

Die haftungsrechtliche Bedeutung der Normzwecklehre blieb in der deutschen Rechtsprechung beim Grundtatbestand des Deliktsrecht, § 823 BGB, zunächst auf den zweiten Absatz beschränkt[310]. Demgegenüber forderten schon recht früh österreichische Autoren die Anerkennung des Schutzzweckgedankens als allgemeingültiges Haftungsbegrenzungsprinzip[311]. Der Schutzzweckgedanke trat dabei in zwei Varianten auf:

Die erste ging von der Relativität der Rechtswidrigkeit aus. Es war vor allem Ehrenzweig[312], der einen Verstoß gegen eine Rechtsnorm als Voraussetzung für die Rechtswidrigkeit nicht genügen ließ. Darüber hinaus müsse berücksichtigt werden, daß jede Rechtsnorm keine absolute, sondern eine relative Wirkung habe, indem sie den Schutz bestimmter Interessen bezwecke. Ein Schadensersatzanspruch werde durch Zuwiderhandlung gegen eine Norm nur dann ausgelöst, wenn jene Interessen verletzt seien, deren Schutz die Rechtsnorm bezwecke. "Die rechtswidrige Handlung ist eben nur relativ rechtswidrig, sie ist rechtswidrig nur gegenüber den durch den Rechtssatz geschützten Interessen"[313]. Aus dieser Position heraus entwickelte sich dann die Lehre vom Rechtswidrigkeitszusammenhang. Für das deutsche Recht erfuhr sie nähere Ausformung durch Esser und Nipperdey. Beide sind der Ansicht, das Unwerturteil über ein Verhalten beruhe auf der Gefährdung bestimmter Rechtsgüter und auf der Gefahr be-

---

307 RGZ 102,223 (224); BGHZ 22,293 (295); 28,359 (365 f.); BGH VersR 1973,214 (215).

308 BGHZ 39,366 (368 f.).

309 BGH VersR 1978,921 (922); oft zitiertes Beispiel: LG Hannover Recht 1910, Nr.35.

310 Neben § 823 Abs. 2 BGB hatte die Normzwecklehre noch Bedeutung im Rahmen des § 839 BGB. Dort ging es um den Schutzbereich der in Frage stehenden Amtspflichten.

311 EHRENZWEIG S.39 ff, 72 ff.; WILBURG, JherJb. 82 (1932),51 (100 ff.); RABEL S.495 ff.

312 EHRENZWEIG S.48.

313 EHRENZWEIG S.48.

stimmter Schädigungsarten[314]. Die Rechtswidrigkeit werde haftungsrechtlich nur in bestimmten Relationen erheblich: einmal bestimmten Personen gegenüber, zum anderen im Hinblick auf bestimmte Rechtsgüter und drittens im Hinblick auf eine bestimmte Verletzungsart (oder Gefahr), welche allein den Haftungsgrund bilde[315]. Für das deutsche Recht ist der Grundgedanke der relativen Rechtswidrigkeit indes problematisch. Ganz herrschend ist das deutsche Schrifttum der Ansicht, die Rechtswidrigkeit sei nur absolut, also als Widerspruch zur Rechtsordnung als ganzem zu verstehen[316]. Beim Rechtswidrigkeitszusammenhang kann es im deutschen Recht demnach nicht um die Relativierung des Rechtswidrigkeitsbegriffs, sondern nur um die haftungsrechtliche Relevanz des Rechtswidrigkeitsurteils gehen[317].

Die zweite Richtung versteht den Schutzzweckgedanken nicht als Rechtswidrigkeits-, sondern als generelles Haftungsproblem. Den entscheidenden Anstoß für eine als allgemeine Haftungseinschränkung verstandene Schutzzweckbegrenzung hat Rabel in seiner rechtsvergleichenden Untersuchung zum Recht des Warenkaufs aus dem Jahre 1936 gegeben. Rabel ging zunächst für das Vertragsrecht davon aus, die Kausalitätstheorien, die die Haftung über einheitliche Formeln zu beschränken suchten, insbesondere aber die Adäquanztheorie, seien nicht in der Lage, die Haftung bei Vertragsverletzungen richtig zu begrenzen. Man bediene sich hier allgemeiner Betrachtungsweisen und trage dem konkreten Vertrag nicht Rechnung[318]. Bei der Untersuchung des angelsächsischen Rechtskreises stellte Rabel dann fest, daß dort die Kriterien für eine Haftungsbegrenzung nicht über Kausalitätserwägungen gefunden, sondern aus dem Vertrag selbst und den mit diesem Vertrag geregelten Parteiinteressen entwickelt wurden. Nicht nur die Primärpflichten aus dem Vertrag sollten dementsprechend aus dem Geist der Vereinbarung bestimmt werden, sondern auch die sekundären Verbindlichkeiten könnten

---

[314] ESSER § 61 3.; ENNECCERUS/NIPPERDEY § 208 II 3 b.

[315] ESSER § 61 3.

[316] MÜNZBERG S.120 ff.; LARENZ § 27 III b. 2); SOURLAS S.40 m.w.N.

[317] So vor allem LANGE § 3 VIII 1.; MÜNZBERG S.124 Fußn.248.

[318] RABEL S.488 ff.

nicht unabhängig vom Zweck der Vereinbarung gestaltet werden. Rabel wendete diesen Gedanken auf das deutsche Recht an: "Der Vertrag gibt die Pflichten an, er zeigt, welche Interessen des Gläubigers befriedigt werden sollen, und verdeutlicht dadurch, welche Folgen der Nichterfüllung im Vermögen des Gläubigers der Schuldner gutzumachen hat. Der Schuldner, der das Recht des Gläubigers verletzt hat, haftet ihm nicht für alle Folgen seines vertragswidrigen Tuns schlechthin, sondern nur für die Einbußen, die den durch den Vertrag geschützten Interessen des Gläubigers zustoßen"[319]. Rabel wollte diesen Gedanken aber nicht nur auf das Vertragsrecht beschränkt wissen. Er übertrug den Schutzzweckgedanken ausdrücklich auf das Deliktsrecht. Er sah das Recht der unerlaubten Handlungen sogar als das Gebiet an, auf dem die Normzwecklehre ihre fruchtbarste Bedeutung entfalte[320].

Die Äußerungen Rabels gerieten über die Kriegsjahre hinweg in Vergessenheit. Es war v.Caemmerer, der in seiner Freiburger Rektoratsrede[321] den Normzweckgedanken wiederentdeckte und ihm einen neuen, die weitere Entwicklung bestimmenden Impuls gab[322]. Wie Rabel ging v.Caemmerer ebenfalls von der Unzulänglichkeit der Adäquanztheorie aus. Er forderte, den Gesichtspunkt des Normzwecks als maßgebendes Kriterium für die Haftungsbegrenzung heranzuziehen. Es gehe allein um Schutzzweck und Schutzumfang der die Schadenshaftung begründenden Norm. Die Frage der Haftungsbegrenzungen sei daher durch die Entfaltung von Sinn und Tragweite dieser konkreten Norm zu lösen und nicht durch generelle Kausalitätserwägungen[323].

Die von v.Caemmerer entwickelten Grundsätze nahm der Bundegerichtshof schon zwei Jahre später in seinem Urteil vom 22.04.1958[324] auf: Ein Motoradfahrer war mit dem Wagen des

---

[319] RABEL S.496.

[320] RABEL S.502, 504 f.

[321] v.CAEMMERER, Das Problem des Kausalzusammenhangs im Privatrecht, 1956.

[322] Dies hat schon STOLL, Kausalzusammenhang, S.7 zutreffend hervorgehoben.

[323] v.CAEMMERER, Das Problem des Kausalzusammenhangs im Privatrecht, 1956, S.12.

[324] BGHZ 27,137 = JZ 1958,742.

später verstorbenen Ehemanns der Beklagten zusammengestoßen. Der Motorradfahrer erlitt körperliche Verletzungen. Obwohl er an dem Unfall schuldlos war, wurde gegen ihn ein Strafverfahren eingeleitet, das mit einem Freispruch endete. Mit seiner Klage verlangte der Motorradfahrer Ersatz der ihm entstandenen Verteidigerkosten. Der Bundesgerichtshof wies die Klage ab und berief sich zur Begründung auf den Schutzzweck der Norm. Der vom Kläger geltend gemachte Schaden unterfalle nicht dem Schutzzweck des § 823 Abs. 1 BGB. Die Gefahr, in ein Strafverfahren verwickelt zu werden, sei ein "allgemeines Risiko", das jeden treffen könne[325].

Mit diesem Urteil leitete der Bundesgerichtshof eine inzwischen unübersehbare Rechtsprechung ein[326]. Der Gedanke vom Schutzzweck der Norm ist heute fester Bestandteil der Rechtsprechung. Er wird in einer Vielzahl verschiedenartiger Fallgestaltungen[327] angewandt und ist ein wichtiges Kriterium für die Beschränkung der Haftung in der zivilrechtlichen Judikatur.

Auch in der Literatur hat sich der Normzweckgedanke trotz einiger kritischer Stimmen[328] durchgesetzt[329]. Innerhalb der Normzwecklehre wird ganz überwiegend auf den Schutzzweck der Norm im Rabelschen Sinne abgestellt. Der Rechtswidrigkeitszusammenhang[330] fragt danach, ob das Verhalten zumindest

---

[325] BGHZ 27,137 (141).

[326] BGHZ 39,358 (365); 43,178 (182); 57,123 (127); 85,110 (113); 95,199 (209 f.); umfangreiche Nachweise der Rechtsprechung sind zu finden bei LANGE § 3 IX 4. Fußn.148 u. 149; desw. für die ältere Rechtsprechung LANGE JZ 1976, Fußn.3 u. 4.

[327] Siehe zu den Einzelfragen: LANGE § 3 IX. u. X.

[328] LÜER S.133 f.; SCHICKEDANZ NJW 1971,916 ff.; KEUK S.224 ff.; WEITNAUER in FS Oftinger S.321 f.; FRIESE S.47 ff.; KRAMER JZ 1976,338 (346).

[329] MÜNCHENER KOMMENTAR/GRUNSKY Vor § 249 Rz.44 ff.; RGRK/STEFFEN § 823 Rz.472 ff.; STAUDINGER/MEDICUS § 249 Rz.40 ff.; PALANDT/HEINRICHS Vorbem. v. § 249 Rz.62 ff.; HUBER JZ 1969,677 ff.; DUNZ VersR 1984,600 ff; LANGE § 3 IX m.w.N. in Fußn.152.

[330] Die Bedeutung des Rechtswidrigkeitszusammenhangs wird mangels eindeutiger Begriffsbestimmung nicht immer klar, im einzelnen STAUDINGER/SCHÄFER Vorbem. zu § 823 Rz.86; in der Rechtsprechung und im Schrifttum werden z.T. die Begriffe Rechtswidrigkeitszusammenhang und

auch wegen der Gefährdung des Geschädigten, wegen der Gefährdung des bei ihm verletzten Rechtsgutes und wegen der in concreto vorliegenden Schädigungsart als rechtswidrig anzusehen ist. Aus diesem Grund ist dieses Rechtsinstitut nur für die Haftung aus Rechtswidrigkeit anwendbar[331]. Demgegenüber stellt die Schutzzwecklehre auch bei Ersatzpflichten aus erlaubtem Verhalten, also bei der Gefährdungshaftung, die Frage, ob diese Verhaltenspflichten zur Verhütung des Schadens geschaffen worden sind[332]. Die Schutzzwecklehre reicht somit weiter als der Rechtswidrigkeitszusammenhang[333] und hat daher diesem gegenüber einen erheblichen Vorteil[334].

Wenn auch heute die Geltung des Normzweckgedankens weitgehend Anerkennung gefunden hat, so bestehen doch Unklarheiten in der Terminologie[335] sowie über die Stellung des Normzweckgedankens zu anderen Haftungsbeschränkungskriterien,

---

Schutzzweck der Norm auch synonym verwandt, vgl. PALANDT/HEINRICHS Vorbem. v. § 249 Rz.62.

331 STAUDINGER/MEDICUS § 249 Rz.42.

332 MÄDRICH S.83 verneint die Anwendbarkeit der Normzwecklehre auf die Gefährdungshaftung. Grundlage seiner Argumentation (S.81 f.) ist die unzutreffende (siehe näher dazu unten S.184 ff.) Annahme, daß dem Schadensersatzrecht im Bereich der Verschuldenshaftung das Präventionsprinzip zugrunde liegt, siehe dazu LANGE Einl. III 2.; LARENZ, SR I, § 27 I. Es müsse bei dem Kriterium des Schutzzwecks der Norm festgestellt werden, ob der Entsstehung des konkret eingetretenen Verletzungserfolgs nach der besonderen Zielrichtung des in der Norm enthaltenen Ver- oder Gebots "vorgebeugt" werden sollte. Da die Normen der Gefährdungshaftung keine Vorbeugungs-, sondern allein eine Ausgleichsfunktion hätten, könnten Schutzzweckerwägungen dort nicht angestellt werden.

333 LANGE § 3 IX 2.

334 STAUDINGER/MEDICUS § 249 Rz.42.

335 Eine Zusammenstellung der Begriffe mit den entsprechenden Belegstellen findet sich bei LANG S.38: gebräuchlich sind Begriffe wie"Schutzzweck", "Schutzrichtung", "Normzweck", "Normrelevanz" u.a.; diese Begriffe werden zum größten Teil synonym verwandt. Von HEUER stammt der Versuch, eine allgemeinverbindliche Terminologie zu entwickeln. Seine Vorschläge, siehe vor allem S. 92 ff. und S.147 ff., haben sich aber nicht durchsetzten können.

besonders zur Adäquanztheorie[336]. Unterschiedliche Ansichten bestehen auch bei der Anwendung der Lehre vom Schutzzweck der Norm im Bereich der Folgeschäden[337] und bei der Anwendung der Schutzzwecklehre auf den "Generaltatbestand"[338] des § 823 Abs. 1 BGB[339].

II. Die Anwendung der Lehre vom Schutzzweck der Norm bei § 823 Abs. 1

Die Schwierigkeiten bei der Anwendung des Normzweckgedankens bei § 823 Abs. 1 BGB beruhen indes auf einem "weit verbreiteten Mißverständnis"[340]. Diejenigen, die der Anwendung der Normzwecklehre bei § 823 Abs. 1 BGB skeptisch gegenüberste-

---

336 Es geht hier um die Frage, ob die Normzwecklehre die Adäquanztheorie vollkommen zu ersetzen vermag, so z.B. v.CAEMMERER S.18; WOLF S.5 u. 58 ff, HUBER JZ 1969,677 (680 ff.); MÜNCHENER KOMMENTAR/GRUNSKY Vor § 249 Rz.43; DUNZ VersR 1984,600 ff., oder, ob die Adäquanztheorie, wie es die h.L. und Rechtsprechung fordert, neben dem Gesichtspunkt des Schutzzwecks der Norm noch Geltung beanspruchen kann, so z.B. LARENZ, SR I, § 27 III b; STOLL, Kausalzusammenhang, S.27 ff.; STAUDINGER/MEDICUS § 249 Rz.43; LANG S.59 ff.; LANGE § 3 VI 5 m.w.N. in Fußn.93; aus der Rechtsprechung BGH JZ 1969,702 (703); NJW 1971,459 (461); NJW 1972,195 (197); NJW 1972,904 (905 f.).

337 Die Anwendbarkeit der Normzwecklehre auf Folgeschäden wird bejaht von der Rechtsprechung, BGHZ 27,137; 57, 137; BGH NJW 1976,1143 (1144) und von HUBER in FS Wahl S.301 (320 ff.) LANG, S.92 ff.; RGRK/STEFFEN § 823 Rz.472 ff.; LANGE § 3 IX 4.; verneint dagegen von LARENZ, SR I, § 27 III b 2); SOURLAS S.88 ff.; FRIESE S.60 ff.; LÜER S.93 ff.; skeptisch auch STOLL, Kausalzusammenhang, S.25 ff.

338 So HUBER in FS Wahl S.301 (303).

339 Für eine Anwendung bei § 823 Abs. 1 BGB ist die Rechtsprechung, siehe dazu BGHZ 27,137 (140); 41,123 (127 f.); 57,245 (256); 59,175 (176); NJW 1968,2287 (2288); NJW 1977,2264 (2265) und auch die herrschende Ansicht in der Literatur, vgl. MÜNCHENER KOMMENTAR/GRUNSKY Vor § 249 Rz.45; RGRK/STEFFEN § 823 Rz.90; LANGE JZ 1976, 198 (203); SOURLAS S.39 ff.; LANG S.54 ff.; dagegen allerdings FRIESE S.62 ff.; kritisch auch LARENZ, SR I, § 27 II b 2.; STAUDINGER/MEDICUS § 249 Rz.41.

340 So HUBER in FS Wahl S.301 (313).

hen, weisen darauf hin, das Gesetz wolle den in dieser Bestimmung genannten Rechtsgütern und subjektiven Rechten einen möglichst umfassenden Schutz zuteil werden lassen[341]. Es ist richtig, daß bei § 823 Abs. 1 BGB nicht nur, wie im Vertragsrecht, die zwischen bestimmten Personen bedeutungsvollen Schadensmöglichkeiten bestehen. § 823 Abs. 1 BGB stellt die grundlegende Ausgleichsvorschrift für Gefahren aus dem menschlichen Sozialleben insgesamt dar. Aber es ist gar nicht § 823 Abs. 1 BGB mit der darin festgelegten allgemeinen Rechtspflicht des "neminem laedere", der den Ansatz- oder Bezugspunkt[342] für die Ermittlung des Normzwecks bildet. Vielmehr ist es die im Einzelfall verletzte Verhaltens- oder Verkehrspflicht, also die Norm, die das Verhalten im Rahmen des § 823 Abs. 1 BGB zu einem pflichtwidrigen macht, die für die Normzweckermittlung maßgebend ist. Sourlas weist zu Recht darauf hin, man müsse bei der Normzweckermittlung im Rahmen des § 823 Abs. 1 BGB den Blick auf die hinter dem generellen Verletzungsverbot stehende konkrete Verhaltenspflicht richten. Der Normzweck und die daraus resultierenden Lösungen seien dann viel konkreter[343]. Auch Lange stellt zutreffend fest: "Im Rahmen des § 823 Abs. 1 BGB und anderer Haftungsnormen geht es der Schutzzwecklehre nicht nur um den abstrakten Normzweck, sondern vor allem auch um die Zusammenhänge zwischen der im Einzelfall verletzten Verhaltenspflicht, der dadurch herbeigeführten Gefahrenlage und dem eingetretenen schädlichen Erfolg"[344].

Wenn danach auch im Einzelfall der Zusammenhang zwischen der verletzten Verhaltenspflicht, der dadurch herbeigeführten Gefahrenlage und dem eingetretenen schädlichen Erfolg im Vordergrund steht, so sind damit die Schwierigkeiten der Anwendung der Normschutzlehre noch nicht beseitigt. Bei § 823 Abs. 1 BGB besteht gegenüber § 823 Abs. 2 BGB die Besonderheit, daß die konkreten Ge- und Verbotsvorschriften, deren Normzweck zu ermitteln ist, nicht ausdrücklich kodifiziert sind. Für den konkreten Fall müssen sie erst aus dem Inhalt

341 Vgl. nur LARENZ, SR I, § 27 III b. 2).

342 Dazu ausführlich LANG S.58 ff.

343 SOURLAS S.47.

344 LANGE JZ 1976,198 (203); zustimmend: LANG S.58 ff.; SOURLAS S.47; HUBER in FS Wahl S.301 (313).

des geschützten Rechts entwickelt werden[345]. Die Aufgabe des zur Rechtsfindung Berufenen besteht also darin, erst einmal die Norm, deren Schutzzweck zu ermitteln ist, zu entwickeln und diese dann konkret zu formulieren[346]. Daran schließt sich dann die Prüfung des Schutzzwecks an. Gerade bei dieser Prüfung des Schutzzwecks im Rahmen von § 823 Abs. 1 BGB besteht allerdings die Gefahr, daß das gewünschte Ergebnis, als Schutzzweck verkleidet, die Haftung regiert[347]. Diese Gefahr besteht, weil der Normzweck als allgemeine Teleologie lediglich die Gesetzesauslegung nach Zweckgesichtspunkten aufgreift, also zunächst materiell-rechtlich - wie Deutsch es ausdrückt[348] - eine Leerformel darstellt. Deutsch zeigt aber selbst, wie die Leerformel des Schutzzwecks der Norm auch für den Bereich des § 823 Abs. 1 BGB mit Gehalt gefüllt werden kann. Zu einer sinnvollen Anwendung der Lehre vom Schutzzweck der Norm gelangt man durch eine Beschränkung der Lehre vom Schutzzweck der Norm auf ihren Wesensbereich, nämlich die Umschreibung des gewährten Schutzes im Zivilrecht in personeller und gegenständlicher Hinsicht sowie die Möglichkeit der Verwirklichung des Schutzes durch Einhaltung der Norm[349]. Praktisch bedeutet dies, daß die Normzweckermittlung sich an bestimmten Kriterien[350] orientieren muß. Neben den Kriterien, die mehr an die "normale"[351] Auslegung von Normen angelehnt sind[352], muß der Normzweck mit Hilfe

---

[345] STOLL, Kausalzusammenhang, S.15.

[346] HUBER in FS Heimpel, Bd.III, S.440 (472).

[347] So DEUTSCH, Haftungsrecht I, § 16 I.2; zustimmend LARENZ, SR I, § 27 III.

[348] DEUTSCH, Haftungsrecht I, § 16 I.2.

[349] DEUTSCH, Haftungsrecht I, § 16 I.2.

[350] Siehe dazu vor allem HUBER in FS Heimpel, Bd.III, S.440 ff. und LANG S.74 ff.

[351] Nach LANG S.75 stellt sich die Ermittlung des Normzwecks bei § 823 Abs. 1 BGB methodisch als ein Auslegungsproblem besonderer Art dar, weil der Richter das Gesetz nicht auslege, sondern ergänze.

[352] LANG S.74 ff. weist in diesem Zusammenhang vor allem unter Berufung auf die Äußerungen von HUBER in FS Heimpel, Bd.III, S.440 ff. auf Faktoren wie z.B. den Vorrang der gesetzgeberischen Wertvorstellungen, die durch die verletzte Norm entstandene Gefahrenlage und die Struktur und Zweckgrundlage des Haftungsrechts allgemein, hin. Wichtig sei auch die Auslegung der konkreten Verhaltensnorm nach den traditionellen Auslegungsgrund-

von speziellen, ausschließlich auf die Normzweckermittlung ausgerichteten Kriterien ermittelt werden. Bei diesen Kriterien handelt es sich um die gleichen Merkmale wie bei der Schutzzweckbestimmung im Rahmen des § 823 Abs. 2 BGB[353]. Es geht also einmal um den geschützten Personenkreis, dann um das geschützte Rechtsgut und nicht zuletzt geht es auch um die Verletzungsart.

III. Die Kriterien zur Ermittlung des Normzwecks bei § 823 Abs. 1 BGB

1. Der geschützte Personenkreis

Zunächst ist danach zu fragen, ob der Geschädigte zum Kreis der Personen gehört, deren Rechtsgüterschutz bezweckt wird. Gegen die Anwendbarkeit dieser Frage auf § 823 Abs. 1 BGB wendet sich Wolf[354] und mit Einschränkungen auch Stoll[355]. Wolf geht davon aus, das Gesetz verlange dadurch, daß ein Rechtsgut des Geschädigten verletzt sein müsse, die Identität von Geschädigtem und Träger des Rechtsgutes. Die Tatbestandsprüfung ergebe daher regelmäßig, ob der Geschädigte zu den geschützten Personen zähle[356]. Wolf stellt indes mit seiner Kritik nur auf die Norm des § 823 Abs. 1 BGB ab. Daß hinter dieser Norm die Frage der Verletzung von Verhaltenspflichten steht und sich die Prüfung des Normzwecks an diesen Verhaltenspflichten orientrieren kann, beachtet Wolf dagegen nicht[357].

---

sätzen und in Hinblick darauf, ob überhaupt ein deliktsrechtserheblicher Schutzbereich bestehe.

353 LANG S.82; SOURLAS S.42; LANGE § 3 IX 7.; zu § 823 Abs. 2 BGB siehe oben S.167 f.

354 WOLF S.18.

355 STOLL, Kausalzusammenhang, S.18 mit der Einschränkung in Fußn.45, daß bestimmte ungeschriebenen Verhaltensnormen nur den Schutz einer bestimmten Personengruppe bezwecken können.

356 WOLF S.18; ähnlich auch WILBURG S.244 ff.

357 So auch LANGE § 3 IX 7. Fußn.183 und LANG S.83 Fußn.167.

Wie wichtig die Frage nach dem geschützten Personenkreis ist, zeigt sich vor allem, wenn es um die Haftung für die Verletzung von Verkehrssicherungspflichten geht[358]. Nicht jede Verkehrssicherungspflicht bezieht sich auf alle Verkehrsteilnehmer. Die Auslegung kann z.B. ergeben, daß Verkehrssicherungspflichten sich nur auf den erlaubten Verkehr beziehen und damit allein den Schutz eines bestimmten Personenkreises bezwecken[359]. Die Frage des Schutzbereichs der jeweiligen Verkehrssicherungspflicht wird daher vor allem dann aktuell, wenn es um die Haftung gegenüber Unbefugten beim Betreten fremder Grundstücke oder bei der Benutzung fremder Anlagen geht. Der Unbefugte ist zwar nicht grundsätzlich aus dem Schutzbereich ausgeschlossen[360], aber es sind in der Rechtsprechung doch Fälle zu finden, in denen Verkehrspflichten sich lediglich auf den erlaubten Verkehr beziehen. Nach einer Entscheidung des OLG Stuttgart dient die Verkehrssicherungspflicht bei einem Jagdhochstand nur dem Schutz von Kindern und Jagdgästen, nicht aber dem Schutz von Waldspaziergängern[361]. Wie stark Schutzbereichserwägun-

---

358 Die Frage nach dem geschützten Personenkreis hat daneben auch in anderen - allerdings für die bewußte Selbstgefährdung nicht relevanten - Bereichen große Bedeutung. Im Bereich der sog. Schockschäden z.B. (ausführlich dazu mit umfangreichen Nachweisen LANGE § 3 X 5.) wird der geschützte Personenkreis auf nahe Angehörige (vgl. BGHZ 56,163; LG Frankfurt NJW 1969,2286) und in Fällen des direkten Miterlebens auf unmittelbare Augenzeugen (so MÜNCHENER KOMMENTAR/GRUNSKY Vor § 249 Rz.55) und Begleiter des Opfers (LANG S.134; abl. OLG Tübingen NJW 1968,1187; ähnlich: LG Stuttgart VersR 1973,648) begrenzt. Dagegen wird der geschützte Personenkreis bei vorgeburtlichen Schädigungen erweitert (dazu näher LANG S.135 ff.). Unter der Voraussetzung, daß es zu einer Lebendgeburt kommt, wird der nasciturus zum einen dem Schutz des § 823 Abs. 1 BGB unterstellt (vgl. BGHZ 58,48) und zum anderen auch mit in den Schutzbereich einer primär zugunsten der Mutter aufgestellten Verhaltensnorm einbezogen, vgl. BGHZ 8,243 (Lues-Fall).

359 LANG S.82.

360 So ist z.B. entgegen RGZ 87,128 (129) ein männlicher Gast nicht schon deshalb aus dem Schutzbereich der Verkehrssicherungspflicht ausgeschlossen, weil er ohne Grund die Damentoilette benutzen will, so auch D.SCHWAB JZ 1967,13 (17) und MERTENS VersR 1980,397 (402 Fußn. 17); siehe zum Ganzen oben S.143 ff.

361 OLG Stuttgart VersR 1977,384.

gen in diesem Zusammenhang eine Rolle spielen können, zeigt auch ein Urteil des Kammergerichts vom 14.11.1966[362]: Die Klägerin kürzte ihren Heimweg vom Strandbad wie auch ein erheblicher Teil der anderen Badebesucher über eine unmittelbar neben dem Eingang des Strandbades liegende Gleisanlage ab. Von der Badeverwaltung war dieses Verhalten der Besucher schon längere Zeit geduldet worden. Beim Überqueren der Gleisanlagen wurde die Klägerin von einem Güterzug erfaßt und schwer verletzt. Das Kammergericht bezieht hier die Gleisanlagen in die Verkehrssicherungspflicht des gefahrlosen Zugangs zum Strandbad mit ein. Das Gericht ist sogar weiter der Ansicht, aus dem Schutzbereich der Verkehrssicherungspflicht seien auch die Verkehrsteilnehmer nicht ausgenommen, die gegen Verbotsvorschriften verstießen[363].

Dem Kriterium des geschützten Personenkreises bei Verkehrssicherungspflichten steht allerdings v.Bar kritisch gegenüber[364]. Er ist der Ansicht, der persönliche Schutzbereich der Verkehrssicherungspflichten habe nur geringe Bedeutung, da schon die Entstehungsgründe der Verkehrssicherungspflichten, namentlich das Gefahrerhöhungsprinzip und der in ihm eingeschlossene Vertrauensschutzgedanke, eine Beschränkung auf einen bestimmten Personenkreis mit sich brächten. Daraus schließt v.Bar, die Lehre vom Schutzbereich der Norm habe für den Bereich der Verkehrssicherungspflichten höchstens dort ihren systematischen Wert, wo ein Verhalten als rechtswidriges feststehe und nun die weitere Frage zu stellen sei, ob der Verletzte am Schutz der übertretenen Norm teilhaben soll. Insgesamt sei daher Zurückhaltung vor voreiliger Einordnung eines Falles in die Hülle des persönlichen Schutzbereichs der Verkehrssicherungspflichten geboten[365].

Der Ansicht v.Bars liegt ein Irrtum in der Einschätzung der von ihm kritisierten Schutzzwecklehre zugrunde. Er geht davon aus, daß die Schutzzwecklehre Normzweckerwägungen auch anstellt, wenn eine Verkehrssicherungspflichtverletzung

---

[362] KG VersR 1967,956; hier führen die Schutzbereichserwägungen allerdings nicht zu einer Beschränkung, sondern zu einer Erweiterung der Haftung.

[363] KG VersR 1967,956 (957).

[364] v.BAR S.181 ff.

[365] v.BAR S.185.

schon aus anderen Gründen entfällt. Für eine solche Einschätzung der Schutzzwecklehre sprechen aber weder Äußerungen in der Literatur noch in der Rechtsprechung. Soweit Schutzzweckerwägungen bei Verkehrssicherungspflichten angestellt werden, geschieht dies regelmäßig erst dann, wenn an sich die Verletzung einer Verkehrssicherungspflicht anzunehmen wäre. So stellen Lang und Lange übereinstimmend fest, die Frage, welche Person geschützt sei, sei bei der Verletzung von Verkehrssicherungspflichten nützlich[366]. Beide setzten mithin voraus, daß eine Verkehrssicherungspflicht verletzt ist. Auch der von v.Bar zitierte[367] Sourlas weicht von dieser Linie nicht ab. Zwar führt v.Bar zur Unterstützung seiner Ansicht ein Beispiel an, das auch Sourlas[368] verwendet[369]. Sourlas kann aber nicht in dem Sinn verstanden werden, wie v.Bar ihn interpretiert. Es handelt sich bei dem Beispiel um einen Sachverhalt, der einer Entscheidung des OLG Köln vom 18.03.1969[370] zugrunde lag. Der Geschädigte war an einem Bauwerk vorbeigegangen und dabei verletzt worden. Fraglich war nun, ob der Architekt, der es unterlassen hatte, die Maßnahmen des Bauunternehmers zu kontollieren, für diesen Schaden haften mußte. Sourlas stellt hier auf den persönlichen Schutzbereich ab, indem er darauf verweist, die Bauaufsichtspflicht des Architekten bestehe allein im Interesse des Bauherrn und bezwecke nicht den Schutz Dritter. Daraus folgert v.Bar, Sourlas sei hier der Ansicht, dieser Fall sei über den persönlichen Schutzbereich zu lösen. Dagegen habe dieser Fall mit Schutzbereichserwägungen nichts zu tun[371]. Hier müsse vielmehr auf die Entstehensgründe der Verkehrssicherungspflicht, insbesondere auf die zurechenbare Gefahrerhöhung und die Beherrschbarkeit, abgestellt werden.

Sourlas bezweifelt dies aber auch nicht. Er weist in einer Fußnote sogar daraufhin, der Architekt sei nur dann gegenüber Dritten verpflichtet, wenn der Unternehmer sich als

---

[366] LANG S.82; LANGE JZ 1976,198 (203).

[367] v.BAR S.183.

[368] SOURLAS S.43.

[369] v.BAR S.183.

[370] OLG Köln MDR 1970,232.

[371] v.BAR S.183.

nicht zuverlässig oder sachkundig erwiesen habe[372]. Mit seinem Beispiel will Sourlas also gar keine Aussage darüber treffen, wann Schutzbereichserwägungen angestellt werden können. Er will nur hervorheben, daß Schutzbereichserwägungen vonnöten sein können. Sourlas stellt denn auch im Rahmen seiner Untersuchung fest, bei der Normzweckbestimmung gehe es nur um die "Tragweite der Haftung aus gegebenem, pflichtwidrigem Verhalten"[373]. Ganz deutlich unter Hinweis darauf, daß dies herrschende Meinung sei, äußert sich auch Lang: "Die erste Frage ist demnach, ob überhaupt eine Verhaltenspflicht bestanden hat und ob sie ggf. verletzt worden ist. Erst wenn dies feststeht, wird auf der zweiten Stufe über die Zurechnung entschieden, d.h. ob die eingetretene Rechtsgutverletzung nach dem Schutzzweck der Norm dem verbotenen Verhalten noch zugerechnet werden kann oder nicht"[374].

Auf dieser Grundlage ist die von v.Bar geforderte Zurückhaltung in der Anwendung der Schutzzwecklehre nicht angebracht. Wie wenig sinnvoll eine solche Zurückhaltung ist, zeigt ein von v.Bar selbst gebildetes Beispiel[375]. Die Pflicht eines Landwirts, einen gefährlichen Steilhang auf seinem Grundstück zum Schutz von Kindern abzusichern, die diesen Hang zum Abenteuerspielplatz machten, erstrecke sich von Anfang an nur auf Kinder. Erwachsene seien dagegen wegen der Möglichkeit zu erhöhter Eigenvorsorge keiner Gefahr ausgesetzt. Es bestehe daher kein Grund für die Annahme einer Verkehrssicherungspflicht.

Wenn v.Bar davon ausgeht, daß sich die Sicherungspflicht nur auf Kinder beziehe, was anderes als Schutzbereichserwägungen lassen v.Bar zu diesem Ergebnis kommen? Verletzt sich jemand auf dem Steilhang, so fragt es sich, ob der Landwirt eine Verkehrssicherungspflicht verletzt hat. Diese Frage ist zunächst völlig unabhängig von der verletzten Person zu beantworten. Erst im bejahenden Fall kann man dann dazu kommen, daß bei Erwachsenen kein Grund für die Annahme einer Verkehrssicherungspflicht vorliegt, also aus dem Schutzbereich der Verkehrssicherungspflicht herausfallen.

---

[372] Siehe SOURLAS S.43, Fußn.40.

[373] SOURLAS S.150 ff., vor allem S.154 ff.

[374] LANG S.57.

[375] v.BAR S.185.

Dieser Fall und auch die Äußerungen im Vorfeld zeigen, daß die Frage nach dem geschützten Personenkreis durchaus ihre Bedeutung bei § 823 Abs. 1 BGB hat.

2. Das geschützte Rechtsgut

Das Kriterium des "geschützten Rechtsgutes" berührt die Frage, welches Rechtsgut durch die Verhaltensnorm geschützt werden soll. Auch diesem Kriterium sprechen Stoll und Wolf im Bereich des § 823 Abs. 1 BGB die Bedeutung ab. Sie verwenden die gleiche Begründung wie schon zuvor beim geschützten Personenkreis. Anders als im Bereich des § 823 Abs. 2 BGB stehe bei § 823 Abs. 1 BGB, wenn dessen Tatbestand erfüllt sei, schon fest, daß der Schutz des verletzten Rechtsgutes gewährleistet werden solle[376]. Dem stehen zum einen die gleichen Argumente wie beim geschützten Personenkreis entgegen[377]. Zum anderen zeigen auch Beispiele aus der Rechtsprechung, daß die Frage nach dem geschützten Rechtsgut zu Recht gestellt wird. Zu nennen sind neben den auch hier bedeutsamen Schockfällen[378] solche Schädigungen, die mit einer besonderen Schadensanfälligkeit in Zusammenhang stehen[379] oder die zu einer Neurose geführt haben[380]. Besonders

---

[376] STOLL, Kausalzusammenhang, S.17 f.; WOLF S.19 ff.; ablehnend auch LEHMANN in FS Hedemann S.177 (182), LEHMANN ist der Ansicht, daß eine Beschränkung des Schutzbereichs nur in personeller Beziehung, also in bezug auf den Personenkreis, bestehe.

[377] Siehe oben S.176.

[378] Siehe schon oben S.177 Fußn.358. Bei den Schockschäden geht es im Rahmen dieses Kriteriums um den Ausschluß solcher Gesundheitsverletzungen, denen man bei einer Nachricht vom Unfalltod eines nahen Angehörigen oder durch Miterlebenmüssen eines schweren Unfalls erfahrungsgemäß ausgesetzt ist. BGHZ 56,163: "Der Schutzzweck des § 823 Abs. 1 BGB deckt nur Gesundheitsbeschädigungen, die nach Art und Schwere diesen Rahmen überschreiten". (zust. PALANDT/HEINRICHS Vorbem. v. § 249 Rz.71; STAUDINGER/MEDICUS § 249 Rz.58, dort auch Nachweise für die Gegenansicht).

[379] Dazu mit umfangreichen Nachweisen LANG S.140 ff. und LANGE § 3 X 1.

anschaulich ist in diesem Zusammenhang ein vom Reichsgericht entschiedener Fall[381], der in der Literatur immer wieder zur Verdeutlichung herangezogen wird[382] und zu dem Sourlas zutreffend bemerkt, er sei "ohne Prüfung, ob das verletzte Rechtsgut vom Schutzbereich der Norm umfaßt wird, nicht angemessen zu erfassen"[383]. Diesem Fall lag folgender Sachverhalt zugrunde: Ein Zeitungsverleger ließ, ohne die Richtigkeit der Information überprüft zu haben, einen Bericht veröffentlichen, in dem ein Architekt unzutreffend als zahlungsunfähig bezeichnet wurde. Der Architekt erkrankte infolge der Aufregung über den Bericht und starb an einer Gallenkolik. Wie sich hier der Normzweck auswirkt, zeigen die Äußerungen von Huber: "Es bestand eine allgemeine Verkehrspflicht, eine dem Ansehen des Betroffenen so abträgliche Meldung nur aufgrund ganz zuverlässiger Quellen oder nur nach sorgfältiger Prüfung zu veröffentlichen. Diese Pflicht bestand nicht nur um des Zwecks willen, den Betroffenen vor den wirtschaftlichen Nachteilen, sondern auch um ihn vor persönlicher Kränkung zu schützen, die eine Falschmeldung über diesen Punkt für ihn bedeuten mußte. Die Pflicht, unnötige Kränkungen anderer zu vermeiden, ist nicht nur mit Rücksicht auf das psychische, sondern auch mit Rücksicht auf das physische Wohlbefinden des Opfers sinnvoll. Die eingetretene Rechtsgutverletzung - die Erkrankung des Architekten - lag also innerhalb des Schutzbereichs der von den Beklagten verletzten Norm ordnungsgemäßen journalistischen Verhaltens"[384].

3. Die Verletzungsart

Das dritte und letzte Kriterium für die Normzweckprüfung bildet die sog. "Verletzungsart". Es geht bei diesem Krite-

---

380 vgl. nur LANG S.145 f. und aus der Rechtsprechung BGH VersR 1970,272; VersR 1968,396 (397).

381 RGZ 148,154.

382 LANG S.84 f.; SOURLAS S.43 f.; HUBER in FS Heimpel, Bd.III, S.440 (464).

383 SOURLAS S.43.

384 HUBER in FS Heimpel Bd. III, S.440 (464).

rium um die Prüfung, ob sich im realen Geschehensablauf, der zu der Verletzung geführt hat, die Gefahr realisiert hat, die von der Verhaltenspflicht gerade unterbunden werden soll[385]. Dies ist nicht der Fall, wenn die erlittenen Nachteile zwar bei den von der Norm geschützten Personen und Rechtsgütern eingetreten sind, diese Nachteile aber auf eine Art und Weise entstanden, wie sie von der konkreten Verhaltensnorm nicht verhindert werden sollten[386]. In diesem Zusammenhang sind vor allem zwei Fälle bekannt geworden, mit deren Hilfe sich die Anwendung des Kriteriums der Verletzungsart gut darstellen läßt. Bei dem ersten Fall handelt es sich um den vom OLG Düsseldorf im Jahre 1957 entschiedenen sog. "Drahtmattenfall"[387]. Eine Baufirma hatte Abfälle von Drahtmatten auf dem Gehsteig liegen lassen. Ein Fußgänger wurde dann durch ein von einem Kind geworfenes Drahtstück verletzt. Eine Haftung der Baufirma wird hier allgemein abgelehnt, weil die von der Baufirma verletzte Pflicht, Abfälle nicht auf dem Bürgersteig liegen zu lassen, zwar dem Schutz der Sicherheit des Verkehrs und der Gesundheit der Passanten dient, aber diese Pflicht nicht den Schutz vor Kindern bezweckt, die die Drahtstücke als Wurfmaterial benutzen[388] .

Das Gegenstück dazu bildet der sog. "Spitzhackenfall", den der Bundesgerichtshof 1961 entschieden hat[389]. Zur Verlegung von Rohren hatte ein Arbeiter des beklagten Tiefbauunternehmers damit begonnen, das Straßenpflaster mit einer Spitzhacke aufzuschlagen, ohne vorher den Bürgersteig abzusperren. Dabei sprang von der Spitzhacke ein Metallsplitter ab und verletzte eine Passantin im Auge. Obwohl es sich bei diesem Unfall nach Beurteilung der Fachleute um ein ganz außergewöhnliches Ereignis gehandelt hatte, das nicht vor-

---

[385] LANG S.84.

[386] SOURLAS S.44; Kötz Rz.249 ff.

[387] OLG Düsseldorf NJW 1957,1153; das OLG stellte zur Lösung dieses Falls noch auf die Adäquanztheorie ab.

[388] SOURLAS S.45, LANGE JZ 1976,198 (203); LANG S.85.

[389] BGH VersR 1961,465; ein ganz ähnlicher Sachverhalt lag auch einer Entscheidung des BGH aus dem Jahr 1978 (BGH VersR 1978,961 f.) zugrunde, siehe dazu im einzelnen LANG S.86.

aussehbar war[390], hatte der Arbeiter nach dem Urteil des Bundesgerichtshofs pflichtwidrig gehandelt, da immerhin die Verletzung durch Steinsplitter vorhersehbar gewesen sei. Hier hat der Bundesgerichtshof die Verletzungsart (Verletzung durch abspringende Splitter) mit der pflichtwidrig geschaffenen Gefahr als kongruent angesehen[391].

Mit dem Kriterium der Verletzungsart[392] wird in der Literatur teilweise auch die im Rahmen dieser Untersuchung zu beachtende Problematik des "allgemeinen Lebensrisikos" in Zusammenhang gebracht[393]. Diesem Begriff liegt der Gedanke zugrunde, dem Schädiger sollten die Rechtsgutverletzungen nicht zugerechnet werden, die nur eine Verwirklichung des allgemeinen Lebensrisikos darstellen. Mit allgemeinem Lebensrisiko werden Risiken umschrieben, "die mit dem Zusammenleben von Menschen so allgemein verbunden sind, daß sie auch dann nicht als Unfallfolge empfunden werden, wenn sie sich auf Grund eines an sich zum Ersatz verpflichtenden Umstandes verwirklichen und mit ihm in adäquatem Kausalzusammenhang stehen"[394]. Gemeint sind also die normalen Schadensrisiken, denen der Mensch im Alltag jederzeit ausgesetzt ist, und die Gefahren, die mit dem Leben zwangsläufig verbunden sind. Ein solches allgemeines Lebensrisiko stellt

---

390 So STOLL in FS Dölle, Bd. I, S.371 (395).

391 So auch SOURLAS S.45.

392 Ein Hauptanwendungsfall dieses Kriteriums ist der der psychischen Kausalität. Im Grundsatz geht es bei diesen Fällen um zwei unterschiedliche Konstellationen. Zunächst sind die Fälle zu nennen, in denen der Schaden durch eine selbständige Handlung des Verletzten herbeigeführt wurde. In diese Kategorie fallen die sog. Verfolgungs - und Nothilfefälle. Darüber hinaus erfaßt der Begriff der psychischen Kausalität aber auch Schäden, die durch den Willensentschluß eines Dritten hevorgerufen wurden. Aus der umfassenden Rechtsprechung zu diesem Problem sind vor allem die nahezu in jedem Lehrbuch aufgeführte "Grünstreifenfälle" (vgl. etwa LG Düsseldorf NJW 1955,1031; BGHZ 58,162 = Revisionsentscheidung zu OLG Bremen VersR 1970,424) bekannt geworden; näher zu dem ganzen Komplex MEDICUS, BR, Rz.653 ff.; MÜNCHENER KOMMENTAR/GRUNSKY Vor § 249 Rz.58.

393 MÜNCHENER KOMMENTAR/GRUNSKY Vor § 249 Rz.72; LANG S.152 ff.

394 LANGE § 3 X 4.

insbesondere die Teilnahme am Straßenverkehr dar[395]. So kann z.B. derjenige, der einen Verkehrsunfall erleidet, keinen Ersatz verlangen, wenn er auf der Fahrt vom Krankenhaus, das er wegen des Unfalls aufsuchen mußte, in die Wohnung erneut verunglückt. Ebenso gehört es zum allgemeinen Lebensrisiko, wenn während eines Krankenhausaufenthalts, der durch eine schuldhafte Verletzung des Schädigers nötig geworden war, festgestellt wird, daß der Geschädigte an einer nicht auf dem Unfall beruhenden Arteriosklerose leidet[396].

Verwirklicht sich mit dem Schaden lediglich ein allgemeines Lebensrisiko, wird in der Rechtsprechung[397] und Literatur[398] überwiegend angenommen, dieser Schaden sei dem Schädiger nicht zuzurechnen. Unklar und streitig ist aber, ob es sich bei dem Rechtsbegriff des "allgemeinen Lebensrisikos" um ein eigenständiges Haftungskorrektiv[399] handelt oder ob dieser Begriff dogmatisch in die Schutzzwecklehre[400] einzuordnen ist.

Es ist vor allem Mädrich, der sich dafür ausspricht, das allgemeine Lebensrisko als ein selbständiges Haftungskorrek-

---

[395] LANGE § 3 X 4; dies gilt nach STAUDINGER/MEDICUS § 249 Rz.94 auch dann, wenn das ohnehin schon mit der Kfz-Benutzung verbundene Risiko durch nicht ungewöhnliche Umstände wie Nacht, Nebel, Regen oder die Zeit des Spitzenverkehrs erhöht ist. Es ginge - so MEDICUS - zu weit, jemanden für Unfallfolgen haften zu lassen, nur weil er durch eine Verzögerung eine Autofahrt in eine solche Zeit erhöhten Risikos verlagert habe.

[396] BGH JZ 1969,702.

[397] So z.B. BGHZ 27,137 (141); 58,162; BGH JZ 1969,702 (704).

[398] So vor allem MÄDRICH, Das allgemeinen Lebensrisiko, 1980; aber auch LANGE § 3 X 4.; HUBER JZ 1969,677 (681), LANG S.152 f.; STOLL, Kausalzusammenhang, S.26; PALANDT/HEINRICHS Vorbem. v. § 249 Rz.88; STAUDINGER/MEDICUS § 249 Rz.94; MÜNCHENER KOMMENTAR/GRUNSKY Vor § 249 Rz.72; kritisch dagegen LARENZ, SR I, § 27 III b 3.

[399] So MÄDRICH S.89 ff.

[400] So z.B. LANG S.152 f.; MÜNCHENER KOMMENTAR/GRUNSKY Vor § 249 Rz.72; PALANDT/HEINRICHS Vorbem. v. § 249 Rz.88; aus der Rechtsprechung: BGHZ 27,137 (141); NJW 1968, 2287 (2288); JZ 1969,702 (704).

tiv zu behandeln[401]. Mädrich geht davon aus, der Rechtsbegriff des allgemeinen Lebensrisikos lasse sich weder der Adäquanztheorie[402] noch der Lehre vom Schutzzweck der Norm[403] zuordnen. Die Ablehnung der Zuordnung zur Adäquanztheorie ist durchaus verständlich. Der ablehnenden Haltung Mädrichs gegenüber der Eingliederung des allgemeinen Lebensrisikos in die Lehre vom Schutzzweck der Norm kann dagegen nicht zugestimmt werden. Mädrich, der die Vorstellung vom allgemeinen Lebensrisiko umfassend, d.h. in allen Gebieten des Schadensersatzrechts, berücksichtigt wissen will[404], unterscheidet beim Kriterium des Schutzzwecks der Norm zwischen Unrechts- und Gefährdungshaftung. Die Bestimmungen der Verschuldenshaftung dienten anderen allgemeinen schadensersatzrechtlichen Zwecken als die der Gefährdungshaftung. Schadenersatzrechtliche Bestimmungen aus dem Gebiet der Verschuldenshaftung zielten in erster Linie darauf, die bedrohliche Annäherung an ein fremdes Recht oder Gut zu verhindern. Den Bestimmungen der Verschuldenshaftung komme daher echte Präventivfunktion zu. Allgemeines Anliegen der menschlichen Gesellschaft sei die Beachtung der körperlichen und seelischen Integrität einer Person sowie die Erhaltung der vorhandenen Güter und Interessen. Diesem Umstand trügen die Normen der Verschuldenshaftung Rechnung, indem sie zahlreiche Verhaltensregeln aufstellten, welche die Gefährdung jener Werte verhindern sollten[405]. Die Vorschriften der Gefährdungshaftung nähmen demgegenüber die Gefährdung von Rechtsgütern in Kauf und begründeteten lediglich für den Fall des Schadenseintritts Ersatzpflichten. Diese Bestimmungen zielten damit nicht unmittelbar auf den Erhalt der vorhandenen Rechtsgüter mit der Folge, daß ihnen allein eine Ausgleichsfunktion zukomme[406].

Für den Anwendungsbereich des Schutzzwecks der Norm folgert Mädrich aus dieser Unterscheidung, dieses Kriterium sei nur

---

[401] MÄDRICH S.89 ff.; nicht ganz eindeutig, aber wohl im Ergebnis zustimmend STAUDINGER/MEDICUS § 249 Rz.94.

[402] MÄDRICH S.64 ff.

[403] MÄDRICH S.76 ff.

[404] MÄDRICH S.89.

[405] MÄDRICH S.81.

[406] MÄDRICH S.81 f.

im Rahmen der Verschuldenshaftung verwendbar[407]. Das Haftungsbegrenzungselement des Schutzzwecks der Norm mache, da bei jeder Auslegung der Gesetzeszweck mit zu berücksichtigen sei, nur Sinn, wenn dessen Anwendungsbereich spezieller gefaßt werde. Die Konkretisierung sei dabei in der Weise vorzunehmen, daß im Rahmen der Schutzzweckprüfung festzustellen sei, ob der Entstehung des konkret eingetretenen Verletzungserfolgs nach der besonderen Zielrichtung des in der Norm enthaltenen Ge- oder Verbots "vorgebeugt" werden solle[408]. Diese Konkretisierung bringe es dann mit sich, daß der Schutzzweckgedanke im Rahmen der Gefährdungshaftung, deren Funktion ja nicht in der Prävention liege, keinen Platz habe[409].

Der Ansicht Mädrichs kann schon insofern nicht zugestimmt werden, als seine Prämisse, den Bestimmungen der Verschuldenshaftung komme echte Präventivfunktion zu, nicht zutrifft. Die ganz herrschende Lehre[410] geht im Gegensatz zu Mädrich vollkommen zu Recht davon aus, daß dem gesamten Schadensersatzrecht, also auch der Verschuldenshaftung, vornehmlich das Ausgleichsprinzip zugrunde liegt. Etwaige andere Prinzipien wie das von Mädrich herausgehobene Präventionsprinzip, das von Larenz als "erwünschtes Nebenprodukt" bezeichnet wird, beeinflussen die Auslegung schadensersatzrechtlicher Normen nur am Rande[411]. Sie sind keinesfalls derart ausschlaggebend[412], wie dies von Mädrich angenommen wird.

Kommt dementsprechend nach richtiger Ansicht auch den Normen der Verschuldenshaftung in erster Linie Ausgleichsfunktion zu, besteht keine Möglichkeit, das Kriterium des Schutzzwecks der Norm spezieller zu fassen. Dies hat zur Folge,

---

407 MÄDRICH S.83.

408 MÄDRICH S.82.

409 MÄDRICH S.83.

410 LANGE Einl. III 2.; LARENZ, SR I, § 27 I; DEUTSCH, Haftungsrecht I, § 6 II 1.; PALANDT/HEINRICHS Vorbem. v. § 249 Rz.4; MERTENS S.93 ff.

411 Für eine beschränkte Anerkennung sprechen sich DEUTSCH, Haftungsrecht I, § 6 II 4. u. III 1.u.2.; LARENZ, SR I, § 27 I und auch LANGE Einl. III 2. aus.

412 PALANDT/HEINRICHS Vorbem. v. § 249 Rz.4; LANGE Einl. III 2.

daß eine Konkretisierung des Schutzzweckgedankens in Hinblick auf den Präventionsgedanken nicht stattfindet. Somit kann der Schutzzweckgedanke auf alle Bereiche des Schadensersatzrechts, also auch auf die Gefährdungshaftung[413], Anwendung finden.

IV. Der Schutzzweck der Norm und die bewußte Selbstgefährdung

1. Allgemeines

Die inhaltliche Auseinandersetzung mit der Lehre vom Schutzzweck der Norm hat gezeigt, wie umfassend der Anwendungsbereich dieser Lehre ist. Der Erfassung der bewußten Selbstgefährdung unter dem Gesichtspunkt des Schutzzwecks der Norm können daher Erwägungen, die ihren Grund im inhaltlichen Bereich haben, nicht entgegenstehen. Die Lehre vom Schutzzweck der Norm ist von ihren inhaltlichen Voraussetzungen her in der Lage, alle Fälle einer bewußten Selbstgefährdung aufzunehmen. Dies ist unabhängig davon, ob eine Verschuldens- oder Gefährdungshaftung des Schädigers in Frage steht.

Auch aus dogmatischer Sicht werden sich kaum Argumente gegen eine Eingliederung der bewußten Selbstgefährdung in die Lehre vom Schutzzweck der Norm finden lassen. Der Grundgedanke dieser Lehre ist, "daß jede Pflicht oder Vertragspflicht bestimmten Interessen dient und daß nur der Schaden, der diesen geschützten Interessen zugefügt wird, zugerechnet werden soll"[414]. Das Schutzzweckkriterium ist also ein Element der Zurechnung. Es hat die Funktion, die Haftung des Schädigers im Wege der Zurechnung zu begrenzen. Diese Haftungsbegrenzung findet dabei nicht ausschließlich - wie das z.B. bei den Rechtsbegriffen der Sozialadäquanz und des er-

---

[413] BGHZ 37,311 (315); vgl. stellvertretend für die Anwendung des Schutzzweckgedankens auf die Tierhalterhaftung BGH NJW 1974,234; auch die Literatur bejaht generell die Anwendung des Schutzzweckgedankens auf die Gefährdungshaftung, vgl. nur LANGE § 3 IX 9.; hinsichtlich der Anwendung bei der Tierhalterhaftung siehe LARENZ, SR II, § 77 II.

[414] RABEL S.497.

laubten Risikos der Fall war - aus der Sicht eines der Beteiligten statt. Das Schutzzweckkriterium trägt je nach Situation einmal der Täter- und ein anderes Mal der Opferperspektive Rechnung. Der Schutzzweck der Norm kann sowohl aus Gründen entfallen, die beim Täter liegen, als auch aus Gründen, die an die Person oder an das Verhalten des Geschädigten anknüpfen. Erinnert sei für die hier wichtige Opferperspektive an die Nothilfe- und Verfolgungsfälle, an die Fälle der besonderen Schadensanfälligkeit und an die Rechtsfigur des allgemeinen Lebensrisikos. All' diese Fälle haben gemeinsam, daß es die Sicht des Opfers ist, aus der die Frage der Haftungsbegrenzung angegangen wird. Infolge dieser grundsätzlichen Anknüpfung auch an das Verhalten des Geschädigten bietet das Kriterium des Schutzzwecks der Norm die Möglichkeit, die Zurechnung auch dann zu verneinen, wenn das Verhalten des Geschädigten eine bewußte Selbstgefährdung darstellt[415].

Aber es ist nicht nur die Möglichkeit, die bewußte Selbstgefährdung unter dem Gesichtspunkt des Schutzzwecks der Norm zu erfassen, die dazu veranlaßt, die beiden Rechtsinstitute miteinander zu verbinden. Es ist auch die bei näherer Betrachtung gemeinsame dogmatische Wirkungsweise, die eine Eingliederung der bewußten Selbstgefährdung in die Lehre vom Schutzzweck der Norm nahelegt. Denn die bewußte Selbstgefährdung ist ebenso wie der Schutzzweck der Norm ein Kriterium, das die Zurechnung von Schadensfolgen betrifft. Die bewußte Selbstgefährdung des Geschädigten ist, da sie nicht als Willenserklärung aufgefaßt und auch sonst nicht als rechtsgeschäfliches Handeln gedeutet werden kann, ein tatsächliches Verhalten. Wird nun die Haftung des Schädigers infolge einer bewußten Selbstgefährdung des Geschädigten ausgeschlossen, bedeutet dies nichts anderes, als daß dem Geschädigten die Folgen seines tatsächlichen, selbstgefährdenden Verhaltens zugerechnet werden. Die Kehrseite dieser Zuweisung des Schadens in die Sphäre des Geschädigten ist, daß dem Schädiger der von ihm verursachte Schaden nicht zugerechnet wird. Obwohl also der Schädiger durch sein gefährliches Verhalten einen Schaden verursacht hat, werden ihm, weil sich der Geschädigte bewußt selbst gefährdet hat, die Folgen dieses gefährlichen Verhaltens nicht zugerechnet. So-

[415] Ähnlich RGRK/STEFFEN Vor § 823 Rz.69.

mit bewirkt auch die bewußte Selbstgefährdung, daß bestimmte Schäden dem Schädiger nicht zugerechnet werden können.

Allein die Feststellung, daß Anwendungsbereich und Dogmatik der Lehre vom Schutzzweck der Norm nicht gegen eine Verbindung der bewußten Selbstgefährdung mit dem Schutzzweckkriterium sprechen, genügt indes nicht, um den Haftungsausschluß durch bewußte Selbstgefährdung beim Schutzzweck der Norm anzusiedeln. Dazu ist des weiteren notwendig, daß die Fälle einer bewußten Selbstgefährdung, in denen ein Haftungsausschluß angenommen wird, im Rahmen der Lehre vom Schutzzweck der Norm vernünftig gelöst werden können.

Die inhaltliche Auseinandersetzung mit der Lehre vom Schutzzweck der Norm hat ergeben, daß sich die Normzweckermittlung anhand spezieller sachlicher Kriterien vollzieht. Will man nun der bewußten Selbstgefährdung einen Platz innerhalb dieser Lehre vom Schutzzweck der Norm einräumen, müssen sich die Fälle der bewußten Selbstgefährdung von diesen sachlichen Kriterien erfassen lassen, müssen also diese Kriterien Anknüpfungspunkte für die Berücksichtigung der bewußten Selbstgefährdung bilden können. Zu fragen ist demnach, ob sich die Fälle bewußter Selbstgefährdung, in denen die Haftung regelmäßig über die bewußte Selbstgefährdung ausgeschlossen wird, mit einer Einordnung der bewußten Selbstgefährdung in die Lehre vom Schutzzweck der Norm lösen lassen.

2. Anwendung der Lehre vom Schutzzweck der Norm auf die typischen Fälle einer bewußten Selbstgefährdung

Als typische Fälle, bei denen ein Haftungsausschluß durch bewußte Selbstgefährdung angenommen worden war, war im Rahmen der Verschuldenshaftung die Haftung des Veranstalters gefährlicher Veranstaltungen, eingeschränkt die Haftung des Grundstückseigentümers beim Betreten fremder Grundstücke und die Haftung von Sportlern untereinander herausgearbeitet worden. Bei der Gefährdungshaftung war es die Tierhalterhaftung, bei der die bewußte Selbstgefährdung zu einem Haftungsausschluß führte.

a. Haftungsausschluß bei der Haftung für die Verletzung einer Verkehrssicherungspflicht

Keine Schwierigkeiten für eine Lösung über den Schutzzweckgedanken ergeben sich in den Fällen bewußter Selbstgefährdung, in denen es um die Haftung für die Verletzung einer Verkehrspflicht geht. Bei der Darstellung des Anwendungsbereichs war schon erläutert worden, daß vielfach Normzweckerwägungen den Ausschlag dafür bilden, ob der Verkehrspflichtige gegenüber dem Geschädigten haftet[416]; so vor allem in der Fallgruppe des unerlaubten Betretens fremder Grundstücke und Anlagen. Anknüpfungspunkt im Rahmen der Ermittlung des Schutzzwecks war die Frage, ob der Unbefugte zu dem von der verletzten Verkehrspflicht geschützten Personenkreis gehört.

Das Kriterium des geschützten Personenkreises ist es auch, das den Weg zur Lösung der anderen Fälle bewußter Selbstgefährdung im Rahmen der Haftung für die Verletzung einer Verkehrspflicht, also den Fällen der Haftung des Veranstalters gefährlicher Veranstaltungen, aufzeigt. Bei der Behandlung dieser Fallgruppe in dem Kapitel A. III. war festgestellt worden, daß der Gesichtspunkt der bewußten Selbstgefährdung die Antwort darauf beeinflußen kann, ob ein bestimmtes Verhalten in der Weise erlaubt ist, wie es vom Verletzer ausgeführt wird. Dieser Weg fügt sich zwar in die Dogmatik der Verkehrspflichten ein, er hat aber einen nach meiner Auffassung entscheidenden Nachteil: Die bewußte Selbstgefährdung gewinnt schon Bedeutung bei der Bestimmung der Verkehrspflichten selbst. Der Inhalt der Verkehrspflicht wird durch das Verhalten des Geschädigten mitbestimmt. Das kann dazu führen, daß der Inhalt einer Verkehrspflicht in vergleichbaren Situationen nicht immer der gleiche ist. Hat der Geschädigte in einer bestimmten Situation die Gefahr erkannt, besteht ihm gegenüber insoweit keine Verkehrspflicht zum Schutz vor dieser Gefahr. In der gleichen Situation kann aber für den Verkehrspflichtigen eine Verkehrspflicht dann bestehen, wenn der Geschädigte die Situation nicht richtig

---

[416] Siehe oben S.176 ff.

eingeschätzt und sich dementsprechend nicht bewußt selbstgefährdet hat. Ist der Inhalt der Verkehrspflicht im konkreten Fall u.a. auch von dem Verhalten des Geschädigten abhängig, dient dies nicht dazu, Sicherheit für den Rechtsverkehr zu erzeugen. Denn wenn sich der Inhalt der Verkehrspflichten auch nach dem Verhalten des Geschädigten richtet, ist eine einheitliche Betrachtung, welche Gefährdungen unter welchen Bedingungen erlaubt sind, nicht möglich. Der Verkehrspflichtige gewinnt nach dieser Systematik keine Sicherheit in der Beurteilung seiner konkret bestehenden Verkehrspflichten. Dies gilt vor allem dann, wenn er z.B. infolge seiner Abwesenheit das Verhalten des nachher Geschädigten nicht kennt. Im Zeitpunkt des Eintritts der Gefährdung weiß er also nicht, ob nun auf Seiten desjenigen, der mit der Gefahr in Berührung kommt, eine bewußte Selbstgefährdung vorliegt oder nicht.

Dieser Nachteil wird durch die Einordnung der bewußten Selbstgefährdung in das Kriterium des Schutzzwecks der Norm vermieden. Hier wird von einem Bestehen der Verkehrspflichten auch dann ausgegangen, wenn sich der Geschädigte bewußt und ohne Not in Gefahr begeben hat. Erst in einem weiteren Schritt wird dann gefragt, ob der Geschädigte auch zu dem von der Verkehrspflicht geschützten Personenkreis gehört. Dies ist insoweit nicht der Fall, als sich der Geschädigte der Gefahr, die in einen Schaden umgeschlagen ist, bewußt und ohne Not ausgesetzt hat. Denn das bewußte Sichaussetzen der Gefahr hat die Wirkung, daß die Gefahr in den Bereich des Geschädigten fällt. Dies drückt sich dadurch aus, daß er aus dem geschützten Personenkreis herausfällt.

b. Haftungsausschluß bei der Gefährdungshaftung

Ebenfalls über das Kriterium des geschützten Personenkreises lassen sich die Fälle lösen, bei denen die bewußte Selbstgefährdung im Bereich der Gefährdungshaftung zu einem Haftungsausschluß führt. Schon bei der Untersuchung der haftungsausschließenden Wirkung der bewußten Selbstgefährdung im Rahmen der Gefährdungshaftung war aufgefallen, daß große

Teile des Schrifttums[417] und inzwischen auch nach anfänglichem Schlingerkurs die Rechtsprechung[418] den Fortfall der Haftung des Tierhalters mit Schutzzweckerwägungen begründen[419]. Der Ansatzpunkt des geschützten Personenkreises rechtfertigt sich dabei aus dem Grundgedanken der Gefährdungshaftung. Gefährdungshaftungen sind entstanden, weil der einzelne Gefahren ausgesetzt ist, denen er nicht ausweichen kann[420]. Derjenige, der eine Gefahr begründet, die typischerweise anderen Verkehrsteilnehmern erwächst, ohne daß dies für diese zu verhindern ist, soll unabhängig davon haften, ob sein Verhalten rechtswidrig oder schuldhaft ist[421]. Dieser Zweck der Gefährdungshaftung ist im Regelfall aber dann nicht mehr vorhanden, wenn sich jemand bewußt und vermeidbar der Gefahr aussetzt[422].

Die Berücksichtigung der bewußten Selbstgefährdung bei der Gefährdungshaftung über den Gedanken des Schutzzwecks der Norm stößt in der Literatur nicht auf ungeteilte Zustimmung[423]. Speziell in dem Fall der Tierhalterhaftung für Pferde, also dem Fall, in dem die Gerichte sich im Rahmen der Gefährdungshaftung am häufigsten mit den Auswirkungen

---

[417] DEUTSCH JuS 1987,673 (677 f.); DERS. NJW 1978, 1998 (2001 f.), LARENZ, SR II, § 77 II, DUNZ JZ 1987,63 (67); SCHMID JR 1976,274 (277); SOERGEL/ZEUNER § 833 Rz.25; LANGE § 3 IX 9. Fußn.217.

[418] Vgl. nur BGH NJW 1974,234 = VersR 1974,356 = MDR 1974, 301; NJW 1977,2158 = VersR 1977,864 = MDR 1978,42 = JR 1978,63; NJW 1986,2883 = VersR 1986,1206 = RuS 1986,14; VersR 1992,371; VersR 1992,1145.

[419] Siehe oben S.83 f.

[420] LARENZ, SR I, § 31 I b); DERS., SR II, § 77 II; MÜNCHENER KOMMENTAR/MERTENS Vor §§ 823-853 Rz.19; LANGE § 3 IX 9.

[421] MEDICUS, BR, Rz.604.

[422] LARENZ, SR I, § 31 I b); DERS., SR II, § 77 II; DUNZ JZ 1987,63 (67); LANGE § 3 IX 9; SOERGEL/ZEUNER § 833 Rz. 25; SCHMID JR 1976,274 (277).

[423] Ablehnend z.B GERHARDT S.124 ff.; mit Einschränkungen auch STOLL, Handeln auf eigene Gefahr, S.345 ff. STOLL vertritt eine Mittelpostion. Er geht davon aus, der Sinn der Gefährdungshaftung entfalle nicht schon grundsätzlich durch die bewußte Selbstgefährdung. Nur in einigen typischen Situationen bewirke die bewußte Selbstgefährdung, daß der Schutzzweck der Gefährdungshaftung entfalle (S.351 ff.).

der bewußten Selbstgefährdung beschäftigen müssen, wird von einigen Autoren eine Einschränkung der Gefährdungshaftung aus Selbstgefährdungsgesichtspunkten abgelehnt[424]. Es werden für diese Ablehnung zwei Gründe genannt.

aa. Grundsätzliche Bedenken gegen die Einordnung der bewußten Selbstgefährdung in die Lehre vom Schutzzweck der Norm

Der erste Einwand betrifft grundsätzlich die Verbindung zwischen der bewußten Selbstgefährdung und der Lehre vom Schutzzweck der Norm. Es wird angeführt, eine solche Reduktion der Gefährdungshaftung lasse sich aus dem Zweckgedanken des § 833 BGB nicht ableiten[425]. Diesem Einwand kann man noch mit dem Hinweis begegnen, es sei nicht die Vorschrift des § 833 BGB, aus der die Einschränkung gefolgert werde, sondern die Reduktion ergebe sich ganz allgemein aus Sinn und Zweck der Gefährdungshaftung[426]. Dieser Hinweis greift aber dann nicht mehr durch, wenn grundsätzlich der Gedanke in Frage gestellt wird, daß es an der besonderen Schutzwürdigkeit fehlt und der Schaden bei einer bewußten Selbstgefährdung außerhalb des Schutzzwecks der Norm liegt. Eine solche schon im Grundsatz kritische Position nehmen Stoll[427] und Gerhardt[428] ein. Beide stützen ihre Kritik auf Fälle, bei denen trotz Vorliegens einer bewußten Selbstgefährdung des Geschädigten die Haftung des Schädigers aus einem Gefährdungshaftungstatbestand nicht ausgeschlossen sein soll[429]. Gerhardt nennt als Beispiel den Fall, daß jemand

---

[424] Herrmann JR 1980,489 (493); Bornhövd JR 1978,50 (51 f.); DERS. VersR 1979,398 (399 f.); MÜNCHENER KOMMENTAR/MERTENS § 833 Rz.27; Siegfried S.131 f.; JAUERNIG/TEICHMANN § 833 Anm.2 d).

[425] Herrmann JR 1980,489 (492).

[426] LARENZ, SR I, § 31 I b); DERS., SR II, § 77 II; LANGE § 3 IX 9.

[427] STOLL, Handeln auf eigene Gefahr, S.351 ff.

[428] STOLL, Handeln auf eigene Gefahr, S.351 ff.; GERHARDT S.128 ff.

[429] STOLL, Handeln auf eigene Gefahr, S.352 f.; GERHARDT S.130.

auf eine fahrende Straßen- oder Eisenbahn aufspringt. Hier könne, wie die Rechtsprechung auch richtig entschieden habe[430], aus der bewußten Selbstgefährdung des Aufspringenden kein Ausschluß der Haftung aus § 1 HaftpflG angenommen werden. Dies zeige, daß nicht alle Personen, die sich bewußt selbst gefährdeten, aus der Schutzgarantie der Gefährdungshaftung herausfielen[431]. Man könne also nicht generell davon sprechen, bei bewußter Selbstgefährdung entfiele der Schutzzweck der Gefährdungshaftung[432].

Zur Verteidigung der hier bevorzugten Ansicht könnte man an der Einordnung der von Stoll und Gerhardt angeführten Fällen in den Bereich der bewußten Selbstgefährdung zweifeln[433]. Aber selbst wenn diese Zweifel begründet wären, würde dies nicht weiterhelfen. In der Rechtsprechung ließen sich ohne Frage weitere Fälle finden, die zum Beweis dafür herangezogen werden könnten, daß die Haftung des Gefährders trotz bewußter Selbstgefährdung des Geschädigten nicht ausgeschlossen ist. Diese Tatsache spricht aber nur dann grundsätzlich gegen eine dogmatische Verbindung zwischen dem Schutzzweck der Norm und der bewußten Selbstgefährdung, wenn man, wie Gerhardt und für die Gefährdungshaftung auch Stoll[434], die

---

[430] Der BGH hatte diesen Fall dem § 254 BGB zugeordnet, BGH LM Nr.4 zu BGB § 254 (Da).

[431] GERHARDT S.130.

[432] STOLL, Handeln auf eigene Gefahr, S.352, GERHARDT S.130 f.

[433] Diese Zweifel sind vor allem bei den von STOLL, Handeln auf eigene Gefahr, S.352 f., angeführten Beispielen angebracht. In diesen Fällen wird mehr nach der Notwendigkeit einer Mitfahrt des Fahrgastes gefragt als auf dessen Bewußtsein einer konkreten Gefährdung abgestellt.

[434] Bei STOLLS Arbeit trifft diese Feststellung nur bedingt zu. Durch die Unterscheidung von echtem und unechtem Handeln auf eigene Gefahr im Bereich der Verschuldenshaftung kommt zum Ausdruck, daß STOLL dort nicht konsequent von einer einheitlichen Rechtsfolge ausgeht. Es muß daher verwundern, wenn STOLL im Bereich der Gefährdungshaftung einen Haftungsausschluß über Normzweckerwägungen einerseits mit dem Argument im Grundsatz ablehnt, es gebe Fälle, in denen ein Haftungsausschluß bei selbstgefährdendem Verhalten des Geschädigten nicht angebracht sei, und dann andererseits ein Handeln auf eigene Gefahr in typischen Ausnahmefällen anerkennt. Es hätte doch nahegelegen, auch hier ein Nebeneinander von

Verhaltensweise "bewußte Selbstgefährdung" grundsätzlich mit einer bestimmten Rechtsfolge verbindet.

Gerhardt geht in seiner Untersuchung des Rechtsinstituts "Handeln auf eigene Gefahr" von einem fest umrissenen Tatbestand eines Handelns auf eigene Gefahr aus[435]. Für diesen gelte es, eine einheitliche, dogmatisch abgesicherte Rechtsfolge zu finden. Sowohl die Analyse der früheren Rechtsprechung durch Stoll[436] als auch die hier vorgenommene Untersuchung der modernen Rechtsprechung nach dem Grundsatzurteil zum Handeln auf eigene Gefahr haben aber ergeben, daß eine einheitliche Erfassung des Rechtsinstituts "Handeln auf eigene Gefahr" nicht möglich ist. Bei der Berücksichtigung der bewußten Selbstgefährdung gegenüber dem Schadensersatzanspruch des Geschädigten hat man es mit einer Wertungsfrage zu tun, deren Beantwortung wegen des Fehlens einer gesetzlichen Regelung nicht immer eindeutig sein kann[437]. Es war daher auch festgestellt worden, daß die Bezeichnung "Handeln auf eigene Gefahr" nicht mehr verwendet, sondern nur noch auf die Verhaltensweise "bewußte Selbstgefährdung" abgestellt werden sollte[438]. Der Rechtsbegriff "bewußte Selbstgefährdung" läßt sich - das hat die Analyse der modernen Rechtsprechung weiter ergeben - weder konsequent in den Mitverschuldensbereich einordnen noch kann man dieses Verhalten grundsätzlich als Haftungsausschlußgrund charakterisieren. Es kann daher, wenn die Frage nach dem dogmatischen Standort für die bewußte Selbstgefährdung als Haftungsausschlußgrund gestellt wird, nicht darum gehen, eine Patentlösung für alle Verhaltensweisen zu erarbeiten, die eine bewußte Selbstge-

---

echtem und unechtem Handeln auf eigene Gefahr wie bei der Verschuldenshaftung anzunehmen.

435 GERHARDT S.5 ff., insbesondere S.8.

436 STOLL, Handeln auf eigene Gefahr, S.14 ff.; STOLL, a.a.O., S.366 f., stellt dies auch als eines der wesentlichen Ergebnisse seiner Untersuchung heraus. Insoweit erscheint es noch weniger verständlich, daß STOLL seine Ansicht, die bewußte Selbstgefährdung führe nicht zum Verlust der Schutzgarantie der Gefährdungshaftung, darauf stützt, daß in einigen Fällen, in denen Personen sich ohne soziale Nötigung einer Gefahrenquelle aussetzen, dieses Verhalten nicht zu einem Haftungsausschluß führt.

437 SOERGEL/ZEUNER § 833 Rz.25.

438 Siehe oben S.100.

fährdung darstellen. Vielmehr steht hier, wo der Haftungsausschluß durch bewußte Selbstgefährdung untersucht wird, das Problem im Vordergrund, für diesen Haftungsausschluß einen dogmatischen Standort zu finden.

Ist es daher nicht gerechtfertigt, die dogmatische Eingliederung der bewußten Selbstgefährdung in die Lehre vom Schutzzweck der Norm schon aus dem Grund abzulehnen, daß Fälle denkbar und auch vorhanden sind, bei denen die bewußte Selbstgefährdung nicht zwangsläufig zu einem Haftungsausschluß führt, stehen die Einwände Gerhardts und Stolls einer Einordnung der bewußten Selbstgefährdung in die Lehre vom Schutzzweck der Norm nicht im Wege. Es kann also bei der dogmatischen Einordnung des Haftungsausschlusses durch bewußte Selbstgefährdung durchaus auf den Zweckgedanken der Gefährdungshaftung, nach dem grundsätzlich der nicht geschützt werden soll, der sich bewußt selbst gefährdet, zurückgegriffen werden.

bb. Bedenken gegen die Einordnung der bewußten Selbstgefährdung in die Lehre vom Schutzzweck der Norm aufgrund der Rechtsprechung zur bewußten Selbstgefährdung bei der Tierhalterhaftung

Der zweite Einwand betrifft die praktische Anwendung des Haftungsausschlusses durch bewußte Selbstgefährdung in der Rechtsprechung zur Tierhalterhaftung. Teile der Literatur nehmen die höchst unterschiedlichen Bewertungen der bewußten Selbstgefährdung durch die Gerichte[439] zum Anlaß, der Rechtsprechung Konturenlosigkeit vorzuwerfen[440]. Die für die Interessenabwägung entscheidenden Elemente lägen zu sehr im Bereich der Wertungen. Sie seien zu unsicher, als daß sie hinreichend scharfe Haftungsbegrenzungskriterien bilden könnten[441]. Die Fälle der bewußten Selbstgefährdung ließen

---

[439] Siehe oben S.69 ff.

[440] so BORNHÖVD JR 1978,50 (53); DERS. VersR 1979,398 (400); kritisch hinsichtlich der Interessenabwägung auch Schmid JR 1976,274 (277); HAASE JR 1974,238 (239).

[441] BORNHÖVD VersR 1979,398 (400).

sich allesamt nach den Grundsätzen des § 254 BGB fallgerecht und lebensnah lösen[442].

Die Kritik an den Formen der Berücksichtigung der bewußten Selbstgefährdung gegenüber dem Anspruch aus Tierhalterhaftung in der Rechtsprechung ist berechtigt. Aber diese Kritik rechtfertigt nicht die Schlußfolgerung der Kritiker, die bewußte Selbstgefährdung könne nicht beim Schutzzweck der Norm, sondern müsse ausschließlich im Bereich des § 254 BGB berücksichtigt werden[443]. Es ist vielmehr nach einem Weg zu suchen, der einerseits dem Sinn und Zweck der Gefährdungshaftung in ausreichendem Maße Rechnung trägt, und andererseits die Unklarheiten der jetzigen Rechtsprechung vermindert.

cc. Die sachgerechte Einschränkung der Tierhalterhaftung

Einen solchen Weg zeigt eine sich immer weiter verbreitende Ansicht zur Eingrenzung der Tierhalterhaftung bzw. zur Eingrenzung der Haftung des Pferdehalters auf. Danach wird von einem Haftungsausschluß durch bewußte Selbstgefährdung bei der Tierhalterhaftung nicht nur ausnahmsweise Gebrauch gemacht. Die Haftung wird - und dadurch werden die Unklarheiten beseitigt - bei Vorliegen einer bewußten Selbstgefährdung des Geschädigten konsequent ausgeschlossen[444]. Freilich bedeutet dies, daß nach dieser Ansicht der Reiter auf dem Pferd nicht mehr den Schutz der Tierhalterhaftung genießt[445]. Die Rechtsprechung hat sich bis jetzt ganz eindeu-

---

442 BORNHÖVD VersR 1979,398 (401).

443 Auch DEUTSCH weist in JuS 1987, 673 (677 Fußn. 81) auf den Irrtum der Kritiker hin, aus den unscharfen Abgrenzungskriterien der Rechtsprechung auf die generelle Unbrauchbarkeit des Gesichtspunktes "Handeln auf eigene Gefahr", also nach der hier verwendeten Terminologie des Gesichtpunktes "bewußte Selbstgefährdung", zu ziehen.

444 So auch LARENZ, SR I, § 31 I b); DERS., SR II, § 77 II; LANGE § 3 IX 9.

445 DEUTSCH NJW 1978,1998 (2001 f.); DERS. JuS 1987,673 (677 f.); LARENZ, SR II § 77 II, DUNZ JZ 1987,63 (67);

tig gegen eine solch weitgehende Einschränkung der Tierhalterhaftung ausgesprochen. Die Tierhalterhaftung - so die einheitliche Rechtsprechung - umfasse auch den Reiter auf dem fremden Pferd[446].

Die beiden gegensätzlichen Ansichten lassen ein unterschiedliches Verständnis vom Schutzzweck der Norm des § 833 BGB vermuten. Insoweit scheint hier die grundsätzliche Kritik an der Lehre vom Schutzzweck der Norm, das Ergebnis regiere, als Schutzzweck verkleidet, die Haftung[447], hier gerechtfertigt zu sein.

Fraglich ist allerdings, auf welche der Ansichten diese Kritik zutrifft. Man wird geneigt sein, die Kritik auf die Ansicht zu beziehen, die sich gegen die gefestigte Rechtsprechung richtet, beruft sich diese doch darauf, den Willen des Gesetzgebers zu respektieren. Bei genauer Betrachtung ist es aber die Rechtsprechung und die ihr folgenden Autoren, die sich entgegenhalten lassen müssen, über den Schutzzweck der Norm etwas in die Vorschrift des § 833 BGB hineininterpretiert zu haben, was später als Ergebnis wieder herauskommt.

Daß die hier vertretene Ansicht diejenige ist, die den Schutzzweck des § 833 BGB richtig bestimmt, ergibt sich aus Grundgedanken der Gefährdungshaftung[448]. Zweck und Grundgedanke der Gefährdungshaftung ist, daß der Inhaber einer Sache oder eines Betriebes für solche Schäden verantworlich sein soll, die typischerweise durch die Sache oder aus einem solchen Betrieb anderen Verkehrsteilnehmern erwachsen, die diesen Gefahren grundsätzlich nicht ausweichen können[449]. Dieser Grundgedanke trifft dann nicht mehr zu, wenn sich je-

---

SCHMID JR 1976,274 (277); SOERGEL/ZEUNER § 833 Rz.25; LANGE § 3 IX 9. Fußn.217.

446 BGH NJW 1978,2158; VersR 1978,515; VersR 1982,348 (349); VersR 1982,366 (367); VersR 1988,609; VersR 1992,371 (372); VersR 1992,1145 (1146); NJW 1986,2283 (2284), NJW-RR 1986,572 (573); OLG Köln VersR 1989,62; OLG Karlsruhe VersR 1989,860; OLG Saarbrücken VersR 1988,1080; OLG Schleswig VersR 1990,869; a.A. nur OLG Düsseldorf VersR 1992,251.

447 Siehe dazu schon oben S.172 f.

448 Schon oben auf S.189 f. war auf den Grundgedanken der Gefährdungshaftung hingewiesen worden.

449 LARENZ , SR I, § 31 I b); LANGE § 3 XI 9.; siehe auch Deutsch, Haftungsrecht I, § 22 I 1.

mand bewußt dieser Gefahr selbst aussetzt, ohne dazu, sei es durch die Teilnahme am Verkehr, sei es durch eine besondere Rechtspflicht, durch seinen Beruf oder eine sittliche Pflicht genötigt zu sein[450]. Trifft aber der Grundgedanke der Gefährdungshaftung bei bewußter Selbstgefährdung nicht mehr zu, muß der Schutzbereich eines Gefährdungshaftungstatbestandes entsprechend ausgelegt, also insoweit eingeschränkt werden, als Personen, die sich bewußt selbst gefährden, dem Schutzbereich nicht mehr unterfallen[451].

Den grundsätzlichen Ansatzpunkt einer Haftungsbegrenzung wegen Überschreitung des Normzwecks[452] durch bewußte Selbstgefährdung - das hatte schon die Untersuchung im ersten Teil dieser Arbeit ergeben[453] - erkennt auch die Rechtsprechung an[454]. In einem neueren Urteil des BGH[455] heißt es z.B. sinngemäß: Der Umstand, daß sich der Geschädigte aus freien Stücken einer besonderen Gefahr ausgesetze, könne im Einzelfall nach Maßgabe des Zurechnungsgrundes der Gefährdungshaf-

---

450 LARENZ , SR I, § 31 I b); DERS., SR II, § 77 II; LANGE § 3 XI 9; DUNZ JZ 1987,63 (67); SOERGEL/ZEUNER § 833 Rz.25.

451 Insoweit konsequent die in der vorherigen Fußn.450 Genannten und DEUTSCH JuS 1987,673 (677); DERS. NJW 1978, 1998 (2001 f.). Zu beachten ist in diesem Zusammenhang allerdings - darauf weist DUNZ in JZ 1987,63 (67) zu Recht hin - , daß einige Vorschriften, die eine Gefährdungshaftung begründen,- den Ersatzanspruch auch demjenigen zubilligen, der sich bewußt selbst gefährdet; so z.B. dem Benutzer öffentlicher Verkehrsmittel. Hier wird allerdings mehr den unumgehbaren sozialen Zwängen Rechnung getragen und eine Risikoverteilung vorgenommen, als eine konsequente dogmatische Linie verfolgt. Jedenfalls entsprechen diese Vorschriften nicht der gedanklichen Ausgangsposition der Gefährdungshaftung; so auch ausdrücklich DUNZ a.a.O.

452 So drückt sich z.B. das OLG Köln VersR 1989,62 aus.

453 Siehe oben S.82 f.

454 BGH VersR 1992,371 (372); VersR 1992,1145 (1146); VersR 1988,609 (610); VersR 1982,366 (367), VersR 1982,348 (349); VersR 1978,515; NJW 1986,2883 (2884); NJW-RR 1986,572 (573); OLG Schleswig VersR 1990,869; OLG Frankfurt VersR 1979,961; VersR 1985,670; KG NJW-RR 1986,326; OLG Karlsruhe VersR 1989,860; OLG Saarbrücken VersR 1988,1080: OLG Köln VersR 1989,62; LG München I VersR 1992,846; LG Kassel VersR 1988,1160 (1161).

455 BGH VersR 1992,371.

tung zum Wegfall der Haftung führen[456]. Die Rechtsprechung und die ihr folgenden Autoren beschränken allerdings beim Reiter auf dem fremden Pferd die Haftungsfreistellung auf Fälle, die eine besonders intensive Selbstgefährdung des Reiters darstellen[457].

Die Rechtsprechung führt zur Begründung ihrer Auffassung an, für eine allgemeine Einschränkung der Tierhalterhaftung gegenüber dem Reiter fehle die gesetzliche Grundlage[458]. Der Gesetzgeber habe seinerzeit offenbar nicht einer besonderen Gruppe, nämlich den Reitern, Ansprüche gegenüber den Haltern der von ihnen gerittenen Pferden versagen wollen[459]. Wenn der Gesetzgeber beabsichtigt hätte, den Reitern grundsätzlich den Schutz der Tierhalterhaftung zu verwehren, dann hätte er dies zum Ausdruck bringen müssen[460].

Die Rechtsprechung verkennt allerdings, daß es nicht darum geht, speziell den Reiter aus dem Schutzbereich des § 833 BGB auszuschließen. Es ist nicht die Norm des § 833 BGB, die es verbietet, dem Reiter die Gefährdungshaftung zugute kommen zu lassen. Es ist vielmehr der Schutzzweck der Gefährdungshaftung allgemein, der es rechtfertigt, den Reiter auf dem fremden Pferd von der Gefährdungshaftung des Tierhalters auszunehmen. Denn der Reiter ist auch schon bei einem normalen Ritt auf einem fremden Pferd die Gefahr, durch das Pferd verletzt zu werden, bewußt eingegangen. Er hat die Gefahr darüber hinaus freiwillig übernommen und ist am ehesten in der Lage, dieser Gefahr zu begegnen. Bei dieser Konstella-

---

456 BGH VersR 1992,371.

457 Darauf verweist insbesondere immer der BGH: BGH VersR 1992,371 (372); VersR 1992,1145 (1146); VersR 1988,609 (610); VersR 1982,366 (367), VersR 1982,348 (349); VersR 1978,515; NJW 1986,2883 (2884); NJW-RR 1986,572 (573). Einzelne Fälle, in denen die Rechtsprechung eine "besonders intensive bewußte Selbstgefährdung" anerkannt hat, sind: OLG Frankfurt VersR 1979,961; VersR 1985,670; OLG Saarbrücken VersR 1988,1080; LG Kassel VersR 1988,1160; LG Stade NdsRpfl 1983,156; zu den Einzelheiten siehe oben S.71 ff.

458 BGH VersR 1982,366 (367).

459 BGH NJW 1977,2158; NJW 1986,2883 (2884); OLG Schleswig VersR 1990,869; LG Köln VersR 1989,62

460 Vgl. nur BGH NJW 1977,2158; bestätigend zuletzt: BGH VersR 1992,1145.

tion kann kein Zweifel bestehen, daß auch der Reiter auf einem fremden Pferd sich bewußt selbst gefährdet und dementsprechend der allgemeine Schutzzweck der Gefährdungshaftung auf ihn nicht mehr zutrifft.

Deutsch weist insofern zu Recht auf die Parallele zu den Kraftfahrzeuginsassen oder zu dem Reisenden auf dem Motorrad hin[461]. Für diese Personen hat der Gesetzgeber in § 8a StVG bestimmt, die Gefährdungshaftung des Kraftfahrzeughalters solle nur dann eintreten, wenn es sich um eine entgeltliche, geschäftsmäßige Personenbeförderung handele. Es ist in der Tat "schwer einzusehen, wieso der auf dem Soziussitz des Motorrades mitgenommene Beifahrer - vom Entleiher ganz zu schweigen - grundsätzlich keinen Anspruch aus Gefährdungshaftung hat, während der auf dem Pferd eines dritten Halters Reitende in den Genuß der Tierhalterhaftung kommen sollte"[462].

Neuerdings hat sich, angeregt durch die Begründung der Vorinstanz[463], auch der BGH mit der Regelung des § 8a StVG auseinandergesetzt[464]. Das Gericht lehnt eine Übertragung dieser Regelung auf vergleichbare Sachverhalte anderer Gefährdungshaftungen mit der unzutreffenden Begründung ab, in dieser Regelung komme kein allgemeiner Rechtsgedanke zum Ausdruck. Gerade diese Vorschrift ist es, in der sich der allgemeine Schutzzweck der Gefährdungshaftung, aus dem u.a. der Haftungsausschluß bei bewußter Selbstgefährdung folgt, widerspiegelt. § 8a StVG ist eine Vorschrift, die von ihrer Struktur her einen Ausnahmetatbestand darstellt. Sie begründet die Gefährdungshaftung für einen ganz bestimmten Personenkreis, nämlich für die entgeltlich beförderten Fahrgäste. Warum sollte der Gesetzgeber ausdrücklich eine haftungsbegründende Regelung schaffen, wenn er nicht davon ausgeht, daß die Haftung grundsätzlich ausgeschlossen ist? Diese Frage müßte der Bundesgerichtshof erst einmal beantworten, bevor er sich auf den Standpunkt stellt, dem § 8a StVG liege kein allgemeiner Rechtsgedanke zugrunde.

---

[461] DEUTSCH NJW 1978,1998 (2002).

[462] DEUTSCH NJW 1978,1998 (2002).

[463] OLG Düsseldorf VersR 1992,251.

[464] BGH VersR 1992,1145 (1146).

Insgesamt läßt sich feststellen, daß es nicht die hier vertretene Ansicht ist, die durch den Ausschluß der Gefährdungshaftung für den Reiter auf dem fremden Pferd eine besondere Schutzzweckbestimmung vornimmt. Die Rechtsprechung muß sich vorwerfen lassen, sie privilegiere den Reiter, ohne daß dafür ein Anhalt im Gesetz gegeben ist. Es ist somit Aufgabe der Rechtsprechung darzulegen, warum ausgerechnet beim Reiter die bewußte Selbstgefährdung nicht zu einem Ausschluß der Gefährdungshaftung führen soll, entspricht doch gerade dieser Ausschluß dem Grundgedanken und Zweck dieser Haftung.

Als Ergebnis ist somit festzuhalten, daß die Lehre vom Schutzzweck der Norm unter der Bedingung, daß die Haftung des Tierhalters gegenüber dem Reiter auf fremden Pferd konsequent eingeschränkt wird, bei der Gefährdungshaftung den richtigen dogmatischen Ansatzpunkt für einen Haftungsausschluß durch bewußte Selbstgefährdung bildet.

c. Haftungsausschluß bei der Ausübung gefährlicher Sportarten

Es bedarf weiter der Überprüfung, ob sich auch die Haftungsfreistellungen über die Lehre vom Schutzzweck der Norm herbeiführen lassen, die Rechtsprechung und Schrifttum bei den Sportverletzungen anläßlich der Ausübung gefährlicher Sportarten annehmen.

Ein vielversprechender Ansatz in diese Richtung findet sich bei Krähe[465], dessen Untersuchung zwar nur den Fußballsport im Auge hat, dessen Aussagen sich aber ohne weiteres auch auf die anderen gefährlichen Sportarten übertragen lassen. Krähe geht von folgendem dogmatischen Konzept aus[466]: Nicht schon jede abstrakte Gefährdung der in § 823 Abs. 1 BGB geschützten Rechtsgüter löse bei einem Schadenseintritt die deliktische Haftung aus. Es gebe Risiken, die grundsätzlich erlaubt seien. Eine Verwirklichung dieser erlaubten Risiken

---

[465] KRÄHE S.168 ff.

[466] KRÄHE S.168 ff.

führe nicht zu einer Haftung. Vielmehr beginne der Schutz der in § 823 Abs. 1 BGB genannten Rechtsgüter erst, wenn das schädigende Verhalten das erlaubte Risiko überschritten habe[467].

Das im konkreten Fall "erlaubte Risiko" wird dabei über eine umfassende Güter- und Interessenabwägung ermittelt[468]. Für Krähe stellt somit das "erlaubte Risiko" ein Kriterium dar, das zur Auslegung des Schutzzwecks des § 823 Abs. 1 BGB heranzuziehen ist. Übertragen auf den Sportbereich bedeutet diese Konzeption, daß dasjenige mit dem Sport verbundene erhöhte Risiko in begrenztem Maße erlaubt ist, das aufgrund der Güter- und Interessenabwägung ermittelt worden war. Verwirklicht sich in dem Schaden lediglich dieses erlaubte Risiko, wird der Schutzzweck der Deliktshaftung nicht tangiert und es entfällt die Haftung.

So beachtenswert und richtig der Ausschluß bestimmter Risiken aus dem Schutzbereich des § 823 Abs. 1 BGB ist, so unglücklich ist der Weg, über den Krähe dies erreichen will. Zum einen spricht, auch wenn Krähe das Kriterium des "erlaubten Risikos" zur Auslegung des Schutzzwecks der Norm heranzieht, alles das gegen dieses Rechtsinstitut, was schon bei dessen gesonderter Betrachtung angeführt worden war[469]. Zum anderen muß man berücksichtigen, daß das "erlaubte Risiko" ein Produkt der Strafrechtslehre ist[470]. Es wird dort als eigenständiges Rechtsinstitut behandelt, dessen Funktion und systematische Stellung noch völlig unklar sind[471]. Es trägt nun weder zu einer Klärung des Rechtsinstituts "erlaubtes Risiko" noch zu einer geschlossenen Konzeption für die Haftung bei Sportverletzungen bei, diesem Rechtsinstitut neben den schon bestehenden, aber höchst umstrittenen Funktionen eine weitere Funktion, nämlich die eines Kriteriums

---

[467] KRÄHE S.172; Auch das LG Nürnberg-Fürth, das in einem neuren Urteil ebenfalls auf die Rechtsfigur des "erlaubten Risikos" zurückgriff (VersR 1990,96 f.); vgl. auch AG Brackenheim VersR 1990,1286 f.

[468] KRÄHE S.184; nachfolgend (S.185 f.) beschreibt KRÄHE dann die Aspekte, die bei dieser Abwägung zu berücksichtigen sind.

[469] Siehe oben S.126 ff.

[470] Siehe oben S.126 f.

[471] Vgl. nur ROXIN § 11 Rz.55 ff.

zur Auslegung des Schutzzwecks der Norm, hinzuzufügen. Dies gilt vor allem, wenn man bedenkt, daß sich im Zivilrecht eine andere, schon etablierte Möglichkeit zur Lösung dieser Problematik anbietet.

Auch unabhängig von dem Rückgriff auf das "erlaubte Risiko" werden im Zivilrecht bestimmte Risiken aus dem Schutzzweck der Norm ausgeschieden. Bei diesen nicht zurechenbaren Schadensrisiken handelt es sich um solche primären Rechtsgutverletzungen und Folgeschäden[472], die mit dem Leben eines modernen Menschen üblicherweise verbunden sind. Als solche in die Eigenverantwortung fallenden "allgemeinen Lebensrisiken" hatten sich als Beispiele die Gefahr, in ein Strafverfahren verwickelt zu werden, oder die Gefahr, daß bei einem Krankenhausaufenthalt weitere Krankheiten festgestellt werden, herausgestellt. Vor allem ist das mit der Teilnahme am Straßenverkehr verbundene Risiko als "allgemeines Lebensrisiko" anerkannt, sofern dieses Risiko nicht durch ungewöhnliche Umstände erhöht ist.

Es stellt sich nun die Frage, ob nicht auch die Risiken, die mit der sportlichen Betätigung verbunden sind, zu den Risiken zählen, die in die Eigenverantwortung des Geschädigten fallen und dementsprechend dem Schädiger nicht zugerechnet werden können. Voraussetzung dafür ist, daß "Sportrisiken" ähnlich den Risiken, die als "allgemeines Lebensrisiko" anerkannt sind, normale Schadensrisiken sind, "die dem Menschen im Alltag jederzeit widerfahren können und sich gleichsam als Bestandteil der von ihm praktizierten Lebensführung darstellen"[473]. Ob nun Sportverletzungen Risiken darstellen, die dem Menschen im Alltag jederzeit widerfahren können, erscheint zwar zweifelhaft, kann aber hier dahinstehen, da es auf diese Frage nicht entscheidend ankommt. Eine Zurechnung entfällt nicht nur dann, wenn es sich um ganz allgemeine mit jedem Leben verbundene Gefahren handelt, sondern es werden auch solche Risiken vom Schutzbereich der Norm nicht mehr erfaßt, die einen regelmäßigen Bestandteil gerade der vom Geschädigten praktizierten Lebensführung dar-

---

472 So LANG S.152.

473 LANG S.152; zur näheren Erläuterung des Begriffs des "allgemeinen Lebensrisikos" siehe MÄDRICH S.35 ff.

stellen[474]. Dabei ist es für die Bewertung einer Verhaltensweise als regelmäßiges Vorkommnis nicht notwendig, daß diese Verhaltensweise allgemein im menschlichen Dasein häufig ist. Es genügt vielmehr, "wenn sich der Betreffende von Zeit zu Zeit, also nicht notwendigerweise täglich, entsprechend dem gewöhnlichen Ablauf seiner individuellen Lebensführung in gerade der Form zu betätigen pflegt, die auch im konkreten Streitfall den erlittenen Schaden nach sich gezogen hat"[475]. Legt man dieses Verständnis der in Eigenverantwortung zu übernehmenden Risiken zugrunde, können auch die Sportrisiken diesen Risiken unterfallen. Denn die sportliche Betätigung wird, da die meisten Menschen, wenn sie Sport treiben, dies mit einer gewissen Regelmäßigkeit tun, im Normalfall regelmäßiger Bestandteil der Lebensführung des Geschädigten sein. Diese Aussage wird belegt durch die in dieser Arbeit untersuchten Sporthaftungsfälle. Insbesondere wenn es um die Haftung für Verletzungen bei gefährlichen Sportarten geht, sind es grundsätzlich sportliche Aktivitäten, die von dem Verletzten regelmäßig ausgeführt wurden. Zu erkennen ist dies daran, daß z.B. bei Mannschaftssportarten die Verletzung bei einem offiziellen Verbandsspiel eingetreten war[476].

Es wird allerdings auch Fälle geben, in denen sich die sportliche Betätigung des Geschädigten nicht als regelmäßiger Bestandteil seiner Lebensführung darstellt. Man wird in diesen Fällen kaum sagen können, gerade wegen dieses Umstandes gehöre die sportliche Betätigung nicht zu einem Risiko, das mit dem Leben allgemein verbunden ist. Ansonsten müßte die Entscheidung anders ausfallen, je nach dem ob es sich bei der Sportausübung um eine regelmäßige oder nur gelegentliche Betätigung des Geschädigten handelt.

Eine solche weder sinnvolle noch durchführbare Differenzierung läßt sich vermeiden, wenn der Gedanke des allgemeinen Lebensrisikos bei bestimmten Verhaltensweisen auch dann anwendbar ist, wenn auf den Geschädigten selbst nicht zutrifft, daß das in Rede stehende Verhalten regelmäßiger Be-

---

474 MÄDRICH S.40.

475 MÄDRICH S.40 f.

476 z.B. BGHZ 63,140; BGH VersR 1975,155; VersR 1976,591; VersR 1976,775; OLG Düsseldorf VersR 1992,841; OLG Koblenz VersR 1991,1067; OLG München VersR 1989,598; OLG Hamm VersR 1985,1072; LG Stuttgart VersR 1988,600;

standteil seiner Lebensführung ist. Auf diese Möglichkeit weist vor allem Mädrich hin[477]. Mädrich hat herausgearbeitet, daß es bei bestimmten Verhaltensweisen kaum ausschlaggebend für die Beurteilung als allgemeines Lebensrisiko sein kann, daß das zum Schaden führende Verhalten nicht regelmäßiger Bestandteil seiner Lebensführung war. Es handelt sich bei diesen Verhaltensweisen um allgemein übliche Betätigungen, bei denen für den Geschädigten jederzeit die Möglichkeit bestanden hat, sich so zu verhalten. Daß nun ausgerechnet der Geschädigte diesen Verhaltensweisen nicht nachgeht, kann Zufall oder Mangel an Gelegenheit oder aber darin begründet sein, daß dem Geschädigten einfach die Idee fehlte, solche Aktivitäten zu entwickeln[478]. Abstrakt lassen sich diese bestimmten Verhaltensweisen als solche Arten von Handlungen und Unterlassungen beschreiben, bei denen entweder die Gefährdungsschwelle ganz niedrig angesiedelt ist oder aber der mit der Tätigkeit verbundene Nutzen das gleichzeitig erhöhte Schädigungspotential deutlich übersteigt[479].

Zu der letzteren Gruppe sind die sportlichen Aktivitäten zu zählen. Es ist heute unstreitig, daß der mit der Sportausübung verbundene Nutzen das Verletzungsrisiko bei weitem übersteigt[480]. Das gilt mit einigen Einschränkungen nicht nur für die Sportarten, die ohne Kontakt mit einem Gegner ausgeübt werden. Auch Kampfsportarten wie Fußball, Handball etc. fördern bei einer wirksamen Unfallprophylaxe die Gesundheit und können als sinnvolle Präventivmedizin eingesetzt werden. Darüber hinaus haben gefährliche Sportarten als Sportarten, die zumeist im Mannschaftsgefüge ausgeübt werden, wichtige pädagogische und soziale Funktionen, so daß auch die Ausübung dieser Sportarten überwiegend als nützlich anzusehen ist[481]. Dementsprechend gehört insgesamt der Sportbereich zu den Verhaltensweisen, die auch dann dem Be-

---

[477] MÄDRICH S.43 ff.

[478] MÄDRICH S.43.

[479] MÄDRICH S.43.

[480] Mit der Nützlichkeit des Sports, im besonderen des Fußballsports, beschäftigt sich eingehend KRÄHE S.192, auf dessen Ausführungen hier ausdrücklich Bezug genommen wird.

[481] KRÄHE S.192 ff. m.w.N.

reich der allgemeinen Lebensrisiken zugerechnet werden können, wenn der Geschädigte gerade nicht zu den Menschen gehört, die regelmäßig Sport treiben.

Kann man demnach davon ausgehen, daß es sich bei den Sportrisiken vom Grundsatz her um Risiken handeln kann, die in die Eigenverantwortung des Sportlers fallen und aus diesem Grund nicht zugerechnet werden können[482], so muß man in einem nächsten Schritt fragen, worin nun konkret die Risiken liegen, die über die Zurechnung der Rechtsgutverletzung auszuscheiden sind. Bei der Feststellung des Rahmens der Sportrisiken, bei denen eine Rechtsgutverletzung nicht zurechenbar ist, muß man sich zunächst darüber im klaren sein, daß es nicht gerechtfertigt ist, alle mit einem gefährlichen Sport verbundenen Risiken auszuscheiden. Ähnlich wie bei dem Rechtsbegriff des "allgemeinen Lebensrisikos" kann es auch bei den Sportrisiken nur darum gehen, die Verwirklichung der Risiken nicht zuzurechnen, die mit der Sportausübung ohnehin, d.h. üblicherweise, verbunden sind[483]. Es geht also auch bei den Sportrisiken nur um die Risiken, die sich ganz allgemein aus der Sportausübung ergeben und die man dann analog zu dem Begriff des "allgemeinen Lebensrisikos" als "allgemeines Sportrisiko"[484] bezeichnet kann.

Bei der Festlegung des Rahmens für das "allgemeine Sportrisiko" helfen die grundsätzlichen Aussagen der herrschenden Meinung in Rechtsprechung[485] und Literatur[486] zur Haftung für Verletzungen, die anläßlich der Ausübung einer gefährlichen Sportart geschehen sind. Danach ist der Sportler von

---

482 So auch ZIMMERMANN VersR 1980,497 (501).

483 MÄDRICH S.37.

484 Der Begriff des "allgemeinen Sportrisikos" stammt von ZIMMERMANN VersR 1980,497 (500).

485 BGH VersR 1976,591; VersR 1976,775; OLG Koblenz VersR 1991,1067; OLG Hamm VersR 1985,296; LG Stuttgart VersR 1988,600; OLG München VersR 1986,247.

486 LANGE § 10 XV 4.; Herrmann Jura 1985,568 (569); PALANDT/THOMAS § 823 Rz.122; STAUDINGER/SCHÄFER Vorbem. zu § 823 ff. Rz.77; FRIEDRICH NJW 1966,755 (757); DEUTSCH VersR 1974,1045 (1050); MEINERS S.159 ff.; FRITZWEILER S.137 ff.; GRUNSKY JZ 1975,109, (111); a.A. FÜLLGRAF VersR 1983,705 (711); HELLGARDT S.70; Bedenken haben auch TEICHMANN JA 1979,293 (296) und RGRK/STEFFEN § 823 Rz.358.

der Haftung freigestellt, wenn er entweder keine Regel verletzt oder zwar gegen eine Regel verstoßen hat, dieser Verstoß aber geringfügig und auf Übereifer, Erregung oder mangelnde Beherrschung der Technik zurückzuführen war[487]. Diese nach meiner Ansicht zutreffende Abgrenzung kann bei der Festlegung des "allgemeinen Sportrisikos" herangezogen werden, weil sie Ausfluß der Wertungen ist, die auch für die Bestimmung des "allgemeinen Sportrisikos" maßgebend sind.

Der tragende Grund für die Haftungsfreistellung bei Verletzungen, die trotz regelgerechten Verhaltens eingetreten sind, besteht darin, daß Verletzungen auch dann auftreten, wenn die Spielregeln von allen Beteiligten eingehalten wurden[488]. Die Einhaltung der Spielregeln bietet bei gefährlichen Sportarten keinen absoluten Schutz vor schweren Verletzungen[489]. Kampfspiele sind unvermeidlich mit gewissen körperlichen Verletzungen der Spieler untereinander verbunden, ohne daß eine Regelverletzung zugrunde liegen muß[490]. Die Unvermeidlichkeit und Häufigkeit der Verletzungen auch bei regelgerechtem Spiel lassen den Schluß zu, daß Verletzungen in diesem Fall üblich sind und es sich mithin um ein Risiko handelt, das ohnehin mit der Sportausübung verbunden ist.

Das gleiche gilt auch für die Verletzungen, die bei einem geringfügigen Verstoß gegen die Spielregeln eingetreten sind. Ein Fußball-, Handball-, Basketball- oder Eishockeyspiel ist ohne Verstöße gegen die Spielregeln kaum möglich. Oft genug kommt es bei Kampfspielen zu kleineren Regelverstößen, die auf Spieleifer, Unerfahrenheit, Mangel an Körperbeherrschung oder Übermüdung zurückzuführen sind. Die Schnelligkeit der Kampfspiele führt dazu, daß die Spieler in Sekundenbruchteilen über ihre Aktionen entscheiden müssen. Da in einer solchen Situation von den Spielern keine absolute Besonnenheit erwartet werden kann, sind Regelverletzun-

---

[487] Näher dazu oben S.57 f.

[488] BGHZ 63,140 (143); BGH VersR 1975,155 (156); LANGE § 10 XV 2.; STAUDINGER/SCHÄFER Vorbem. zu § 823 ff. Rz.77.; RGRK/STEFFEN § 823 Rz.356; FRITZWEILER S.83; MEINERS S.37; GRUNSKY JZ 1975,109 (110).

[489] LANGE § 10 XV 2.

[490] STAUDINGER/SCHÄFER Vorbem. zu § 823 ff. Rz.77; vgl. auch BGHZ 63,140, (143).

gen unvermeidlich. Es kann dem fairsten Spieler passieren, daß er die Situation falsch einschätzt und ihm ein leichter Regelverstoß unterläuft. Für Kampfspiele ist daher charakteristisch, daß gewisse Kampfhandlungen, obwohl sie schon als regelwidrige Spielweise zu werten sind, auch von einem sorgfältigen Spieler nicht vermieden werden können[491]. Mertens und Zimmermann weisen sogar darauf hin, daß solche Regelverletzungen aus dem Spiel gar nicht hinweggedacht werden können, ohne daß der Charakter als Kampfspiel entfiele[492]. Weiter heißt es bei Zimmermann: "Will man den Kampfsport nicht seines spezifischen Reizes entkleiden, so muß als legitim angesehen werden, wenn jeder Spieler die ihm eröffneten gefährdungsgeneigten Spiel- und Freiräume voll ausschöpft. Die Sportausübung ist dann aber nicht nur mit einer gewissen Wahrscheinlichkeit, sondern notwendig mit Überschreitungen dieser Grenzen, d.h. Regelverstößen verbunden"[493].

Für die Bestimmung des "allgemeinen Sportrisikos" bedeutet die Notwendigkeit der geringfügigen Regelüberschreitungen, daß die aufgrund dieser Regelüberschreitungen eingetretenen Verletzungen zu den mit der Sportausübung üblicherweise verbundenen Risiken gehören. Insoweit erscheint dann auch eine durch einen leichten Regelverstoß herbeigeführte Verletzung als Verwirklichung des "allgemeinen Sportrisikos", das dann über die Lehre vom Schutzzweck der Norm ausgeklammert wird.

Somit können auch die Haftungsfreistellungen, die Rechtsprechung und Schrifttum bei Sportverletzungen anerkennen, über das Kriterium des Schutzzwecks der Norm herbeigeführt werden.

---

[491] BGH VersR 1976,591; 1976,775; OLG Koblenz VersR 1991, 1067; MÜNCHENER KOMMENTAR/MERTENS § 823 Rz.341; MEINERS S.160; ZIMMERMANN VersR 1980,497 (500); PETEV VersR 1976,320 (323); PALANDT/THOMAS § 823 Rz.122; LANGE § 10 XV 4.

[492] MÜNCHENER KOMMENTAR/MERTENS § 823 Rz.341; ZIMMERMANN VersR 1980,497 (500).

[493] ZIMMERMANN VersR 1980,497 (500).

V. Ergebnis

Der Haftungsausschluß durch bewußte Selbstgefährdung ist dogmatisch dem Kriterium des Schutzzwecks der Norm zuzuordnen. Dieses Haftungsbegrenzungselement trägt dem Gedanken der bewußten Selbstgefährdung am ehesten Rechnung. Bewußte Selbstgefährdung und Schutzzweck der Norm passen zum einen dogmatisch zueinander. Zum anderen bewährt sich das Kriterium des Schutzzwecks der Norm auch in der praktischen Anwendung auf die Fälle der bewußten Selbstgefährdung.

Allerdings muß trotz der problemlosen Einfügung der bewußten Selbstgefährdung in die Lehre vom Schutzzweck der Norm bedacht werden, daß diese Einordnung dem Vorwurf ausgesetzt sein wird, es werde der Lehre vom Schutzzweck der Norm eine weitere Facette hinzugefügt. Der Schutzzweck der Norm ist aber das einzige Haftungsbegrenzungselement, das von seinem Anwendungsbereich her alle Fälle eines Haftungsausschlusses durch bewußte Selbstgefährdung erfassen kann. Alle anderen Rechtsinstitute, bei denen eine Zuordnung möglich erscheint, sind entweder dogmatisch nicht mit der bewußten Selbstgefährdung zu verbinden oder sie haben einen zu beschränkten Anwendungsbereich, als daß sie alle Fälle des Haftungsausschlusses durch bewußte Selbstgefährdung abdecken könnten. Es ist daher mangels einer echten Alternative gerechtfertigt, sich auch bei dem Haftungsausschluß durch bewußte Selbstgefährdung auf die Haftungsbegrenzung über den Schutzzweck der Norm zu berufen. Der Haftungsausschluß durch bewußte Selbstgefährdung ist somit ein Unterfall des Kriteriums des Schutzzwecks der Norm.

Stichwortverzeichnis

Rechtswissenschaftliche Forschung und Entwicklung

Michael Weigl
Verfassungsrechtliche Aspekte eines Wahlrechts für Ausländer in der Bundesrepublik Deutschland
unter besonderer Berücksichtigung des Kommunalwahlrechts
1992, Bd. 350, 165 S., Mdr., DM 33,80, ISBN 3-88259-929-4

Claudia Schneider
Rechtsprobleme bei familienrechtlichen Unterhaltszahlungen in Wirtschaftsgebiete mit niedrigem Lebensstandard
1992, Bd. 351, 205 S., Mdr., DM 34,80, ISBN 3-88259-930-8

Claudia Rid
Leistungsschutzrechte ausübender Künstler im französischen Recht
unter Berücksichtigung des Rom-Abkommens
1992, Bd. 352, 346 S., Mdr., DM 54,80, ISBN 3-88259-932-4

Wolfgang Kleeberger
Die Stellung der Rechte der Europäischen Menschenrechtskonvention in der Rechtsordnung der Bundesrepublik Deutschland
Versuch einer Neubestimmung
1992, Bd. 353, 196 S., Mdr., DM 32,80, ISBN 3-88259-933-2

Norbert Kollmer
Selbstbestimmun g im Betreuungsrecht
1992, Bd. 354, 284 S., Mdr., DM 43,80, ISBN 3-88259-934-0

Aurelia Paulduro
Die Verfassungsgemäßheit von Strafrechtsnormen, insbesondere der Normen des Strafgesetzbuches, im Lichte der Rechtsprechung des Bundesverfassungsgerichts
1992, Bd. 356, 540 S., Mdr., DM 89,80, ISBN 3-88259-936-7

Kai Endlich
Recht und Praxis der politischen Parteien in der Bundesrepublik Deutschland
Eine empirische Betrachtung der Organisation und des Auftretens der Parteien im Privatrechtsverkehr
1992, Bd. 357, 237 S., Mdr., DM 35,80, ISBN 3-88259-937-5

Jörg-Dieter Oberrath
Die Probleme des § 357 StPO
1992, Bd. 358, 215 S., Mdr., DM 39,80, ISBN 3-88259-939-1

Dieter Hahn
Die feindliche Übernahme von Aktiengesellschaften
Eine juristisch-ökonomische Analyse
1992, Bd. 359, 270 S., Mdr., DM 43,80, ISBN 3-88259-940-5

Stefan Behrens
Umsatzsteuerbarkeit von Zuwendungen zwischen Gesellschaft und Gesellschafter
1992, Bd. 360, 340 S., Mdr., DM 67,80, ISBN 3-88259-941-3

Almut Pflüger
Die Prozeßflut bei deutschen Zivilgerichten
Eine empirische Untersuchung der erstinstanzlichen Geschäftsbelastung in der Zeit von 1921 bis 1934 am Beispiel des AG und LG Bamberg
1992, Bd. 361, 263 S., Mdr., DM 43,80, ISBN 3-88259-947-2

Markus Kaum
Der Beistand im Strafprozeßrecht
1992, Bd. 362, 240 S., Mdr., DM 49,80, ISBN 3-88259-948-0

Martin Hartl
Das Schiedsgutachten im italienischen Recht
1993, Bd. 363, 216 S., Mdr., DM 39,80, ISBN 3-88259-950-2

Petra Kirmer
Altlasten und Baurecht - eine Herausforderung für die Kommunen
1992, Bd. 364, 293 S., Mdr., DM 49,80, ISBN 3-88259-892-1

Gerhard Benedikt Sinz
Die staatliche Wirtschaftsförderung im Gebiet der neuen Bundesländer
Rechtsgrundlagen und Praxis unter besonderer Berücksichtigung des EG-Beihilfenrechts
1993, Bd. 367, 367 S., Mdr., DM 65,80, ISBN 3-88259-962-6

Gerhard Brandmüller
Grundschulddarlehen
Die Gestaltung der Darlehensverträge im Hypothekarkredit unter Berücksichtigung der Anforderungen des Verbraucherkreditgesetzes
1993, Bd. 368, 344 S., Mdr., DM 67,80, ISBN 3-88259-963-4

Wolfgang Mörlein
Der Schutz des Vertrauensverhältnisses zwischen Verteidiger und Beschuldigtem im Rahmen des § 100a STPo
1993, Bd. 369, 312 S., Mdr., DM 62,80, ISBN 3-89481-012-2

Werner Franke
Die Berechtigung der Zusammenschlußkontrolle bei Oligopolsachverhalten und der Durchführung dieser Kontrolle in der Praxis
1992, Bd. 370, 310 S., Mdr., DM 62,80, ISBN 3-88259-965-0

Christian Donle
Die Bedeutung des § 31 Abs.5 UrhG für das Urhebervertragsrecht
1993, Bd. 371, 343 S., Mdr., DM 67,80, ISBN 3-88259-966-9

Christian Dierks
Schweigepflicht und Datenschutz in Gesundheitswesen und medizinischer Forschung
1993, Bd. 372, 110 S., Mdr., DM 32,80, ISBN 3-88259-967-7

Jens Eric Gotthardt
Die Ehegattenbesteuerung
Ein Reformvorschlag unter Berücksichtigung der Erfahrunggen im Vereinigten Königreich von Großbritannien und Nordirland
1992, Bd. 373. 182 S., Mdr. DM 39,80, ISBN 3-88259-968-5

Peter Arnhold
Auslegungshilfen zur Bestimmung einer Geschäftslagetäuschung im Rahmen der §§ 331 Nr. 1 HGB, 400 Abs. 1 Nr. 1 AktG, 82 Abs. 2 Nr. 2 GmbHG
1993, Bd. 374, 186 S., Mdr., DM 39,80, ISBN 3-88259-969-3

Gesa Lutz
Verbraucherüberschuldung
Vergleich und Bewertung der Lösungsvorschläge im deutschen und französischen Recht
1992, Bd. 375, 333 S., Mdr., DM 55,80, ISBN 3-88259-971-5

Christian Pelz
Beweisverwertungsverbote und hypothetische Ermittlungsverläufe
1993, Bd. 376, 231 S., Mdr., DM 46,80, ISBN 3-88259-972-3

Angelika Rupertseder
Der Einsatz einer Expertensystemshell im Gesetzgebungsverfahren
dargestellt am Beispiel des ProdHaftg
1993, Bd. 377, 333 S., Mdr., DM 48,80, ISBN 3-88259-976-6

Nicolas Harbers
Zivilrechtliche Probleme beim Management Buy-Out
1992, Bd. 378, 260 S., Mdr., DM 43,80, ISBN 3-88259-980-4

Armin Schwerdtfeger
Vertrauensschutz und Plangewährleistung im Subventionsrecht
1993, Bd. 379, 234 S., Mdr., DM 45,80, ISBN 3-88259-981-2

Ralph Westerhoff
Organ und (gesetzlicher) Vertreter
Eine vergleichende Darstellung anhand der Wissens-, Besitz- und Haftungszurechnung
1993, Bd. 380, 206 S., Mdr., DM 39,80, ISBN 3-88259-982-0

Franz Rieger
Der Bau von Hochspannungsfreileitungen im Planungsrecht
1993, Bd. 381, 232 S., Mdr., DM 44,80, ISBN 3-88259-984-7

Marina Wellenhofer-Klein
Vierzehn Jahre negative Härteklausel § 1579 BGB
Eine kritische Bestandsaufnahme
1993, Bd. 382, 308 S., Mdr., DM 52,80, ISBN 3-88259-986-3

Karsten Müller-Eising
Die verdeckte Sacheinlage
Tatbestand und Rechtsfolgen unter besonderer Berücksichtigung von Drittbeteiligungsfällen
1993, Bd. 383, 334 S., Mdr., DM 67,80, ISBN 3-88259-987-1

Tomas A. van Dorp
Die Erfassung von Beeinträchtigungen des Wettbewerbes als unlauterer Wettbewerb nach §1 UWG
1993, Bd. 384, 183 S., Mdr., DM 39,80, ISBN 3-88259-990-1

Thomas Schulz
Das Rechtsmittel des Appeal zu den US Federal Courts of Appeals
Vergleichende Überlegungen zur Reform des deutschen Berufungsverfahres in Zivilsachen
1993, Bd. 385, 256 S., Mdr., DM 39,80, ISBN 3-88259-993-6

Stefan Auer
Inhalt, Reichweite und Grenzen der Verweisung in § 173 Verwaltungsgerichtsordnung
1993, Bd. 386, 250 S., Mdr., DM 45,80, ISBN 3-88259-994-4

Rainer Wiegelmann
Verhaltenspflichten der Kreditinstitute im Kreditgeschäft mit Kunden in der Kriese
Fragen der Kreditbelassungs- und -versorgungspflicht gegenüber sanierungsfähigen und -würdigen Kreditnehmern
1993, Bd. 387, 265 S., Mdr., DM 49,80, ISBN 3-88259-995-2

Brigitte Kössinger
Rechtskraftprobleme im deutsch- französichen Rechtsverkehr
1993, Bd. 388, 220 S., Mdr., DM 43,80, ISBN 3-88259-999-5

Gerhard Pfauser
Der Auskunfts- und Wertmittlungsanspruch des Pflichtteilsberechtigten aus § 2314 BGB hinsichtlich des fiktiven Nachlasses
1993, Bd. 389, 236 S., Mdr., DM 46,80, ISBN 3-89481-000-9

Dirk v. Detten
Der Schutz der Familie und das Arbeitsrecht
1993, Bd. 390, 200 S., Mdr., DM 39,80, ISBN 3-89481-0001-7

Helmut Tilp
Beamtenechtliche Auswirkungen der Regierungssitzverlegung
1993, Bd. 391, 240 S., Mdr., DM 47,80, ISBN 3-89481-002-5

Li-Jiuan Chen
Das Recht der Handelsbeziehungen zwischen der Europäischen Wirtschaftsgemeinschaft, der Republik China (Taiwan) und der Volksrepublik China nach Vollendung des Europäischen Binnenmarktes
1993, Bd. 392, 296 S., Mdr., DM 48,80, ISBN 3-89481-006-8

Florian Kästle
Die Haftung für toxische Massenschäden im US-amerikanischen Produkt- und Umwelthaftungsrecht
1993, Bd. 393, 435 S., Mdr., DM 74,80, ISBN 3-89481-008-4

Günther Bredow
Das spanische Markenrecht
Eine Darstellung unter Berücksichtigung der europäischen Markenrechtsharmonisierung
1993, Bd. 394, 284 S., Mdr., DM 48,80, ISBN 3-89481-009-2

Anton M. Ostler
Einkaufskooperationen des Handels im Deutschen Kartellrecht
1994, Bd. 396, 330 S., Mdr., DM 69,80, ISBN 3-88259-964-2

Hanspeter Zweng
Die wettbewerbsrechtliche Beurteilung der Werbung mit Gewinnspielen in Deutschland, Österreich, Schweiz, Frankreich und dem Vereinigten Königreich von Großbritannien und Nordirland
1993, Bd. 397, 340 S., Mdr., DM 66,80, ISBN 3-89481-014-9

Wolfgang Peitek
Pflichten und Haftung des Treuhänders bei Immobilienkapitalanlagen unter besonderer Berücksichtigung von Bauherren- und Erwerbermodell
1993, Bd. 398, 278 Sl., Mdr., DM 46,80, ISBN 3-89481-016-5

Volker Strauch
Die Befriedigungsfiktionen im Zwangsversteigerungsgesetz
1993, Bd. 399, 243 S., Mdr., DM 47,80, ISBN 3-89481-017-3

Bernd Schendzielorz
Umfang und Grenezen der straffreien Beleidigungssphäre
Eine psychologische, soziologische, verfassungsrechtliche und strafrechtsdogmatische Untersuchung zum Verhältnis von Privatsphären- und Ehrenschutz
1993, Bd. 400, 345 S., Mdr., DM 58,80, ISBN 3-89481-018-1

Tzu-Chiang Chen
Die indirekte Bankgarantie im Außenwirtschaftsverkehr
1993, Bd. 401, 220 S., Mdr., DM 42,80, ISBN 3-89481-019-X

Andreas Grimm
Das neue Verbraucherkreditgesetz
Eine verbraucherpolitischer Beitrag zur Umsetzung der EG-Richtlinie in nationales Recht
1993, Bd. 402, 552 S., Mdr., DM 87,80, ISBN 3-89381-020-3

Andrea Muthig
Die Haftung des Herstellers für Produktfehler - ein Beispiel deutsch-französicher Rechtsangleichung im Rahmen der Richtlinien des Rates der Europäischen Gemeinschaften vom 25.07.1985 (85/374/EWG)
1993, Bd. 403, 332 S., Mdr., DM 66,80, ISBN 3-89481-021-1

Klaus-Michael Dengler
Wirtschaftswerbung als Finanzierungsinstrument des privaten Rundfunks
1993, Bd. 404, 482 S., Mdr., DM 83,80, ISBN 3-89481-022-X

Michael Schöber
Die Multilateral Investment Guarantee Agency (MIGA) der Weltbank – Auswirkungen des internationalen Vertrages
1994, Bd. 405, 277 S., Mdr., DM 59,80, ISBN 3-89481-023-8

Tobias Bürgers
Rechtskrafterstreckung und materielle Abhängigkeit
1993, Bd. 406, 206 S., Mdr., DM 39,80, ISBM 3-89481-024-6

Herbert Wiehe
Zustellungen, Zustellungsmängel und Urteilsanerkennung am Beispiel fiktiver Inlandszustellungen in Deutschland, Frankreich und den USA
1993, Bd. 407, 285 S., Mdr., DM 62,80, ISBM 3-89481-025-4

Stefan Pitzke
Betriesveräußerung und Betriebsaufgabe
Zur Tatbestandseite des § 16 EStG
1992, Bd. 409, 266 S., Mdr., DM 53,80, ISBM 3-89481-027-0

Josef Langenecker
UN-Einheitskaufrecht und Immaterialgüterrechte
Die Rechtsmängelhaftung bei internationalen Kaufverträgen nach dem UN-Kaufrechtsübereinkommen unter besonderer Berücksichtigung von Immaterialgüterrechten
1993, Bd. 410, 345 S., Mdr., DM 67,80, ISBM 3-89481-030-0

Gero von Meinen
Die Heranziehung zum Schöffenamt
Gerichtsverfassungs- und revisionsrechtliche Probleme
1992, Bd. 411, 241 S., Mdr., DM 43,80, ISBM 3-89481-031-9

Franz Gürtler
Verurteilung zur Herausgabe bei verschuldeter nachträglicher Unmöglichkeit im Rahmen der rei vindicatio
1994, Bd. 413, 170 S., Mdr., DM 37,80, ISBM 3-89481-035-1

Nicole Alexander
Die Produkthaftung im italienischen Recht
eine rechtsvergleichende Darstellung
1993, Bd. 414, 336 S., Mdr., DM 66,80, ISBM 3-89481-039-4

Torsten Lund
Mehraktige Delikte
1993, Bd. 415, 346 S., Mdr., DM 79,80, ISBM 3-89481-040-8

Dieter Nirschl
Kosten der Polizei- und Sicherheitsbehörden in der Systematik des deutschen Abgabenrechts
unter besonderer Berücksichtigung der „Fluggastsicherheitsgebühr"
1993, Bd. 416, 244 S., Mdr., DM 49,80, ISBN 3-89481-041-6

VVF

Susanne Perker
Das Reorganisationsverfahren im englischen Insolvenzrecht
im Vergleich zur geplanten deutschen Insolvenzordnung
1994, Bd. 417, 262 S., Mdr., DM 56,80, ISBN 3-89481-042-0

Florian Braunfels
Die Haftung für Fehler und zugesicherte Eigenschaften bei Kunstauktionen
Ein Beitrag zur Rechtsstellung des Ersteigerers beim Erwerb unechter Kunstgegenstände
1994, Bd. 418, 214 S., Mdr., DM 45,80, ISBN 3-89481-044-0

Kwang-Jun Tsche
Finanzierungsleasing im deutschen, koreanischen und japanischen Recht
Eine rechtsvergleichende Untersuchung unter Berücksichtigung des US-amerikanischen und des internationalen Privat- und Einheitsrecht
1993, Bd. 419, 433 S., Mdr., DM 85,80, ISBN 3-89481-045-9

Peter Eimer
Gefälligkeitsfahrt und Schadensersatz nach deutschem, französischen und englischem Recht
1994, Bd. 420, 217 S., Mdr., DM 45,80, ISBN 3-89481-048-3

Doris Emma Thums
Durchsetzung des patentrechtlichen Schutzes für die zweite medizinische Indikation unter Berücksichtigung des EWG-Vertrages
1994, Bd. 421, 236 S., Mdr., DM 39,80, ISBN 3-89481-051-3

Balthasar v. Campenhausen
Das Transparenzgebot als Pflicht zur Aufklärung vor Vertragschluß
1994, Bd. 422, 64 S., Mdr., DM 22,80, ISBN 3-89481-052-1

Thomas Trautwein
Bestellung ung Ablehnung von Bundesverfassungsrichtern
1994, Bd. 423, 258 S., Mdr., DM 51,80, ISBN 3-89481-054-8

Matthias Kast
Die Zuweisung der Ehewohnung und die Verteilung des Hausrats bei Trennung und Scheidung der Eheleute
Eine rechtsvergleichende Studie unter Einbeziehung des Rechts der ehemaligen DDR und des englischen Rechts
1994, Bd. 424, 394 S., Mdr., DM 75,80, ISBN 3-89481-057-2

Torsten Oetting
Der Schiedsrichtervertrag nach dem UNCITRAL-Modellgesetz
1994, Bd. 425, 204 S., Mdr., DM 45,80, ISBN 3-89481-058-0

Dorothee Altenburg
Die neuere Entwicklung des Urheberpersönlichkeitsrechts in Deutschland und Frankreich
1994, Bd. 426, 236 S., Mdr., DM 46,80, ISBN 3-89481-059-9

Peter Christian Fischer
Staatszielbestimmungen in den Verfassungen und Verfassungsentwürfen der neuen Bundesländer
1994, Bd. 427, 238 S., Mdr., DM 45,80, ISBN 3-89481-060-2

Uwe Andreas Henkenborg
Der Schutz von Spielen –
Stiefkinder des gewerblichen Rechtsschutzes und Urheberrechts
1994, Bd. 428, 305 S., Mdr., DM 59,80, ISBN 3-89481-061-0

Hans Neft
Rundfunkwerbung und Rundfunkfreiheit
inhaltliche Bindungen der Rundfunkwerbung durch Anforderungen des Art. 5 I 2 Grundgesetz
1994, Bd. 429, 192 S., Mdr., DM 42,80, ISBN 3-89481-062-9

Paul Nikolai Ehlers
Die Praxis der Sterilisierungsprozesse in den Jahren 1934 - 1945 im Regierungsbezirk Düsseldorf unter besonderer Berücksichtigung der Erbgesundheitsgerichte Duisburg und Wuppertal
1994, Bd. 430, 368 S., Mdr., DM 73,80, ISBN 3-89481-066-1

Thomas Schulte-Beckhausen
Das Verhältnis des § 1 UWG zu den gewerblichen Schutzrechten und zum Urheberrecht
1994, Bd. 431, 296 S., Mdr., DM 58,80, ISBN 3-89481-068-8

Manuela Frischen
Unlauterer Wettbewerb und Verbraucherschutz in Australien
- eine Untersuchung der Generalklausel gegen irreführendes und täuschendes Verhalten in Sec. 52 Trade Practices Act 1994 -
1994, Bd. 432, 310 S., Mdr., DM 65,80, ISBN 3-89481-069-6

Hwai-Tzong Lee
Chancengleichheit der politischen Parteien
eine sich aus der „Natur der Sache" ergebende Betrachtung
1994, Bd. 433, 264 S., Mdr., DM 56,80, ISBN 3-89481-071-8

Claus Rabe
Die Wahrunterstellung im Strafprozeß
- eine empirische Untersuchung -
1994, Bd. 434, 280 S., Mdr., DM 56,80, ISBN 3-89481-072-6

Ulrich Muth
Die Diskussion über eine Reform des strafrechtlichen Abtreibungsverbots in der Bundesrepublik Deutschland bis zum 15. Strafrechtsänderungsgesetz vom 18.05.1976
1994, Bd. 435, 222 S., Mdr., DM 47,80, ISBN 3-89481-073-4

Christoph Blanke
Das Recht zur Ausschliessung aus der Personengesellschaft ohne Angabe von Gründen
1994, Bd. 436, 277 S., Mdr., DM 49,80, ISBN 3-89481-074-2

Jürgen Grimm
Die Problematik der Urkundenqualität von Fotokopien
1994, Bd. 438, 162 S., Mdr., DM 37,80, ISBN 3-89481-079-3

Michael Pehlke
Die Souveränität der Bundesrepublik Deutschland im westlichen Bündnis
Historische und aktuelle Aspekte
1994, Bd. 439, 234 S., Mdr., DM 42,80, ISBN 3-89481-081-5

Beate Treibmann
Die Vollstreckung von Handlungen und Unterlassungen im europäischen Zivilrechtsverkehr
1994, Bd. 440, 229 S., Mdr., DM 43,80, ISBN 3-89481-055-8

Lorenz Barth
Öffentliche Interessen, insbesondere kartellrechtliche Interessen, als Grenze der Anerkennung fehlerhafter Gesellschaften
1994, Bd. 441, 168 S., Mdr., DM 37,80, ISBN 3-89481-086-6

Werner Dürbeck
Der Einwendungsdurchgriff nach § 9 Absatz 3 Verbraucherkreditgesetz
1994, Bd. 442, 184 S., Mdr., DM 39,80, ISBN 3-89481-087-4

Birgit Friedl
Consideration und Promissory Estoppel bei Vertragsänderungen im englischen Recht
1994, Bd. 443, 180 S., Mdr., DM 38,80, ISBN 3-89481-090-4

Bernhard von Becker
Methodologische Probleme des qualifizierten faktischen GmbH-Konzerns
1994, Bd. 444, 170 S., Mdr., DM 37,80, ISBN 3-89481-091-2

Peter Lang
Der Verlust von Verfahrensrügen beim Angeklagten durch Rückgriff auf den Verwirkungsgedanken
1994, Bd. 445, 188 S., Mdr., DM 41,80, ISBN 3-89481-092-0

Regina Hock
Verfassungsrechtliche Aspekte des Empfanges ausländischer Satellitenprogramme
1994, Bd. 446, 142 S., Mdr., DM 35,80, ISBN 3-89481-093-9

Thomas Fox
Das Wiener Kaufrechtsübereinkommen
Ein Vergleich zum italienischen und deutschen Recht
1994, Bd. 447, 348 S., Mdr., DM 69,80, ISBN 3-89481-089-8

Michael Henninger
Die Frage der Beweislast im Rahmen des UN – Kaufrechts
zugleich eine rechtsvergleichende Grundlagenstudie zur Beweislast
1995, Bd. 448, 283 S., Mdr., DM 59,80, ISBN 3-89481-100-5

VVF

Klaus-Dieter Rose
Grundlagen und Grenzen der steuerlichen Berücksichtigung von Mehraufwendungen wegen einer doppelten Haushaltsführung nach § 9 Abs. 1 Satz 3 Nr. 5 EStG
1994, Bd. 449, 180 S., Mdr., DM 39,80, ISBN 3-89481-101-3

Sabine Roeckl-Schmidt
"Marriage Breakdown"
- Die Familienrechtsreform 1989 in der Republik Irland
1994, Bd. 451, 264 S., Mdr., DM 56,80, ISBN 3-89481-104-8

Klemens Probst
Regionale Selbstverwaltung
Die bayerischen Bezirke als Modell für ein bürgernahes Europa
1994, Bd. 452, 250 S., Mdr., DM 54,80, ISBN 3-89481-107-2

Heinz Bohlen
Haftungsausschluß durch bewußte Selbstgefährdung
1995, Bd. 454, 234 S., Mdr., DM 49,80, ISBN 3-89481-110-2

Christian Oliver Dressel
Die gemeinschaftsrechtliche Harmonisierung des europäischen Datenschutzrechts
1995, Bd. 455, 337 S., Mdr., DM 58,80, ISBN 3-89481-111-0

Johann Pitz
Das Verhältnis von Einspruchs- und Nichtigkeitsverfahren nach deutschem und europäischem Patentrecht
1994, Bd. 456, 260 S., Mdr., DM 54,80, ISBN 3-89481-114-5

Peter Schubert
Die Abschreibungsberechtigung im Einkommensteuerrecht
1995, Bd. 457, 270 S., Mdr., DM 58,80, ISBN 3-89481-116-1

Béatrice du Mênil
Die Resozialisierungsidee im Strafvollzug
Bestandsaufnahme und Reformanregungen hinsichtlich der Ausgestaltung der Vollzugsgrundsätze des § 3 StVollzG
1995, Bd. 458, 284 S., Mdr., DM 52,80, ISBN 3-89481-118-8

Kerstin Schumacher
Haftung für Mikroorganismen in Deutschland und den Vereinigten Staaten von Amerika
1994, Bd. 459, 304 S., Mdr., DM 54,80, ISBN 3-89481-121-8

Martin Riedel
Das Vorhaben der kodifikatorischen Vereinheitlichung des Umweltrechts
1995, Bd. 460, 178 S., Mdr., DM 48,80, ISBN 3-89481-123-4

Thorsten S. Richter
Rückforderung staatlicher Beihilfen nach §§ 48, 49 VwVfG bei Verstoß gegen Art. 92ff. EGV
1995, Bd. 461, 238 S., Mdr., DM 54,80, ISBN 3-89481-124-2

Zhi Wei
Der Urheberrechtsschutz in China
mit Hinweisen auf das deutsche Recht
1995, Bd. 462, 220 S., Mdr., DM 46,80, ISBN 3-89481-127-7

Angelika Markwardt
Vergleichende Untersuchung der Rechtsprechung des BGH und der Berufsgerichte zur Strafbarkeit und Ahndung des ärzlichen Behandlungsfehlers
1995, Bd. 463, 238 S., Mdr., DM 48,80, ISBN 3-89481-128-5

Judith Taic
Die "Super Royalty" und das U.S.-Richtlinienpaket von 1993
1995, Bd. 465, 347 S., Mdr., DM 76,80, ISBN 3-89481-132-3

Georg Haibach
Gemeinschaftsrecht und vorläufiger Rechtsschutz durch mitgliedstaatliche Gerichte
Die Pflicht der Mitgliedstaaten, die Verfolgung von im Gemeinschaftsrecht begründeten Rechten und die Sicherung von im Gemeinschaftsrecht begründeten Pflichten durch ihre Gerichte zu gewährleisten, dargestellt an Problemen des vorläufigen Rechtsschutzes
1995, Bd. 467, 237 S., Mdr., DM 47,80, ISBN 3-89481-137-4

Steffen Jaeniche
Die Dritteinflußnahme bei Personengesellschaften
1995, Bd. 468, 272 S., Mdr., DM 57,80, ISBN 3-89481-138-2

Andreas Ocker
Das unerlaubte Betreiben von genehmigungsbedürftigen Anlagen oder sonstigen Anlagen im Sinne des Bundes-Immissionsschutzgesetzes, deren Betrieb zum Schutz vor Gefahren untersagt worden ist (§ 327 Abs. 2 Nr. 1 StGB)
1995, Bd. 469, 271 S., Mdr., DM 59,80, ISBN 3-89481-139-0

Thomas Peter Schmid
Urheberrechtliche Probleme moderner Kunst und Computerkunst in rechtsvergleichender Darstellung
1995, Bd. 471, 170 S., Mdr., DM 38,80, ISBN 3-89481-142-0

Carolin Bauer
Das Teamprinzip in der öffentlichen Verwaltung
Analytische Darstellung und empirische Untersuchung
1995, Bd. 473, 285 S., Mdr., DM 59,80, ISBN 3-89481-144-7

Ming-Huei Chen
Zum Schutz der Repräsentanten der Arbeitnehmer im Recht der Betriebsverfassung und der Unternehmensmitbestimmung
1995, Bd. 475, 148 S., Mdr., DM 35,80, ISBN 3-89481-146-3

Dorothee Brümmer
Modellfragen der neuen Rundfunkrechtsentwicklung:
Eine Darstellung und verfassungsrechtliche Würdigung des Bayerischen Mediengesetzes
1995, Bd. 476, 194 S., Mdr., DM 47,80, ISBN 3-89481-149-8

Stefan Görk
Deutsche Einheit und Wegfall der Geschäftsgrundlage:
Vertragsstörungen aufgrund des Zusammenbruches der sozialistischen Planwirtschaft in der DDR und der deutsch-deutschen Vereinigung
1995, Bd. 479, 356 S., Mdr., DM 63,80, ISBN 3-89481-153-6

VVF